MERGULHADOR EM PERIGO

MICHAEL R. ANGE

MERGULHADOR EM PERIGO

ACIDENTES DE MERGULHO NO MUNDO REAL E COMO EVITÁ-LOS

Tradução
Fabiana Colasanti

São Paulo
2021

© **2006 by Michael R. Ange**
Originally published by The McGraw-Hill Companies. All rights reserved.
Título original: *Diver down: real-world scuba accidents and how to avoid them*
1ª Edição, Editora Gaia, São Paulo 2021

Jefferson L. Alves – diretor editorial
Richard A. Alves – diretor-geral
Flávio Samuel – gerente de produção
Juliana Campoi – coordenadora editorial
Fabiana Colasanti – tradução
Ana Lúcia Santana – preparação de texto
Tatiana F. Souza e Thalita Moiseieff Pieroni – revisão
Ana Claudia Limoli – diagramação
Subphoto/Shutterstock – foto da capa
Fabio Augusto Ramos – capa

A Editora Gaia agradece ao autor pela autorização do uso das fotos de seu acervo pessoal.

Na Editora Gaia, publicamos livros que refletem nossas ideias e valores: Desenvolvimento humano / Educação e Meio Ambiente / Esporte / Aventura / Fotografia / Gastronomia / Saúde / Alimentação e Literatura infantil.

Dados Internacionais de Catalogação na Publicação (CIP)
(Câmara Brasileira do Livro, SP, Brasil)

Ange, Michael R.
   Mergulhador em perigo : acidentes de mergulho no mundo real e como evitá-los / Michael R. Ange ; tradução Fabiana Colasanti. — 1. ed. — São Paulo : Editora Gaia, 2021.

   Título original: Diver down: real-world scuba accidents and how to avoid them
   ISBN 978-65-86223-03-3

   1. Acidentes de mergulho 2. Esportes aquáticos 3. Mergulho – Medidas de segurança 4. Medidas de segurança I. Colasanti, Fabiana. II. Título.

21-55886   CDD-797.2
Índices para catálogo sistemático:
1. Mergulho : Acidentes : Medidas de segurança : Esporte 797.2
Maria Alice Ferreira – Bibliotecária – CRB-8/7964

Obra atualizada conforme o
NOVO ACORDO ORTOGRÁFICO DA LÍNGUA PORTUGUESA.

Direitos Reservados

Editora Gaia Ltda.
Rua Pirapitingui, 111A — Liberdade
CEP 01508-020 — São Paulo — SP
Tel.: (11) 3277-7999
e-mail: gaia@editoragaia.com.br

/editoragaia

Colabore com a produção científica e cultural.
Proibida a reprodução total ou parcial desta obra sem a autorização do editor.

Nº de Catálogo: **3373**

Em memória:
Ottis Ray Ange, meu pai.
Um homem sem estudos, porém melhor professor
do que a maioria dos educadores que conheci.

*"Espíritos grandiosos sempre encontraram oposição violenta
de mentes medíocres."*
Albert Einstein

    Este livro é dedicado aos espíritos inovadores do nosso esporte: àqueles mergulhadores que silenciosamente forçaram os limites, bateram os recordes e mudaram as regras, frequentemente sem fanfarra, normalmente sem reconhecimento; àqueles que foram condenados ao ostracismo, ao ponto do subterfúgio, forçados a esconder um cilindro de *nitrox* ou *trimix*, como um alcoólatra escondendo uma garrafa de rum, só para poderem mergulhar com mais segurança ou por mais tempo; e àqueles que podem dar valor aos dias em que uma suposta lei da física subitamente mudou.

Sumário

Prefácio 9
Agradecimentos 13
Introdução: aula básica de mergulho 14
O "socorrista" 34
A noite fria e solitária do marujo 45
Morrendo por manutenção 53
Mergulho assassino em um naufrágio 62
Boas intenções 76
O mergulhador de segurança pública 84
O profissional inexperiente e um ego 91
O mergulho "confie em mim" 106
Arrogância assassina 115
Um atalho assassino 125
Perigos para a navegação 135
Um simples mergulho comercial 142
Falha no plano de mergulho 150
Uma roupa de mergulho justa demais 159
Os pequenos detalhes pegam você 167
O técnico em equipamentos desenvolto 177
Praticando o que você prega 185
A loucura da juventude 193
Não se pode comprar bom senso 201
Os "maiorais" 211
Sobre o autor 223

Sumário de tópicos especiais

A evolução do treinamento avançado	16
Especialidades do mergulho	18
Treinamento para instrutor de *trimix*	25
Scuba *versus scuba*	30
Lesão hiperbárica	38
Habilidades de resgate no mundo real	42
Correntes oceânicas	49
Reguladores	55
Barcos recreativos fretados	65
Mergulho em naufrágios	67
Paradas de descompressão	73
Treinamento básico inicial	78
Câmaras hiperbáricas	81
Mergulho de segurança pública	85
Dive masters	93
Emergindo por sobrevivência	96
Planejamento de mergulho	101
Mergulho em cavernas	107
Transpondo a lacuna	112
Regras de mergulho em cavernas para seguir à risca	117
Rebreathers	127
Partilhando a água com os barcos	137
Mergulho comercial	147
Imediatos *versus dive masters*	151
DD e narcose por nitrogênio	152
Roupas secas de mergulho	162
Instruções de mergulho	169
Mecanismos do inflador do BCD	180
Mergulho e gravidez	186
O círculo do pânico	188
Manutenção de habilidades	191
Profundidades perigosas	196
Barcos sem supervisão	205
Mergulhos com *trimix*	213
Lift bags	219

Prefácio

Segurança no mergulho e este livro

Leia a etiqueta em qualquer peça de equipamento de mergulho, ou as primeiras páginas de qualquer manual de treinamento, e sem dúvida saberá que mergulho autônomo é inerentemente perigoso. Claro, o mesmo pode ser dito sobre dirigir seu carro ou inúmeras outras atividades diárias das quais participamos. Apesar de ser contraintuitivo pensar que é relativamente seguro prender um cilindro de alta pressão de gases comprimidos às costas, sugar ar de uma mangueira e descer dezenas de metros abaixo da superfície da água, mergulhar é estatisticamente seguro. É evidente que se você fosse uma das mais de cem pessoas que morrem em acidentes de mergulho todos os anos, ou talvez um dos membros das famílias das vítimas, as estatísticas pouco significariam. O mergulho é um esporte de aventura; como escalada, paraquedismo ou até mesmo esqui na neve, ele envolve certos riscos inerentes. Acidentes acontecem. É digno de reportagem quando alguém morre ou se fere gravemente enquanto participa de um esporte, mas nunca lemos sobre os milhões de mergulhos realizados em segurança todos os anos. Na verdade, a maior pergunta, sem resposta, deve ser: por que uma atividade com alto potencial para o desastre tem, na realidade, tão poucos acidentes?

A resposta seria incluir um equipamento altamente confiável, autorregulamentação voluntária conduzida por instrutores de mergulho e agências, treinamento de procedimentos eficiente, análise rigorosa de acidentes e coragem dos exploradores de nossa indústria. Uma das razões-chave para o mergulho se tornar mais seguro, a cada ano que passa, é a engenharia, bem como o controle de qualidade da maioria dos equipamentos de suporte vital usados pelos mergulhadores. Muitos mergulhadores passam uma década ou mais praticando mergulhos recreativos frequentes, sem encontrar nenhuma das emergências de falha de equipamento com as quais são treinados para lidar. Na realidade, de todos os acidentes que ocorrem, falhas de equipamento são, sem dúvida, as de menor porcentagem, mesmo entre mergulhadores que recusam ou negligenciam a manutenção de seu equipamento.

Instrutores de mergulho, assim como instrutores de qualquer esporte de aventura, constituem uma raça única, até mesmo uma mistura de paradoxos.

São ao mesmo tempo indivíduos aventureiros e conformistas, assumem riscos e têm consciência da segurança; a maioria é egoísta, enquanto continua respeitando os ícones e legados de sua indústria. No entanto, todos partilham do comprometimento com a segurança, aderindo a procedimentos aceitos, nunca passando dos limites ou desprezando as leis da probabilidade. Felizmente, esses instrutores treinam boa parte dos novos mergulhadores.

Mas há os pioneiros. Como qualquer esporte de aventura, o nosso é povoado por uma pequena porcentagem de espíritos inovadores que estão sempre dispostos a questionar as normas, desafiar as convenções, expandir o universo da prática aceita e até a ciência implícita que a apoia. São normalmente proscritos da corrente dominante do esporte e sentem-se bem satisfeitos nessa posição. Os procedimentos que eles usam e as técnicas que aplicam são quase sempre condenadas por aqueles que entendem os motivos para os procedimentos. A maioria aguenta os insultos e a desaprovação com um sorrisinho irônico, enquanto mergulha com a convicção de que sua façanha rebelde e o desafio à morte vão se transformar no procedimento padrão de amanhã. Na maioria dos casos, nos quais os exploradores vivem para contar a respeito, sem dúvida vão. Qualquer lista de exploradores de mergulho seria inadequada, por ser inevitável deixar de fora muitos deles. Como grupo, porém, esses mergulhadores expandiram a compreensão dos oceanos da Terra, explicaram o anteriormente inexplicável nas cavernas subaquáticas mais profundas do mundo e abriram as portas para tesouros históricos antes inacessíveis. Também ampliaram o alcance dos procedimentos e métodos aceitos, permitindo que o mergulhador de fim de semana vá, hoje, mais longe e mais fundo, permaneça por um tempo superior e volte com uma margem de segurança bem maior do que antes.

Mas, quer você siga os exploradores ou os conformistas, seus procedimentos de mergulho deverão atribuir sua segurança a um pilar fundamental: a análise de acidentes. Vários mergulhadores novatos e até novos instrutores admiram-se de que a indústria adote a análise de acidentes de maneira tão aberta, especialmente em níveis superiores. Quando envolvidos direta ou indiretamente em um acidente, os não iniciados são suscetíveis a ficar relutantes e na defensiva na hora de revelarem detalhes, presumindo que qualquer discussão resultará na condenação das ações de alguém. Mas os mais experientes participam voluntariamente desse processo, compreendendo que ele é a força motriz do desenvolvimento dos procedimentos de mergulho e dos bons recordes de segurança.

A maior parte dos acidentes resulta diretamente de erros dos mergulhadores. As estatísticas divulgadas costumam disfarçar esse fato. Um relatório de afogamento, em geral, não discorre sobre a falha do mergulhador ao lidar com seu suprimento de gás, o que provoca o esvaziamento do cilindro, deixando-o sem respirar e resultando em sua morte. É aí que entra a análise de acidentes. Baseada num processo iniciado na década de 1960 pelos pioneiros do mergulho em cavernas, a análise de acidentes possibilita a descoberta e a compreensão das causas subjacentes de um acidente. O erro do mergulhador é apenas a ponta do *iceberg*. Se ele ficou sem ar, indubitavelmente cometeu um erro. No entanto, em um nível analítico, é necessário saber mais. Por que ele cometeu aquele erro? Ele seguiu o suficiente a regra convencional de manutenção do gás? Planejou ter gás o bastante para completar o mergulho? Foi só descuidado? Fundamentalmente, a análise desses fragmentos de informação guia o desenvolvimento dos procedimentos e leva à evolução das regras do mergulho descritas neste livro. Em geral, as normas do mergulho mobilizam-se rapidamente pela indústria, e em pouco tempo tornam-se acessíveis a quase todos os mergulhadores. Fica claro, quando se leva esse processo em consideração, que a análise de acidentes contribui de modo essencial para o avanço da segurança no mergulho.

O principal objetivo deste livro é tirar o processo da análise de acidentes das conferências técnicas e dos quartos dos fundos de agências de treinamento, disponibilizando-o a todos os interessados. Enfim, seu propósito é melhorar a segurança do nosso esporte, fornecendo aos mergulhadores ferramentas necessárias para sobreviverem ao inesperado, o que chamamos de "estratégias de sobrevivência".

Ao escrever este livro, eu tinha a obrigação de proteger os inocentes, os culpados e os desinformados. Apesar da importância de analisar, discutir e aprender com os acidentes, é igualmente relevante preservar as vítimas e suas famílias do ridículo e da vergonha. Por esse motivo, eu me esforcei muito para ocultar detalhes de identificação, tais como localização geográfica, informações sobre o mergulhador que não sejam pertinentes ao acidente e, claro, a identidade das pessoas citadas. Ao longo dos vários anos em que escrevo matérias dessa natureza, invariavelmente recebo mensagens iradas ou perguntas genuínas de pessoas convencidas de que essa ou aquela história é sobre elas. É muito raro que qualquer uma delas esteja correta ao presumir que esteja realmente envolvida, pois infelizmente os mesmos acidentes ocorrem várias e várias vezes.

Cada história é baseada em ocorrências da vida real, extraídas de várias fontes, incluindo relatórios de acidentes, registros de tribunal e, em muitos casos, entrevistas com vítimas ou testemunhas. Fiz todos os esforços para manter a exatidão, mas toda história tem múltiplos pontos de vista, os quais raramente coincidem. Isso não se deve a desvios intencionais de qualquer autoridade, profissional de mergulho ou espectador. Quase sem exceção, esses indivíduos fornecem informações precisas e imparciais, porém vários fatores podem distorcer suas percepções, incluindo sua posição, sua compreensão dos princípios estruturais da física do mergulho, e até o apego emocional a alguém envolvido no acidente. Como resultado, resta interpretar uma realidade que se encontra em algum lugar entre pontos de vista extremos. Assim, um certo grau de suposição está presente nessas análises, especialmente quando a vítima não está disponível para contar o que aconteceu. Qualquer suposição equivocada é de minha responsabilidade. Apesar disso, o fio estrutural ou a cadeia de acidentes normalmente permanece discernível, e é aí que a verdadeira lição reside. Com sorte, essas lições valerão como instrução e como uma tentativa não qualificada para deixar cada mergulhador mais seguro e torná-lo mais competente, pois esse é o espírito aqui pretendido.

Espero que gostem deste livro. Talvez eu os veja em um barco de mergulho em breve, mergulhando de forma mais inteligente e segura, porém ainda com o espírito aventureiro que caracteriza nosso esporte.

Agradecimentos

Todo projeto, independentemente do tamanho, é atribuível a um número de pessoas maior do que as que realmente o completam. Este livro não é exceção. No início da minha carreira de mergulhador, tive a sorte de me expor ante profissionais exímios, que tratavam o mergulho como um negócio sério, levando em conta seus aspectos esportivos apenas como considerações posteriores. Foi através de sua tutela, de paciência e veracidade obstinadas que obtive as habilidades e a mentalidade necessárias para sobreviver aos meus ataques rotineiros de estupidez. Isso permitiu que eu vivesse tempo suficiente para escrever este livro em vez de constar de suas páginas como uma estatística.

Devo dar também o devido crédito e reconhecimento aos meus colegas na indústria do mergulho e a vários mergulhadores ávidos que partilharam voluntariamente suas experiências, observações, *insights* e conhecimento. Sem essa contribuição, este trabalho seria impossível. Apesar de haver muitas pessoas para listar aqui, elas incluem, sem nenhuma ordem especial, os seguintes amigos e colegas: o recordista mundial de mergulhos profundos do *Guinness*, Hal Watts, Joe Odom, Mike Bourne, capitão Joe Flanders, capitã Llewllyn Beaman, Mitch Skaggs, capitão John Riddick, Robert Outlaw, o saudoso capitão Charlie Swearingen, capitão Mike Norris, a passada e a atual equipe da SEAduction Dive Services e, por último, mas certamente não menos importantes, meus alunos de mergulho e candidatos a instrutores, com quem eu aprendi muito.

E para Dorothy, minha crítica, editora, digitadora, motivadora e parceira: sua paciência e perseverança são pilares deste projeto.

Introdução: aula básica de mergulho

Os não iniciados, ao entrar no mundo do mergulho, deparam-se com uma das tarefas mais desalentadoras, que é entender os acrônimos, termos e minúcias procedimentais do esporte. Esta introdução não pode abordar todos esses assuntos; na verdade, há livros inteiros que nada fazem além de definir terminologias de mergulho. Aqui incluí alguns dos termos e descrições mais comuns. Para o mergulhador certificado ativo, esta seção pode parecer pouco interessante, mas ela também cobre muitos termos avançados, traz uma lista de "regras" de mergulho e até uma breve descrição dos vários programas de treinamento, incluindo o treinador de instrutores. Para leitores que não dominam totalmente os termos usados em todos os níveis do mergulho, esta breve visão geral será uma referência útil enquanto lê o restante do livro.

Agências de treinamento

O primeiro passo para entender o treinamento é compreender as agências de treinamento. Ao contrário do misticismo encontrado no *marketing* de muitas agências, as de treinamento são apenas fornecedoras. Elas vendem livros, materiais de apoio básicos e um processo de registro. Também fornecem padrões mínimos para cada nível de treinamento que os profissionais de mergulho devem cumprir, a fim de permanecerem filiados à agência. Talvez nos primeiros tempos de mergulho esses padrões variassem muito de agência para agência. Mas o espírito cooperativo e organizações vinculadas, tais como o Conselho de Treinamento de Mergulho Recreativo (RSTC, na sigla em inglês), forçaram as agências a evoluir e a produzir padrões mínimos, agora bem consistentes em todos os setores. Viaje para qualquer destino no mundo, puxe um banquinho em um dos bares locais de mergulhadores e você acabará ouvindo uma discussão sobre qual agência produz melhores instrutores e qual produz os piores. A realidade é, claro, que todas as agências têm bons e maus instrutores, e agências diferentes escolhem focar seus esforços de *marketing* em áreas distintas. Apesar dessas diferenças, quase todos os mergulhadores do mundo são treinados com os mesmos procedimentos básicos; e todas as agências são escrupulosas no comprometimento com a segurança. A razão para que todas usem os mesmos procedimentos de treinamento de mergulho, mesmo onde não há regulamentação governamental, é que esses procedimentos funcionam e são comprovadamente seguros.

Algumas das agências comumente encontradas incluem: o British Sub-Acqua Club (BSAC); a Federação Subaquática Mundial, normalmente conhecida como CMAS; a Associação Nacional de Instrutores Subaquáticos (NAUI); a Associação Profissional de Instrutores de Mergulho (PADI); Scuba Diving International (SDI); Scuba Schools International (SSI); e o Programa de Mergulho da Associação Cristã de Moços (YMCA). Essas são algumas das agências que oferecem treinamento, predominantemente para mergulhadores recreativos tradicionais. No entanto, pelo menos duas dessas agências, agora, também têm divisões menores, focadas em formas de mergulho mais avançadas.

Ao longo das décadas, o mergulho expandiu seus limites, embasado em considerações de segurança e, às vezes, preocupações com a responsabilidade, tanto para entidades comerciais que fornecem serviços para instrutores quanto para os próprios instrutores. Conforme a tecnologia avançou e a nossa compreensão da física do mergulho e da fisiologia aumentou, tornou-se cada vez mais seguro ampliar esses limites tradicionais. Como resultado, o esporte do mergulho se dividiu em dois ramos, a partir da década de 1960: recreativo e técnico. Os termos são um pouco confusos, já que ambas as áreas são recreativas e claramente distinguíveis das atividades de mergulho profissional, como mergulho comercial, mergulho militar e mergulho de segurança pública. Mergulhadores recreativos, às vezes referidos como mergulhadores esportivos tradicionais, formam pelo menos 85% de todos os mergulhadores esportivos. São identificados como aqueles que acatam os limites recreativos consagrados. Esses limites são mais bem descritos como mergulho técnico.

Mergulhadores técnicos são aqueles que participam de atividades que ultrapassam as regras tradicionais do mergulho esportivo: (1) mergulhos que exigem paradas escalonadas de descompressão; (2) os que ultrapassam o limite máximo de profundidade com cinco atmosferas de pressão ou 40 metros (132 pés) ao nível do mar — em alguns países esse limite é de 50 metros (165 pés), ou seis atmosferas de pressão; (3) mergulhos em ambientes confinados, os quais impossibilitam acesso direto do mergulhador à superfície, incluindo cavernas submarinas e penetrações prolongadas de naufrágios; (4) aqueles com misturas de gás, além de ar atmosférico normal (como as agências recreativas entraram nos níveis básicos com misturas gasosas, essa linha está ficando indistinta); e (5) a mais recente atividade, mergulhos com equipamentos distintos dos de circuito aberto tradicional de mergulho autônomo.

Além de alguns pequenos ramos das agências listadas anteriormente, há várias outras especializadas em desenvolver padrões e fornecer materiais para suprir mergulhos técnicos ou outras formas mais avançadas. Uma lista incompleta inclui a Associação Internacional de Mergulho Autônomo Profissional (PSAI), a Associação Internacional de *Nitrox* e Mergulhadores Técnicos (IANTD) e Mergulho Técnico Internacional (TDI). Por definição, o mergulho recreativo tradicional inclui todos os procedimentos não citados acima.

Níveis de treinamento

Mesmo dentro dessas subdivisões, há diversos níveis de treinamento. Um pequeno número de mergulhadores recreativos inicia com o *discover scuba*, uma breve orientação que permite aos novatos mergulharem em águas muito rasas, sob a supervisão direta de um profissional de mergulho. Mas a maioria começa sua carreira em uma aula de mar aberto, primeiro curso que concede uma certificação independente, a *open water*, autorizando o titular a adquirir equipamentos de suporte vital, encher cilindros de ar e ter acesso a barcos fretados para mergulhos ou locais protegidos. O mergulhador *open water* tem um conhecimento básico e só é qualificado para mergulhar apenas em algumas circunstâncias e em profundidades que geralmente não excedem três atmosferas de pressão (20 metros/66 pés ao nível do mar). Dentro da indústria, a certificação *open water* é tratada como uma espécie de permissão de aprendizagem para o mergulho. Os cursos de *Open Water* procuram limitar-se ao conhecimento e às habilidades do menor nível de segurança possível, permitindo que maior número de pessoas o acesse.

A evolução do treinamento avançado

Tradicionalmente, a maior agência de mergulho conduziu um curso Avançado de Mar Aberto, que consistia do básico, da exposição aos três requisitos fundamentais do mergulho e de mais duas eletivas. Mergulhos profundos (mais do que 24 metros), mergulhos noturnos e demonstração de habilidades de nível intermediário de navegação subaquática com bússola integravam os requisitos fundamentais. A maioria das outras agências seguiu esse modelo ou exigiu a conclusão de vários cursos especializados incluindo esses componentes fundamentais, porém tratando mais profundamente tanto esses componentes, quanto os cursos eletivos. Essas áreas eram essenciais por expandirem as habilidades do mergulhador, dando-lhe acesso mais seguro a vários locais de mergulho.

Infelizmente, a demanda de mercado afastou as agências dos requisitos fundamentais. Alguns mergulhadores tinham medo de mergulhar à noite, por exemplo. Então, em vez de oferecer oportunidades para dissipar esses medos, através da educação e da prática, as agências acharam mais favorável ao mercado retirar essa habilidade do curso Avançado. Depois dos mergulhos noturnos, muitas agências eliminaram também a exigência de mergulho profundo. No fim, a maioria das agências de treinamento acabou transformando todas as exigências em quesitos eletivos. Consequentemente, uma carteira de *Open Water* Avançado de qualquer agência não indica mais qual treinamento o mergulhador recebeu. Portanto, um operador de barcos fretados ou um *resort* não tem mais como pressupor que capacidades possui um mergulhador avançado.

Tradicionalmente, o nível seguinte do mergulho recreativo é *Open Water* Avançado. O termo é um tanto errôneo; na verdade, algumas agências pararam de usar a palavra "avançado" no segundo nível de certificação. Esses cursos geralmente buscam expandir o nível de experiência do mergulhador para áreas opcionais de sua escolha. A maioria dessas especialidades está listada no boxe das páginas 18 e 19, mas em muitos casos elas exigem uma base de certos cursos, como Mergulho Profundo e Navegação Subaquática. Até recentemente, considerava-se que mergulhadores avançados encontravam-se qualificados para mergulho noturno e mergulhos que se aproximem do limite de profundidade de cinco atmosferas de pressão (40 metros/132 pés). No entanto, como algumas das agências maiores pararam de exigir os requisitos básicos, carteiras de especialidades individuais estão rapidamente se tornando mais importantes do que a carteira tradicional de *Open Water* Avançado para avaliar as qualificações de um mergulhador.

Depois do curso Avançado, o caminho para os mergulhadores fica muito difuso. Eles podem completar cursos de treinamento, especializando-se em tudo, de mergulhos em altitudes acima de 300 metros até zoologia submarina. Alguns desses cursos só fornecem alguma experiência, enquanto outros oferecem treinamento real para desenvolver habilidades valiosas, como navegação subaquática e mergulhos profundos. O boxe a seguir tem uma lista mais abrangente de cursos de especialidades. Alguns desses cursos exigem certificação avançada como pré-requisito para matrícula, enquanto outros são abertos para mergulhadores certificados com qualquer nível de experiência. Na verdade, no caso de algumas agências de treinamento, é o acúmulo dessas certificações especializadas que permite aos mergulhadores obter a certificação avançada.

Especialidades do mergulho

Um mergulhador pode obter qualquer um dos certificados de especialidades de uma agência de certificação:

- Mergulhador de altitude, para mergulhos em altitudes acima de 300 metros (1.000 pés).
- Mergulhador de barco.
- Mergulhador com computador, anteriormente referido como mergulhador multinível — concentra-se no mergulho em múltiplos estágios, com profundidades determinadas.
- RCP.
- Mergulhador de profundidade, por mergulhar além de três atmosferas de pressão (20 metros/66 pés ao nível do mar), até cinco atmosferas (40 metros/132 pés).
- Operador de veículo de propulsão para mergulhador.
- Mergulhador de correntes.
- Mergulhador com roupa seca.
- Mergulhador especialista em equipamento — cobre os métodos operacionais e os procedimentos de manutenção do usuário para equipamentos de mergulho.
- Primeiros socorros, com ênfase especial em acidentes de mergulho.
- Mergulhador de gelo, curso num ambiente suspenso, para mergulhar sob águas congeladas.
- Mergulhador de consciência do ecossistema marinho — constrói uma consciência da ecologia marinha e ensina os princípios de identificação da vida marinha.
- Mergulhador noturno.
- Gerenciamento de oxigênio.
- Mergulhador recreativo com *nitrox* — usa ar enriquecido com oxigênio adicional, até uma porcentagem menor do que 40% de oxigênio.
- Mergulhador de pesquisa, termo genérico que engloba vários programas, os quais vão da ecologia à arqueologia.
- Mergulhador de busca e recuperação — métodos para conduzir buscas precisas de pequenos objetos e métodos para recuperar objetos mais pesados.
- Mergulhador com *rebreather* de circuito semifechado — substitui o equipamento tradicional de mergulho autônomo por um sistema de recirculação da respiração (ver o boxe das páginas 127-31).

- Mergulhador de costa/praia — procedimentos especiais para mergulhar através da arrebentação.
- Mergulhador solo — ensina a ter autossuficiência, para limitar ou eliminar a dependência de um parceiro de mergulho.
- Coletor submarino — métodos não letais para coletar vida marinha, visando exposição em aquários, entre outros fins.
- Caçador submarino — métodos para caça submarina e coleta de crustáceos, preferivelmente para alimentação.
- Navegador subaquático — métodos para utilizar bússola e associação do terreno natural para navegar debaixo d'água.
- Fotógrafo submarino.
- Cinegrafista submarino.
- Mergulhador de naufrágios — penetração limitada — prepara o mergulhador de naufrágios para penetração linear simples, através de trechos relativamente abertos da embarcação naufragada.
- Mergulhador de naufrágios — sem penetração — técnicas para identificar fatores de risco nos mergulhos em naufrágios por meio da face exterior da estrutura de uma embarcação naufragada.

Além das especialidades de mergulho, a maioria das agências exige uma certificação separada para o chamado Mergulhador de Resgate. Esses cursos, na realidade, são de autorresgate, e qualificam o mergulhador para lidar livremente com emergências comuns e oferecer um nível mínimo de assistência ao companheiro de mergulho. Infelizmente, esses cursos são frequentemente confundidos com programas intensivos para profissionais de resgate, como policiais. Mergulhadores que utilizam essas formações recreativas como qualificações para mergulho profissional quase sempre se envolvem em acidentes, pois o ambiente e os métodos para mergulhadores de "segurança pública" ou "resposta de emergência" são muito diferentes daqueles concedidos aos mergulhadores recreativos.

Algumas agências recreativas também oferecem uma certificação chamada *Master Diver*, a mais elevada no nível recreativo, normalmente obtida através da soma de vários cursos subordinados e da obtenção de certos níveis de experiência. Não se deve confundi-la com a certificação de *Dive Master*, que é a primeira certificação de nível profissional, porque o *master diver* não é qualificado ou autorizado a dar aulas nem a supervisionar mergulhadores.

Tornando-se profissional

A primeira certificação de nível profissional para mergulho recreativo é a *Dive Master*. Quando conduzidos adequadamente, os cursos de *Dive Master* são programas de treinamento intenso que exigem amplo comprometimento do aluno. Assim, ele obterá nível de instrutor em áreas como física do mergulho, fisiologia, primeiros socorros, equipamento de suporte vital, controle de acidentes de mergulho recreativo e habilidade de resgate na água. *Dive masters* são especialistas em logística e, apesar de trabalharem de forma independente em embarcações fretadas para mergulho, *resorts* de mergulho, entre outros, frequentemente atuam como instrutores assistentes. Eles lidam com equipamento, logística local e outras questões, permitindo que o instrutor dê mais atenção para os alunos. Para mergulhadores certificados e, em conjunturas limitadas, mergulhadores em treinamento, os *dive masters* também podem propiciar supervisão na água, atuando como guias de mergulho e mergulhadores de segurança. *Dive masters* iniciam sua formação com uma experiência considerável — geralmente em torno de sessenta mergulhos ou mais —, certificações *Open Water*, Avançado e Mergulhador de Resgate, bem como boas condições físicas e habilidade para nadar.

Em geral, instrutores assistentes são qualificados ao concluir um estágio de ensino, após conquistarem o certificado de *dive master*. Para a maioria das agências, esse nível não é obrigatório e os *dive masters* podem pular para o Curso de Desenvolvimento de Instrutor (IDC). No entanto, para aqueles que não querem as responsabilidades de um instrutor, mas ainda gostariam de oferecer alguma instrução com uma supervisão menos direta, o curso de Instrutor Assistente é uma opção. Em algumas agências os termos *dive master* e instrutor assistente podem estar trocados, enquanto em outras agências há uma terminologia diferente, tal como especialista em controle de mergulho, com o mesmo significado.

Surpreendentemente, para se tornar instrutor de mergulho, o *dive master* recebe poucas instruções adicionais sobre mergulho. Espera-se que os candidatos a instrutor iniciem seu Curso de Desenvolvimento de Instrutor com conhecimento especializado em todas as áreas obrigatórias, com exceção dos métodos de instrução. A qualificação de instrutor é dividida em duas fases: Curso de Desenvolvimento de Instrutor (IDC) e Exame de Instrutor (IE). Os IDCs duram de quatro a sete dias (40 a 70 horas) e têm o objetivo de treinar o candidato em padrões e procedimentos, gerenciamento de responsabilidades e em métodos de instrução, como desenvolvimento de plano de aula, técnicas para aumentar a fixação de informações, entre outros. Os candidatos também refinam suas habilidades de supervisão e aprendem a controlar com segurança grupos de mergulhadores inexperientes. Uma vez que um candidato demonstre cada competência de mergulho no nível "qualidade de demonstração", está liberado para prestar o IE. Dependendo da agência, os IEs variam de um a três dias de duração, mas todos eles partilham de um traço comum: os únicos ensinamentos ou instruções que ocorrem durante um IE são demonstrados pelos candidatos aos seus avaliadores. Os candidatos são avaliados por sua competência no desenvolvimento de planos de aula completos, pela capacidade de ministrar palestras e por apresentações dentro d'água — supervisionando adequadamente mergulhadores iniciantes, tanto na piscina quanto em ambientes de *open water*, avaliando competências adequadamente e também resgatando alunos em dificuldades. Eles também têm que passar por um prolongado teste de natação, para provar sua resistência e boa forma física.

Além do nível básico de instrutor, há certificações adicionais que denotam ou mais treinamento ou a obtenção de certos padrões de experiência. Em termos gerais, os instrutores podem ministrar a maioria dos cursos recreativos, desde que sejam experientes nas áreas relevantes. Às vezes, para qualificar *master divers* e *dive masters*, por exemplo, exigem-se classificações mais avançadas.

Um treinador de instrutores (IT), às vezes chamado de diretor de curso, é um instrutor que obteve a experiência necessária para ensinar o IDC. Em alguns casos, instrutores avançados podem ter permissão para dar assistência no treinamento de um instrutor, mas todos os cursos têm que ser supervisionados por um IT. Geralmente, o IT que leciona no IDC tem que ser diferente do IT que aplica o IE. Algumas agências usam uma qualificação separada para examinadores de instrutores, enquanto outras permitem que qualquer IT conduza um exame, desde que nenhum de seus alunos de IDC esteja realizando a prova.

Cursos de mergulho técnico e de alcance prolongado

Cursos de mergulho técnico e de alcance prolongado lidam com técnicas fora dos padrões recreativos e vão além da especialização tradicional de instrutores recreativos. Cursos técnicos são geralmente divididos em quatro áreas específicas.

Cursos básicos e avançados de *nitrox*

Essa é a única área em que a linha entre o mergulho recreativo tradicional e o técnico é indistinta. Hoje, a maioria das agências recreativas oferece cursos que lidam com o uso restrito de misturas enriquecidas de oxigênio. Em razão das limitações de certificação, esses cursos podem ser curtos, transmitindo conhecimentos superficiais e restringindo mergulhadores ao uso de computadores ou de tabelas de mergulho para calcularem especificações dos gases. No nível técnico, a matemática é obrigatória e todos os mergulhadores de *nitrox* básico aprendem cinco fórmulas, bem como suas aplicações em situações específicas de mergulho. Mergulhadores de *nitrox* avançado expandem sua capacidade de usar gases, incluindo até mesmo 100% de oxigênio e, em alguns casos, utilizando duas misturas gasosas no mesmo mergulho.

Cursos de descompressão

Uma das limitações principais no mergulho recreativo, especialmente nos Estados Unidos, é o limite de não descompressão. Em virtude de implicações fisiológicas, ao respirar gases comprimidos, os mergulhadores têm que subir a uma velocidade determinada para evitar males de mergulho, como a doença de descompressão (DD) — isso será abordado mais amplamente no transcorrer dessa leitura (no boxe das páginas 152-5). Mergulhadores recreativos e instrutores são restritos a durações e profundidades de mergulho que lhes permitam subir diretamente para a superfície no caso de uma emergência, com risco mínimo de DD. Essa estratégia é conhecida como limite de não descompressão. Mergulhadores que permaneçam um período de tempo mais longo ou em profundidades maiores podem ter que subir até certo nível, o "teto", e parar por minutos antes de subir até o próximo teto. Esses "estágios" ou "paradas de descompressão" permitem que o gás dissolvido no corpo escape de maneira controlada, prevenindo doenças de mergulho. Cursos de Descompressão em Etapas ensinam os mergulhadores a portar equipamentos adequados e utilizar procedimentos apropriados para planejar e concluir essas paradas, pois subir à superfície por qualquer motivo — mesmo em emergências graves — cria um risco alto de DD. Esses mergulhadores necessitam adquirir um nível totalmente novo de autossuficiência e carregar o equipamento correto, para lidar com a maioria das contingências de emergência sem subir à superfície.

Cursos de *trimix*

Mergulhadores que completam os cursos de *Nitrox* e Descompressão em Etapas podem querer transcender limites de profundidade que ultrapassam as capacidades de segurança do ar normalmente respirado, excedendo os limites de segurança do *nitrox*. Conhecidos como mergulhadores com *trimix*, usam uma mistura de oxigênio, nitrogênio e hélio, chamada *trimix*, para reduzir o efeito narcótico do nitrogênio respirado em profundidades maiores, a toxicidade das pressões maiores do oxigênio, quando respirado nas mesmas condições, e a densidade dos gases que se movem através do sistema respiratório, para que o sistema permaneça atuando em profundidades superiores. Em razão dos complexos efeitos fisiológicos que resultam das misturas gasosas alternativas, os mergulhadores com *trimix* geralmente usam três ou mais misturas diferentes durante um único mergulho. Assim, eles têm que ser muito disciplinados na manutenção de seu plano de mergulho.

Os cursos de *Rebreather* de Circuito Fechado e de *Rebreather* de Circuito Semifechado são ramificações dos cursos de *Nitrox* e *Trimix*. Esses mergulhadores valem-se de tecnologias de misturas gasosas em um dispositivo que recircula o gás respirado, para garantir uma eficiência muito maior. *Rebreathers* são abordados em maiores detalhes no boxe das páginas 127-31.

Mergulhadores avançados em cavernas e naufrágios

A categoria final de mergulhadores técnicos é a dos que mergulham em ambientes confinados, especificamente mergulhadores avançados em cavernas e naufrágios. Apesar de serem disciplinas muito diferentes, há sobreposições nos procedimentos usados por mergulhadores em cavernas e em naufrágios. A ameaça para os dois tipos de mergulhadores é a mesma: antes de se deslocar em direção à superfície, eles precisam alcançar uma área desobstruída, de onde possam nadar até a superfície, comumente denominada água aberta. A principal diferença entre mergulhadores em cavernas e em naufrágios é que os de cavernas geralmente nadam através de vastas distâncias lineares, centenas de metros em alguns casos, antes de chegarem à água aberta; no entanto, eles geralmente nadam ao longo de estruturas estáveis, com riscos mínimos de enredamento. Mergulhadores em cavernas podem prever qualquer passagem restrita, por onde deverão retornar para sair da caverna, já que passaram por ela ao entrarem. Os principais perigos, ao adentrar uma caverna, são as passagens labirínticas e a ameaça constante de perda da visibilidade, devido a assoreamentos ou a falhas na iluminação.

Mergulhadores em naufrágios nunca precisam se preocupar em nadar tanto como os que mergulham em cavernas; geralmente eles têm acesso a múltiplas saídas. No entanto, enfrentam vários obstáculos criados pelo próprio homem: estruturas apodrecidas e instáveis que podem desabar ou mudar de posição enquanto os mergulhadores estão lá dentro; perigos de enredamento, desde linhas de pesca e fios elétricos; como objetos afiados que podem cortar linhas de navegação e inúmeros outros perigos. Na maioria dos casos, mergulhadores em cavernas têm a vantagem de subir à superfície em ambientes muito controlados, especialmente em nascentes, enquanto mergulhadores em naufrágios têm que lidar também com as variáveis do oceano, ao final do mergulho.

Instrutor e *dive master* técnico e de alcance prolongado

Diferentemente do mergulho recreativo, não há nível de instrutor que englobe todos os níveis de mergulho técnico. Na verdade, cada área é considerada uma disciplina separada; *dive masters*, instrutores e até treinadores de instrutores qualificam-se em separado para cada curso que pretendem ministrar ou supervisionar. Tornar-se um instrutor técnico ou um *dive master* técnico em geral envolve três passos. Primeiro, a pessoa se qualifica como mergulhador no nível específico que planeja supervisionar ou ensinar; segundo, ela tem que se tornar *dive master* ou instrutor recreativo — embora na comunidade técnica não seja necessário um instrutor recreativo se tornar um *dive master* técnico antes de se matricular em um curso de Instrutor Técnico; terceiro, ela tem que completar o curso de instrutor técnico. Na maioria das agências, também é necessário tornar-se instrutor ou *dive master* em qualquer nível subordinado, antes de passar para o nível seguinte. Assim, as horas de curso concluídas por qualquer instrutor técnico avançado podem constituir um currículo bem impressionante. Por exemplo, um instrutor de *trimix* teria uma progressão semelhante à apresentada no boxe a seguir.

No nível técnico, os cursos de Instrutor são menos complexos. No entanto, a avaliação é bem mais rigorosa. Como o instrutor já assimilou uma metodologia de instrução minuciosa antes de se tornar instrutor recreativo, não há necessidade de repetir esse treinamento. Além disso, uma avaliação dessas competências será, de qualquer modo, realizada novamente durante o Exame de Instrutor. Em geral, o instrutor completa uma avaliação de dois ou três dias, incluindo mergulhar na especificação máxima da certificação que está procurando obter. Depois, submete-se a uma prova escrita abrangente, englobando física, fisiologia, planejamento de mergulhos e questões de segurança relativas ao curso. Então, apresenta dois ou mais tópicos do nível de mergulho, escolhidos aleatoriamente. Na maioria dos casos, o candidato também é avaliado em sua habilidade para supervisionar as competências aquáticas necessárias para uma turma de alunos, em condições reais. De preferência, os padrões de um Exame de Instrutor Técnico devem ser mais rigorosos do que aqueles de um Exame de Instrutor Recreativo.

Treinadores de instrutores técnicos passam por um processo similar em cada nível. A única diferença é que eles têm que certificar certo número de candidatos a instrutor, em cada nível, antes de se tornarem treinadores na etapa seguinte.

Treinamento para instrutor de *trimix*

O instrutor de *trimix* deverá completar alguns cursos e obedecer determinadas exigências, seguindo esta ordem:

- *Dive master* recreativo.
- Instrutor recreativo.
- Mergulhador com *nitrox*, com a realização de certo número de mergulhos com *nitrox*.
- Instrutor de especialidade de mergulho com *nitrox*, com certo número de alunos que mergulham com *nitrox* certificados.
- Mergulhador com *nitrox* avançado, com a realização de certo número de mergulhos avançados com *nitrox*.
- Instrutor de *nitrox* avançado, com certo número de alunos de *nitrox* avançado certificados.
- Mergulhador de procedimentos de descompressão, com prática em certo número de mergulhos com descompressão em etapas.
- Instrutor de procedimentos de descompressão, com certo número de alunos de procedimentos de descompressão certificados.
- Mergulhador de alcance prolongado, com certo número de mergulhos mais profundos do que os limites permitidos, como mergulhador com descompressão.
- Instrutor de alcance prolongado, com certo número de alunos de alcance prolongado certificados.
- Mergulhador com *trimix*, apresentando prática em certo número de mergulhos com mistura gasosa com base de hélio.
- Instrutor de mergulho com *trimix*.

As "regras" do mergulho

Ao longo deste livro, você verá referências às "regras" do mergulho. Não se trata de regras *per se*, pois não há uma lista abrangente delas; porém são códigos de conduta e dicas de segurança geralmente aceitos. Há duas "regras" para mergulhadores recreativos tradicionais:

1. **Nunca prenda a respiração.** Explicarei isso detalhadamente no próximo capítulo; por enquanto basta dizer que isso previne a superpressurização dos pulmões, o que pode causar lesões catastróficas.
2. **Planeje seu mergulho e mergulhe seu plano.** Essa regra é suscetível de várias interpretações. O melhor significado é: não tenha pressa para planejar seu mergulho **com segurança**, do começo ao fim; então, atenha-se ao plano, independentemente do que aconteça.

Mergulhadores mais avançados ou técnicos também usam uma pequena lista de regras, inicialmente desenvolvidas por mergulhadores em cavernas. Entretanto, duas são aplicáveis por todos os mergulhadores, avançados ou técnicos:

1. **Treine.** Independentemente da atividade subaquática que você planejar, o primeiro passo para sobreviver é ter o treinamento adequado.
2. **Administre adequadamente seu suprimento de ar (gás).** Normalmente, isso significa usar a "regra do terço": use 1/3 do seu suprimento de ar para o mergulho e 1/3 para o retorno ao ponto de saída ou barco, e guarde 1/3 de reserva para emergências.

Para mergulhadores técnicos, acrescento:

3. **Narcose mata.** Originalmente conhecida como "nada de caverna profunda com suprimento de ar", essa regra se refere ao efeito narcótico do nitrogênio no ar, que prejudica a capacidade de discernimento. Ela se dirige especialmente aos mergulhadores preparados e treinados de modo inadequado, que mergulham além do limite recreativo tradicional de 40 metros. É importante observar que este livro de forma alguma condena mergulhos com ar mais profundos do que 40 metros. Na verdade, sempre faço mergulhos profundos utilizando ar, mas apenas com preparação e treinamento adequados, bem como habilidade para reconhecer e administrar meus próprios níveis narcóticos.

4. **Sempre use três fontes de luz.** Essa regra se aplica predominantemente a mergulhadores em grandes profundidades e em ambientes confinados. Quando eles carregam três fontes de luz, a probabilidade de ficarem sem fonte de iluminação é ínfima. Isso é importante em ambientes nos quais a perda da luz significa a carência completa de visão, o que torna quase impossível encontrar a saída.
5. **Mantenha sempre uma linha-guia contínua até a superfície.** Mais uma vez, essa regra se aplica principalmente a mergulhadores em ambientes confinados, mas todo mergulhador deve estar seguro de sua habilidade para retornar ao ponto de saída, no final do mergulho. Para os de águas abertas, isso significa navegar com segurança, porém o conceito é o mesmo.

A partir deste ponto, a variedade e as fontes das "regras" tornam-se tão dispersas e amplas que recorri a uma certa licença editorial e fiz minha própria lista. Ela não é, de maneira alguma, completa, nem todas as regras são minhas. Em geral, profissionais de mergulho emprestam normas uns dos outros; dessa forma, as melhores técnicas evoluem a partir da experiência de nossos pares, assim como da nossa.

1. **Murphy (ou a fama da Lei de Murphy) está vivo e passa bem.** Ele reside na bolsa de equipamento do mergulhador incauto, onde espera pacientemente para matá-lo. Essa regra é minha. Um número significativo das centenas de acidentes que avaliei resultou da manutenção malfeita do equipamento, do uso de apetrecho inadequado ou da falta total do equipamento exigido para um determinado mergulho. Suponho que também inclua a falha na regra 2.
2. **Ninguém inclui morrer no seu plano de mergulho.** Muitos mergulhadores saltam alegremente de mergulho em mergulho, achando que um acidente nunca acontecerá com eles, então nada planejam para uma eventualidade dessa natureza. Todo mergulhador deve levar em consideração cada contratempo, erro ou acidente concebível em cada mergulho, e pelo menos considerar algumas respostas possíveis para tais situações.
3. **O mergulho nunca fica melhor.** Isso é conhecido nos círculos técnicos como regra de Odom, uma referência ao meu amigo e colega Joe Odom, aparentemente o autor da regra — ou pelo menos a pessoa que se apropriou dela antes de qualquer outro. Significa que

qualquer mergulho ou porção do mergulho que comece mal nunca vai melhorar, até o problema ser enfrentado e totalmente resolvido. Violações dessa regra frequentemente desencadeiam o efeito cascata mencionado na próxima regra.

4. **Não é uma única coisa que o mata.** Emprestei essa regra da indústria da aviação. Raramente há uma causa específica para um acidente fatal ou com lesões físicas. Em geral, um problema se amplifica, levando a outro problema, gerando uma reação em cadeia que acaba provocando o pânico.

5. **O pânico é a principal causa da morte de mergulhadores.** Um humano saudável pode se recuperar de situações e condições aparentemente irremediáveis — desde que permaneça no controle da situação. A maioria dos acidentes ocorre quando o mergulhador perde o controle e o pensamento racional.

6. **Instruções dirigem-se a todos.** É impressionante a quantidade de mergulhadores que contrata um profissional por sua experiência e conhecimento, depois ignoram as instruções do especialista. O número de acidentes que essa atitude provoca é ainda mais impressionante.

7. **Redundante não é ridículo.** É importante ter equipamento apropriado e reservas adequadas para esse equipamento em todos os mergulhos. Também é essencial ser capaz de nadar com o que se está transportando. O mergulhador realmente experiente é aquele que calcula o equipamento necessário para completar o mergulho em segurança, sem se jogar do barco usando uma loja de mergulho inteira.

8. **É bom ser visto e ouvido.** Especialmente quando você está a 30 quilômetros da costa, flutuando à deriva, como destroços na superfície do oceano. Quando estiver mergulhando em qualquer mar aberto, você deve carregar pelo menos um dispositivo de sinalização altamente visível, como uma boia de marcação ou boia-torpedo (cor de laranja internacional ou amarelo fluorescente de resgate são as cores mais apropriadas). Você também deve ter uma fonte de luz com duração significativa e um dispositivo de sinalização sônica ou sonora; os melhores são conectados ao cilindro de gás comprimido, emitindo um som estridente que pode ser ouvido a quilômetros (o Dive-Alert, da Ideations Design, por exemplo).

9. **Dias ruins são previsíveis.** Ao observarem os mergulhadores prepararem seus equipamentos, instrutores experientes identificam com

precisão em quem devem ficar de olho. Não se engane. Se você tem um déficit em alguma habilidade ou um problema no equipamento, corrija-o antes do mergulho, para não se tornar uma estatística.
10. **Você é responsável por si mesmo.** No final das contas, só você pode nadar, pensar por você mesmo e salvar sua própria vida. Quer esteja com um colega experiente, um profissional de mergulho ou um novato, é mínimo o auxílio que você pode receber sob a água. Nunca confie em ninguém para mantê-lo seguro. Assuma a responsabilidade por sua própria segurança.

Como declarei, essa lista não é, de maneira alguma, abrangente ou completa. Sem dúvida você vai encontrar outras "regras" de mergulho ao longo deste livro. A maioria vai se encaixar na estrutura acima exposta.

O equipamento do mergulhador

Os termos que se referem às peças de equipamento utilizadas pelos mergulhadores para sobreviver e atuar sob a água podem ser um tanto desconcertantes para os não iniciados. Alguns itens, como a faca e a bandeira de mergulho, são facilmente reconhecíveis pela maior parte das pessoas; suas funções são óbvias. Outros objetos são mais herméticos, enquanto o uso de outros pode parecer óbvio, mas na realidade é uma percepção enganosa. Este livro não fornece uma lista abrangente dos equipamentos de um mergulhador. No entanto, para entender certas seções, é importante ser capaz de identificar certas peças usadas pela maioria dos mergulhadores, na maior parte dos mergulhos. A relação seguinte é uma visão geral dos equipamentos.

Proteção à exposição: roupa molhada ou roupa seca

A água esfria o corpo humano até 25 vezes mais rápido do que o ar. Assim, mesmo quando a temperatura da água se aproxima de 27 °C (80 °F) ou mais, os mergulhadores têm que se proteger, para diminuir a velocidade do processo de resfriamento. No mergulho comum isso é uma questão de conforto, porém naqueles em que ocorrem longas exposições inesperadas, essa providência pode ser essencial para a sobrevivência. Roupas molhadas apresentam espessuras variadas e compõem-se de vários tipos de borracha de neoprene flexível. Apesar de haver muitos recursos úteis e um número ainda maior de artifícios de venda, deve-se atentar para aspectos importantes da roupa de mergulho, tais como ajuste apropriado, grossura adequada para o mergulho e flexibilidade suficiente para permitir movimentos razoavelmente livres embaixo d'água. Como pode adivinhar, roupas molhadas permitem que o mergulhador se molhe.

Scuba *versus scuba*

Qualquer discussão sobre equipamento estaria incompleta sem a definição dos termos que identificam esse esporte. Scuba foi cunhado na década de 1950, como um acrônimo para *Self-Contained Underwater Breathing Apparatus* (Equipamento Autônomo de Respiração Subaquática), mas depois tornou-se uma palavra de uso geral para se referir a mergulhos com cilindros. O mergulho com Scuba diferia das tecnologias usadas por centenas de anos, pois permitia que o mergulhador nadasse livremente abaixo da superfície, carregando consigo seu suprimento de ar. Há muitas reivindicações, mas geralmente é aceito que a primeira unidade bem-sucedida de Scuba foi criada por um franco-canadense, Emil Gagnon, e por um ex-capitão naval francês, Jacques Cousteau. Nenhum deles poderia imaginar as descobertas revolucionárias ou as emoções impressionantes que milhões de pessoas experimentariam como resultado da primeira incursão experimental de Cousteau abaixo da superfície da água.

Roupas secas, por outro lado, mantêm o mergulhador seco e permitem a utilização de roupas por baixo para retardar ainda mais o processo de resfriamento. Em águas muito frias (15 °C/60 °F ou menos) ou em mergulhos de longa duração, essa proteção adicional torna-se vital para a sobrevivência. A roupa básica, seja semisseca ou seca, pode ser combinada a capuzes, meias e botas, para manter o mergulhador aquecido.

Dispositivos de compensação de flutuabilidade (BCDs)

Os BCDs modernos, ou coletes equilibradores, têm variados estilos e configurações, mas realizam basicamente duas funções importantes. Eles fornecem um sistema de cintas que prendem, com firmeza, o cilindro ao corpo do mergulhador, a fim de que ele não se separe de seu suprimento de gás para respiração durante o mergulho. Oferecem também colete que pode ser inflado com gás do cilindro ou com ar exalado pelo mergulhador, para facilitar seu deslocamento na água. Os mergulhadores têm que estar pesados para afundar, e a principal função do BCD é contrabalançar esse peso quando o mergulhador atinge a profundidade desejada, o que é chamado de flutuação negativa. Assim ele pode pairar e se mover livremente, sem gastar energia, mantendo uma profundidade constante, o que é chamado de flutuação neutra. O colete inflável fornece igualmente flutuação positiva, de duração limitada, para manter o mergulhador flutuando na superfície. O BCD nunca deve ser confundido com um colete salva-vidas; ele não permite que o mergulhador flutue com o rosto voltado para cima, e não é projetado para flutuação contínua na superfície.

Tanques ou cilindros de mergulho

Cilindros de mergulho são contêineres de aço ou alumínio, que armazenam ar ou outros gases de respiração num estado altamente comprimido, para uso do mergulhador. Os gases nos cilindros costumam ser comprimidos entre 2400 psi (160 bar) e 3500 psi (230 bar). Em algumas formas mais avançadas de mergulho, os mergulhadores podem usar dois cilindros conectados por um *manifold*, composto de válvulas de canos rígidos. Eles são conhecidos como gêmeos ou duplos.

Os cilindros variam de tamanho, indo de 0,06 metro cúbico, passando por pequenos tanques de emergência de 3,5 metros cúbicos, chegando a cilindros grandes, usados em mergulhos técnicos. A maioria dos mergulhadores recreativos dos Estados Unidos usa cilindros que comportam 2,3 metros cúbicos.

Reguladores

No léxico do mergulhador, "regulador" significa todo sistema de fornecimento de gás. Ele consiste de um bocal de segundo estágio, um segundo estágio reserva ou de segurança, uma mangueira para conexão ao colete equilibrador e um manômetro submergível (SPG), todos conectados, num ponto central, a uma válvula de cobre, que na verdade é o regulador, para reduzir a pressão. Os reguladores e suas funções serão abordados em maiores detalhes mais completamente no boxe das páginas 55-9.

Máscaras de mergulho

A máscara de mergulho tem um único propósito: inserir um espaço de ar ante os olhos do mergulhador, para que ele possa enxergar debaixo d'água. Ela não mantém a água fora do nariz. O objetivo da máscara é só permitir que o ar em seu interior fique equalizado. Por ironia, essa contenção, que prende a água nas proximidades das narinas, frequentemente causa pânico, quando a máscara é parcialmente inundada.

Tabelas de mergulho

O boxe das páginas 152-5 discute doenças de mergulho, incluindo a doença de descompressão. Pode-se prevenir a DD ao estimar a quantidade de nitrogênio ou de outros gases que podem ser absorvidos pelo corpo, prevendo assim a velocidade de subida, para maior segurança, enquanto se elimina esses gases. Atinge-se essa meta usando uma tabela de mergulho. No entanto, mesmo entre os profissionais, metodologias de descompressão são consideradas teorias, não ciência. Portanto, mesmo mergulhadores que seguem as tabelas ao pé da letra podem ter incidentes de DD.

Computadores de mergulho

Nas últimas duas décadas, a tecnologia digital produziu dispositivos seguros e acessíveis, visando calcular a informação em uma tabela de mergulho. As estatísticas mostram que os computadores de mergulho geralmente oferecem uma alternativa mais segura às tabelas, pois são, na maior parte, à prova de erros. Via de regra, eles não precisam de interface de usuário para funcionar, a não ser, talvez, para serem ligados. Assim, os erros do mergulhador são praticamente eliminados. Esses computadores existem desde o final da década de 1950, mas modelos iniciais, com mola mecânica ou dispositivos a gás, não eram confiáveis, sendo conhecidos como "dobradomáticos". A tecnologia eletrônica aprimorou esses projetos, a ponto de que qualquer mergulhador sério, hoje, seria um tolo ao mergulhar sem um deles.

Nadadeiras e *snorkel*

As duas últimas peças restantes de equipamento padrão, até para o mergulhador mais básico, são as nadadeiras e o *snorkel*. As nadadeiras expandem a área de superfície do pé, permitindo que o mergulhador empurre seu corpo e grandes quantidades de equipamento através da água, com relativa eficiência. *Snorkels* são tubos simples de plástico, os quais permitem que o mergulhador respire enquanto seu rosto está submerso. Assim ele conserva o ar ao nadar na superfície. No caso de se encontrar em mar agitado, o mergulhador terá um método mais seguro de respiração, enquanto limita a inalação de água.

O "socorrista"

Tum. Garrett tem certeza de que contou certo. Aquele fora o último cinto de lastro batendo no fundo do barco. A qualquer momento, agora, a equipe vai perceber que ele está deitado, impotente e paralisado na superfície. A ansiedade é esmagadora; segundos parecem horas. Finalmente, ele ouve os mergulhadores a bordo chamarem. Mais uma vez tenta responder, mas nada parece funcionar. Apesar de estar consciente de tudo que está acontecendo à sua volta, Garrett é incapaz de se mexer, incapaz de falar e incapaz de reagir, de nenhuma maneira. Ele percebe, mais do que sente, o dive master *do barco alcançá-lo. Aí, percebe que seu pior pesadelo está se desenrolando quando o* dive master *retira seu regulador e inadvertidamente empurra sua cabeça abaixo da superfície. Ele tem consciência da água do mar enchendo suas vias respiratórias, mas não tem nenhum poder para reagir.*

Garrett era um mergulhador saudável e ativo, de 50 e poucos anos. Suas atividades regulares incluíam mergulhos em cavernas, mergulhos mais profundos do que os limites recreativos e até alguns trabalhos de mergulho comercial no interior. Ele também era um instrutor ativo que ganhava a vida compartilhando seu amor pelo mundo subaquático, tanto com os não iniciados, quanto com mergulhadores que buscavam treinamento avançado. Garrett era, em todos os sentidos, um profissional respeitado pela comunidade e pela indústria de mergulho. Foi um compromisso profissional que o levou à América Central, acompanhado por um pequeno grupo de mergulhadores, para uma excursão de mergulho guiada.

Garrett e sua esposa, também uma profissional de mergulho, deixaram sua casa, nos Estados Unidos, bem cedo, naquela manhã. Passaram o dia contagiados pelas preocupações normais da viagem, dominados por ansiedades e expectativas que uma excursão para locais exóticos sempre traz. Eles levaram seis mergulhadores entusiasmados a reboque, ansiosos por uma semana de relaxamento e mergulhos sensacionais em um "paraíso". Garrett entendia muito bem as questões que afetam a segurança dos mergulhadores, como fadiga e desidratação. Portanto, insistira que todos tivessem uma boa noite de sono na véspera da excursão, que permanecessem bem hidratados, já que sua primeira tarde no país incluiria dois mergulhos nos recifes, em águas relativamente rasas. Os mergulhadores desembarcaram e posicionaram seus equipamentos no ônibus, para uma jornada de horas até o *resort* de mergulho. Na verdade, as condições de mergulho naquele local eram geralmente tão boas que a viagem em si era considerada a parte mais aventureira das férias. Sobrevivendo a esse percurso, os mergulhadores descarregaram e depositaram suas malas no quarto, pegaram seus equipamentos e embarcaram em um barquinho, iniciando uma curta jornada até o recife, para um mergulho de final de tarde.

Um *dive master* ajuda um mergulhador cansado.

As condições anunciadas pelo *resort* eram mesmo reais. O mar era calmo, as correntes inexistentes, a visibilidade aparentemente ilimitada. Então, os oito mergulhadores saltaram do barco para um mergulho rápido nos recifes. O mergulho era relativamente raso, uma média em torno de 13 metros. Ninguém no grupo passaria de 18 metros. Depois de uns 40 a 45 minutos de mergulho, o grupo bem supervisionado subiu, voltando a entrar no barco. Garrett chegou à superfície com seu grupo, fazendo uma rápida contagem de cabeças, para garantir que todos estivessem presentes. Enquanto concluía a contagem, no entanto, ele sentiu dormência em suas extremidades inferiores. De forma alarmante, parecia estar subindo rapidamente por seu corpo. Ele sentia que a paralisia total era iminente. Em fração de segundos, tomou várias decisões, esperando salvar sua vida.

Mergulhador técnico experiente, Garrett tendia a levar várias peças de seu equipamento técnico para os mergulhos recreativos. Ele usava um colete BCD com inflagem dorsal, ou "estilo asa", que oferece várias vantagens. Sob a água, a parte inflável, que tem a forma de uma ferradura — entremeada entre as costas do mergulhador e o cilindro, envolvendo o topo e cada lado deste —, oferece uma base bastante estável para o nado, que ajuda o mergulhador a manter uma posição paralela à superfície. No topo da água, esse BCD pode ser inteiramente inflado, visando fornecer um apoio semelhante ao de um salva-vidas, com uma quilha pesada na forma de um cilindro. Garrett tiraria toda a vantagem desse recurso nos segundos finais. Quando percebeu o que estava acontecendo, inflou completamente o BCD, até ele enrijecer, sustentando-o com o rosto voltado para a superfície.

Garrett sabia que até o mar mais calmo passa por cima do rosto de um mergulhador, fazendo-o inalar água. Felizmente, outra de suas escolhas de equipamento o ajudaria nesse dilema. Mergulhadores técnicos usam, no geral, uma corda elástica, com o objetivo de manter um de seus reguladores de segundo estágio perto do pescoço. Conhecidas como "cordas de suicídio", permitem que o mergulhador recupere o regulador de segundo estágio apenas com os dentes, em qualquer emergência na qual suas mãos estejam ocupadas e, por algum motivo, não haja regulador em sua boca. Para assegurar um encaixe e um funcionamento adequados, a maioria dos mergulhadores técnicos faz seu próprio dispositivo. Garrett não era exceção. Apesar de projetada para segurar o regulador em volta do pescoço, se a corda for puxada mais para cima, em torno da cabeça, ela também pode ser usada para prender o regulador na boca do mergulhador. Enquanto Garrett inflava o seu BCD, rapidamente puxou sua corda de suicídio para cima, prendendo seu segundo estágio na boca com total eficácia. Felizmente, Garrett sempre se esforçou para ser um exemplo e, portanto, nunca removia sua máscara após chegar à superfície. Com o nariz coberto e o regulador na boca, Garrett esperava que suas vias respiratórias ficassem protegidas. Então, ele ficou incapaz de se mover. Apesar desse processo parecer longo, na verdade levou apenas alguns segundos.

Só o que ele podia fazer, agora, era esperar. Estava apavorado, sem saber qual função corporal entraria em colapso no momento seguinte. Porém, concentrou-se na evidência de que os mergulhadores perceberiam sua falta assim que estivessem a bordo; e ele estava bem visível na superfície do mar calmo. Conforme os mergulhadores subiam na pequena embarcação, entregavam seus cintos de lastro para a equipe, os quais eram lançados em uma cesta, no convés do barco. Garrett podia ouvir cada cinto caindo, emitindo um *tum* bem alto. Cuidadosamente ele os contou, admirando-se com sua habilidade de ouvir e reconhecer o que acontecia, apesar de não conseguir se mexer. Por fim, após o que pareceu ser uma eternidade, o sétimo cinto caiu dentro da cesta. Foi aí que o grupo de mergulho reparou em Garrett flutuando, imóvel, na superfície.

O *dive master* e o imediato do barco mergulharam pela lateral, alcançando-o em algumas braçadas curtas. O *dive master* seguia as regras. Ele agarrou Garrett pela válvula do cilindro e começou a puxá-lo na direção do barco. Retirou o regulador da boca de Garrett e a máscara de seu rosto, para verificar se ele estava respirando. Percebendo sua respiração, iniciou o reboque até o barco. Foi aí que seu treinamento de "qualidade de demonstração" falhou, ao atender aquela emergência. Com a onda de adrenalina e o medo envolvendo o resgate, nada correu como planejado. Enquanto tentava ouvir o capitão, o socorrista desviou sua atenção na direção do barco, sem notar que empurrara o rosto de Garrett para baixo da superfície. Garrett se esforçou para falar, tentou manter a água fora de sua boca, todavia a sentiu entrar em suas vias respiratórias. O terror o dominou, conforme percebeu que o socorrista, que deveria salvá-lo, na verdade iria afogá-lo. Garrett não conseguia mais respirar. No entanto, o destino logo interveio, oferecendo-lhe uma prorrogação. Tirando o equipamento do corpo de Garrett, os mergulhadores a bordo e o *dive master* tentaram puxá-lo pela borda do barco. Felizmente, o corpo molhado de Garrett escorregou de suas mãos e ele bateu de rosto para baixo no convés, forçando a água para fora de suas vias respiratórias, e isso permitiu que respirasse de novo. A equipe colocou Garrett no oxigênio e correu desenfreadamente para terra firme. Ele foi levado às pressas para o centro médico mais próximo, mas esse teste da sua vontade de viver ainda estava longe de acabar.

O atendimento a Garrett, nas instalações médicas locais, foi eficiente e rápido. Porém, infelizmente, não foi adequado às lesões apresentadas. É provável que os médicos tenham feito um diagnóstico correto: um quase-afogamento. Entretanto, nem a família nem os outros mergulhadores presentes conseguiam convencer os médicos de que o afogamento de Garrett era um evento secundário a alguma forma de lesão hiperbárica. Assim, durante vários dias, Garrett não recebeu o tratamento de oxigenoterapia hiperbárica de que tanto precisava. Na verdade, ele não passou pela recompressão até sua família conseguir, com a assistência de inúmeras autoridades médicas e do consulado americano, transportá-lo para Miami, Flórida.

Lesão hiperbárica

Tanto doença de descompressão quanto embolia arterial gasosa são *lesões hiperbáricas*; elas resultam de respirar gases comprimidos em pressão ambiente ampliada. Este livro não tem o espaço adequado para uma discussão minuciosa sobre essas lesões de mergulho. No entanto, eis aqui um breve resumo da lesão que teve um papel essencial no mergulho de Garrett.

Quando a pressão dentro dos pulmões se eleva acima da pressão do ambiente externo, provocando a ruptura dos pulmões, ocorre a embolia arterial gasosa. No nível do mar, estamos todos expostos a cerca de uma atmosfera de pressão, aproximadamente 14,7 libras por polegada quadrada (psi) ou 1 bar. Cada 10 metros (33 pés) de profundidade na água acrescenta mais uma atmosfera de pressão, de forma que o mergulhador a 10 metros está cercado por 29,4 psi (duas atmosferas ou 2 bar). Como a água não é compressível, ela transfere a pressão do ar da superfície ao longo da coluna aquática, acrescentando aquela pressão da superfície à da água a que o mergulhador está submetido. Se você gosta de matemática, a fórmula é bem simples: profundidade em pés de água do mar/33 + 1 = pressão medida em atmosferas absolutas. Se quiser converter para psi, multiplique esse número por 14,7.

Agora imagine um contêiner flexível como um balão cheio de ar. Na superfície, o balão tem uma atmosfera de pressão que o cerca. Se permitíssemos que o balão voasse para a atmosfera, onde a pressão do ar diminui, ele ficaria cada vez maior. Devido aos mesmos princípios da física, se você forçar o balão para debaixo da água, ele ficará cada vez menor, quanto mais fundo você for.

Podemos prever com muita precisão o impacto que a maior pressão da água teria no tamanho do balão, e dividindo o volume original deste pelo número de atmosferas de pressão na nova profundidade. Então, a 10 metros (33 pés), o balão teria a metade de seu volume original e, a 20 metros (66 pés), três atmosferas, o balão teria um terço de seu volume original. Obviamente, nenhuma partícula de ar escapou de dentro do balão, ele está simplesmente sendo comprimido num espaço cada vez menor. Isso significa que, a duas atmosferas, ou 10 metros, o ar dentro do balão seria duas vezes mais denso do que era na superfície; a 20 metros, três vezes mais denso; e assim por diante.

Esses efeitos não causam problemas para mergulhadores em apneia, que inflam seus pulmões na superfície, prendem a respiração e descem — permitindo que a pressão da água simplesmente diminua o tamanho de suas caixas torácicas —, voltando depois à superfície. Mas um mergulhador com cilindro mantém seus pulmões no volume normal, respirando de forma regular enquanto desce; infelizmente, a 30 metros (99 pés), isso significa que ele tem quatro vezes mais ar em seus pulmões do que teria na superfície, e o ar é quatro vezes mais denso. Isso não é problema, desde que o mergulhador permaneça na profundidade. No entanto, quando a pressão ambiente em volta do mergulhador começa a cair, devido à ação das ondas ou a uma subida normal, a pressão do ar nos pulmões rapidamente se torna mais alta do que a pressão ambiente em torno do mergulhador, levando o ar denso a se expandir. Enquanto o mergulhador ventilar continuamente o ar para fora de seus pulmões, através da respiração normal, está tudo bem. Mas, se ele prender a respiração, ou uma parte da passagem de seus pulmões for bloqueada de alguma maneira, ele terá problemas. A pressão do ar continuará a aumentar dentro do pulmão, até uma pequena seção dele formar uma reduzida ruptura, permitindo que a pressão do ar se liberte. Infelizmente, isso ocorre, em geral, na parte mais fraca do pulmão, onde é mais provável que o ar que evapora passe direto para a corrente sanguínea. A bolha que escapou, então, circula até o coração, onde pode causar danos sérios, ou flutua através do coração até chegar a um vaso sanguíneo pequeno demais para permitir que a bolha passe. Quando a bolha para, ela também obstrui o fluxo sanguíneo, levando os tecidos da outra margem do bloqueio a morrerem, por falta de oxigênio e nutrientes. Frequentemente essas obstruções ocorrem em partes críticas do sistema nervoso, gerando sintomas que incluem, na face mais moderada, mudanças de personalidade ou perda de coordenação; e, mais gravemente, pode chegar à paralisia, coma e morte.

Às vezes, lesões hiperbáricas ocorrem mesmo quando o mergulhador faz tudo certo. Esses chamados "acidentes não merecidos" respondem por uma porcentagem significativa do número mínimo de lesões que os mergulhadores sofrem, a cada ano.

Independentemente da origem da lesão hiperbárica, o tratamento rápido é essencial para um resultado favorável. A única terapia eficaz é a administração de altas concentrações de ar, enquanto o mergulhador passa por uma recompressão numa câmara com pressão ambiente igual à que ele experimentou no mergulho que causou a lesão. Esse tratamento tem dois benefícios: se uma bolha de gás ainda existe no sangue ou nos tecidos do mergulhador, a pressão adicionada reduz o tamanho da bolha. Além disso, encher de oxigênio puro os pulmões e, no final, a corrente sanguínea, acelera o processo de difusão — quando uma alta concentração de uma substância gravita naturalmente rumo a áreas onde há uma concentração baixa. A maior parte das embolias consiste de nitrogênio, então essas bolhas tendem a se dispersar rápido na corrente sanguínea e a retornar aos pulmões; nessas áreas o nitrogênio é praticamente ausente, devido à presença do oxigênio puro como gás de respiração. Tanto a redução de tamanho quanto a difusão acelerada ajudam o corpo a eliminar qualquer bolha existente. O segundo benefício da oxigenoterapia hiperbárica é fornecer concentrações muito altas de oxigênio para células danificadas por falta de oxigênio por conta do fluxo sanguíneo restrito. De forma ideal, tratamentos como esse deveriam começar menos de uma hora após a lesão. No entanto, em muitos pontos do planeta, as câmaras não são prontamente acessíveis. De qualquer modo, a cada minuto que se passa sem o tratamento, reduzem-se as chances de recuperação do mergulhador.

Não há como saber exatamente que tipo de lesão hiperbárica Garrett sofreu. No entanto, a crise repentina e os sintomas parecem indicar uma embolia arterial gasosa, que afetou rapidamente seu sistema nervoso central, com resultados devastadores. Os efeitos foram exacerbados pela demora no início de um tratamento decisivo, mais de 48 horas. Embora seja pouco provável que o fato de Garrett prender a respiração debaixo d'água tenha desencadeado a embolia, é bem possível que um mergulhador com sua experiência e aptidão tenha sofrido essa lesão como resultado de alguma obstrução pulmonar prévia não detectada. Apesar de ser algo raro, em alguns casos os mergulhadores podem ser afetados por doenças não diagnosticadas, que vão de resfriados sem gravidade a uma pneumonia e a condições mais sérias, como doenças pulmonares obstrutivas crônicas, tais como o enfisema.

Embora qualquer embolia arterial gasosa possa ser devastadora, tanto médica quanto emocionalmente, a situação de Garrettt se complicou pela ação dos profissionais de mergulho, mal treinados ou mal preparados para seguir os procedimentos corretos de resgate. Quando Garrett detectou o início dos problemas, ele tomou todas as precauções para garantir sua sobrevivência. Deixou sua máscara firme e no lugar quando emergiu, como todo mergulhador deve fazer, até estar em segurança no barco. Ele protegeu ainda melhor suas vias respiratórias, prendendo um segundo estágio na boca, e estabeleceu rapidamente flutuação positiva, de rosto para cima. É provável que ele tenha feito tudo isso em segundos. Se Garrett tivesse sido resgatado corretamente, o diagnóstico no hospital poderia ter sido bem mais simples, e sua terapia de recompressão, quase com certeza, teria sido iniciada mais cedo. Entretanto, a condição de Garrett foi agravada por pretensos socorristas que quase o afogaram. Baseado nos relatos de pessoas presentes e em suas próprias lembranças, Garrett provavelmente não teria sobrevivido à provação, se não fosse pela consistente incompetência da tripulação, que o jogou de rosto para baixo no barco, permitindo que a água saísse de sua boca e de seu nariz, desobstruindo suas vias respiratórias.

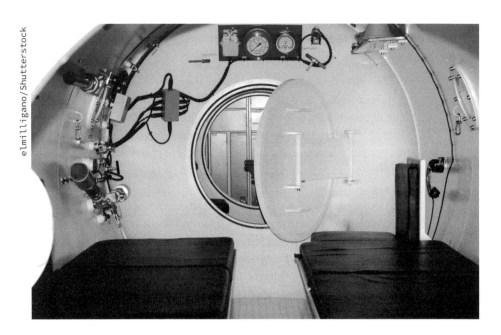
Interior de câmara hiperbárica para mais de uma pessoa.

A entrada de água do mar nas vias respiratórias de Garrett, combinada a relatos de que ele flutuava inconsciente na superfície quando foi encontrado, convenceu os médicos locais de que ele era uma vítima de quase-afogamento. Por consequência, ele foi tratado como tal, sem diagnósticos ou tratamentos adicionais. Quando finalmente sua família obteve um transporte, Garrett fora colocado em um respirador, pois era incapaz de respirar sozinho.

Depois que Garrett enfim chegou a Miami, recebeu vários tratamentos de recompressão. No entanto, não respondeu bem a eles e as melhoras foram insignificantes. Então, apenas alguns dias depois de sua chegada, os médicos chamaram a família, para explicar que a probabilidade de recuperação de Garrett era extremamente pequena; eles não viam vantagens em continuar o tratamento. Porém, a família não estava disposta a desistir. Ao saberem que tratamentos adicionais não fariam mal, apesar de serem "um desperdício de tempo e dinheiro", a família convenceu os médicos a levarem Garrett para mais um mergulho na câmara. Durante a descida, algo miraculoso aconteceu: Garrett começou a respirar sozinho. Com esse resultado extremamente positivo, os médicos decidiram iniciar tratamentos mais agressivos. Durante anos, a recuperação de Garrett progrediu. Suas atividades incluem até o retorno ao mergulho em águas rasas.

Habilidades de resgate no mundo real

Em geral, durante seu processo de certificação, profissionais de mergulho recebem um treinamento inicial para se prepararem e, assim, conduzirem resgates. Infelizmente, esse treinamento é direcionado, quase sempre, para oferecer habilidades de demonstração a futuros alunos e para tornar a *performance* mais bonita. Essas práticas são conhecidas como "qualidade de demonstração". Mesmo quando o treinamento é, a princípio, adequado, muitos profissionais passam vinte ou trinta anos de carreira sem jamais praticarem essas habilidades de resgate.

Infelizmente, observados os milhares de fatores envolvidos em cada acidente, conclui-se que raros resgates do mundo real exigem qualidade de demonstração; e os socorristas têm sempre que se adaptar. Habilidades de resgate, como todas as demais, demandam prática rotineira e atualizações para se consolidarem. Como consumidor, é direito seu perguntar aos profissionais que supervisionam seus mergulhos se eles receberam treinamento para enfrentar o mundo real e quando foi a última vez que atualizaram ou praticaram esse treinamento. Esclareça que "praticar" significa realizar de fato a tarefa, não apenas observar a ação alheia. Além disso, se você é um aluno que participa de um treinamento de resgate, ou um instrutor lecionando, lembre-se de que as habilidades de qualidade de demonstração são uma base vital para o programa. No entanto, é só o que são — uma base. Para que qualquer programa de capacitação seja eficaz, esse alicerce precisa ser acompanhado de treinamentos em situações espontâneas do mundo real.

Não importa o quanto você ache que suas habilidades de mergulho são boas, o quanto pense ser saudável ou o quão imune a doenças e lesões você acredita ser, quando está mergulhando em locais remotos, você sempre deve ter um plano de evasão e também para lidar com lesões. Lembre-se de que, no final, você é responsável por sua própria segurança e assegure-se de ter um plano de evasão e de que seu companheiro de viagem ou parceiro de mergulho conheça todos os detalhes dele. Apesar da necessidade de recorrer a qualquer assistência competente oferecida por profissionais de mergulho, sempre que ocorre um acidente, nunca se deve presumir que esses profissionais vão mesmo proporcionar esse socorro quando ele for necessário.

Como um mergulhador experiente que sempre procurou manter suas habilidades, Garrett tinha uma grande vantagem sobre outros mergulhadores em situações similares. Ele manteve todo seu equipamento no lugar quando emergiu. Estava sintonizado com suas condições físicas e reconheceu o início dos problemas. Também percebeu quão rápido sua paralisia poderia ocorrer. Apesar de adversidades avassaladoras, ele permaneceu calmo. Se Garrett tivesse entrado em pânico, tentado gritar por ajuda em vez de proteger suas vias respiratórias, provavelmente não teria sobrevivido. Suas chances de sobrevivência também seriam mínimas, se ele tivesse removido a máscara e seu regulador, quando emergiu no mar calmo, como tantos mergulhadores costumam fazer. No final, a familiaridade de Garrett com os procedimentos corretos, a experiência com seu próprio equipamento e sua reação serena foram provavelmente os fatores mais significativos para sua sobrevivência.

Painel de controle de uma câmara hiperbárica.

Estratégias de sobrevivência

✓ **Questione os profissionais** que vão supervisionar suas atividades e instruções de mergulho, para se assegurar de que são qualificados. Não hesite em interrogá-los sobre o treinamento que receberam e a última vez em que se atualizaram.

- ✓ **Não tenha pressa** de se familiarizar com seu equipamento de mergulho em circunstâncias controladas, antes de se aventurar em mar aberto. Saiba como cada recurso funciona, especialmente os que você não usa em todos os mergulhos.
- ✓ **Fique calmo, mesmo diante do desastre.** O pânico é a causa número um de morte de mergulhadores com cilindro; ele jamais vai melhorar suas chances de sobrevivência.
- ✓ **Prepare um plano de resposta a uma emergência**, tanto para dentro d'água, quanto para depois que alguma lesão se confirmar; assegure-se de que seus companheiros de mergulho saibam implementá-lo e estejam comprometidos em ir até o final.
- ✓ **Se você desejar um treinamento em habilidades críticas**, tais como resgate, assegure-se de que é para o mundo real, não alguma utopia imaginária. A *performance* de qualidade de demonstração é admirável, mas raramente lhe dará habilidades que salvem vidas.

A noite fria e solitária do marujo

Subitamente, um calafrio faz o corpo de Tonya se arrepiar. Algo não parece certo. Subindo a alguns metros do recife, ela percebe, de repente, que se move bem mais rápido do que pretende, apesar de não estar nadando. Dando algumas braçadas para frente, agarra Robert pela perna, sinalizando que eles precisam emergir. Ele olha para seu manômetro e, avistando ar suficiente e tempo de mergulho de sobra, sinaliza que está tudo bem. Apontando para o recife, Tonya tenta freneticamente mostrar a Robert a velocidade da corrente. Enfim, ele repara que os coloridos leques marinhos estão curvados, quase 90º, e percebe que eles estão sendo arrastados para longe de seu barco. Em estado de extrema ansiedade, os dois iniciam uma rápida subida para a superfície.

Tonya e Robert eram um casal de mergulhadores de 30 e poucos anos, atlético e ativo em vários esportes ao ar livre. Adoravam velejar e mergulhar. Robert era um marinheiro de mar aberto experiente que iniciou sua trajetória na adolescência. Sua jornada incluía passagens do sul dos Estados Unidos até as ilhas dos trópicos. Apesar de menos experiente, Tonya tornara-se um imediato competente durante as inúmeras excursões breves de Robert por águas costeiras. Eles também eram mergulhadores muito ativos. Tinham conquistado, recentemente, seus certificados de mergulhadores avançados. Com frequência, viajavam no final da tarde, ou nas manhãs de sábado, até um lago de água doce perto de sua casa, só para nele se banharem. Além de aproveitarem qualquer oportunidade para irem ao Caribe, Tonya e Robert sempre faziam excursões de fim de semana para águas tropicais quentes, no sul da Flórida. Somando-se os mergulhos de ambos, contabilizavam-se mais de cento e cinquenta, nos quatro anos e meio em que vinham mergulhando. A maior parte desses mergulhos era realizada em grupos organizados ou com operadores de barcos fretados; ambos ofereciam serviços de um *dive master* para supervisão dentro d'água. Antes daquelas férias, tirando alguns mergulhos nas águas calmas do lago local, eles nunca haviam mergulhado sem supervisão.

Quando Tonya recebeu uma boa promoção em seu emprego, os dois encontraram a desculpa perfeita para tirar férias prolongadas no Caribe. Passaram vários fins de semana preparando o veleiro de Robert, depois mais algum tempo levando-o para a costa da Flórida, até um ponto de partida conveniente para uma jornada a um arquipélago popular no Caribe. Lembrando-se de tudo que haviam aprendido no treinamento, também prepararam cuidadosamente todo o equipamento de mergulho essencial para a viagem. Levaram BCDs e reguladores à loja de equipamentos de mergulho local, para manutenção e um ajuste de último minuto. As tiras das máscaras, as correias das nadadeiras e as fivelas foram inspecionadas. Por fim, armazenaram o equipamento adequadamente no barco, na expectativa das várias excursões de mergulho que viriam.

Desejando alguma espontaneidade e muita privacidade, Tonya e Robert comunicaram aos membros da família um plano de navegação muito vago. Um plano de navegação é uma parte significativa de qualquer aventura no mar, pois é um meio de alertar as autoridades, se algo der errado. Em muitos acidentes marítimos, a embarcação pode ser incapaz de estabelecer contato com as autoridades ou com outro barco. Por outro lado, os marinheiros podem também não ter tempo de estabelecer esse contato antes de abandonar a embarcação. Se um plano de navegação for adequadamente indicado, a Capitania dos Portos ou os parentes vão perceber que a embarcação está atrasada; se a demora for grave e a embarcação não puder ser contatada, um esforço de busca e resgate poderá ter início. No caso da aventura de Tonya e Robert, a melhor informação que qualquer membro da família tinha era a data planejada para o retorno aos Estados Unidos — mais de três semanas após sua partida.

Tonya e Robert deixaram a Flórida num dia de sonhos para um marinheiro, com céu azul limpo e mar razoavelmente calmo, levando-se em conta a brisa forte do Oeste. Durante dez dias eles velejaram, aproveitando tudo o que a vida nas ilhas tinha para oferecer; bronzeando-se na proa de seu veleiro ou em praias de areia branca, fazendo compras em lojas *duty-free*, experimentando uma combinação de vida noturna intensa e jantares românticos tranquilos. E, claro, nadavam ou mergulhavam quase todos os dias. Pelo que sabemos, suas férias foram a materialização do sonho que as inspirou.

Depois de acrescentarem mais de vinte mergulhos em seus livros de bordo, Tonya e Robert estavam interessados em aventuras mais avançadas. Reconhecendo que tinham experiência limitada em mergulhos nas águas mais profundas, juntaram-se ao barco matutino de uma loja de mergulhos local, que navegaria rumo a um naufrágio profundo, cerca de 32 metros de profundidade. Mais uma vez, o mergulho foi perfeito; assim, ambos sentiram que suas habilidades haviam progredido, atingindo um nível que quase alcançava o de um especialista. No entanto, o mais interessante, no barco fretado, foi uma discussão com a tripulação a respeito de um mergulho cristalino à barlavento da ilha. Eles ouviram as histórias da tripulação e anotaram todos os detalhes importantes. Chegando ao cais, ofereceram almoço e bebidas ao seu *dive master*, a bordo do barco, uma oferta que ele aceitou alegre. Enquanto passavam a tarde comendo e bebendo, Robert interrogou-o minuciosamente sobre os locais de mergulho à barlavento da ilha, as condições por lá e quaisquer outras particularidades em que pôde pensar. O casal soube que, a maior parte do ano, era quase impossível mergulhar na área. Então, os locais de mergulho eram bem menos frequentados e, portanto, bem mais cristalinos do que a maioria dos que eles já haviam visitado. Percebendo que pretendiam testar o local, o *dive master* os aconselhou a contratarem um guia qualificado e ficarem muito atentos às condições, que podiam mudar rápido, mesmo quando pareciam perfeitas. Infelizmente, Robert e Tonya prestaram mais atenção aos outros detalhes do que aos avisos.

Era uma manhã sem vento, com promessas de calor escaldante, quando Tonya soltou a última amarra e Robert ligou o motor de seu veleiro. Navegaram na direção do canal, visando atingir a face à barlavento da ilha, parcamente povoada. Utilizando o GPS e os mapas como referências, eles chegaram a um espaço muito recomendado, com pouco mais de 30 metros de profundidade. Quando Tonya verbalizou suas preocupações a respeito de um mergulho profundo sem supervisão, a partir de um barco solitário, Robert decidiu que a prudência era uma virtude, deslocando-se para um local mais raso, ao sul da ponta nordeste da ilha. Soltando a âncora em cerca de 18 metros de profundidade, os mergulhadores posicionavam-se bem dentro do campo de visão da ilha. Dessa forma, podiam distinguir a ilha seguinte do arquipélago, no horizonte ao norte. Verificaram cuidadosamente a firmeza da âncora e vestiram seus equipamentos de mergulho, partindo para uma excursão de 30 minutos, entre 12 e 18 metros de profundidade.

As condições de mergulho eram como esperavam. Nadando junto à face do barco que apontava para terra firme, Robert e Tonya avistaram num pequeno trecho de um recife inúmeras criaturas marinhas das quais tinham ouvido falar, ou que já tinham visto antes. Enquanto voltavam para a popa do barco, onde haviam pendurado uma corda com pesos a 6 metros, arraias-água que passavam os inspiraram enquanto completavam uma parada de segurança. Emergindo para o almoço, os mergulhadores estavam mais entusiasmados do que nunca.

Sem medo do céu que se tornava cinza e de uma chuva tropical leve, que esfriou um pouco o ambiente, eles comeram seus sanduíches e decidiram seu próximo plano de mergulho. Concordaram que era mais provável encontrar arraias maiores e outras criaturas marinhas colossais se mergulhassem perto da popa do barco voltada para o mar, onde aparentemente desceriam depressa para águas profundas. Munindo-se de cilindros cheios e vestindo seus equipamentos, Robert e Tonya podiam sentir no ar a antecipação. O céu ainda estava um pouco cinza, mas o mar permanecia calmo e liso. Se já havia algum sinal do clima inclemente que se aproximava, os mergulhadores atarefados e entusiasmados não o detectaram.

Entrando na água em algum momento no meio da tarde, os mergulhadores acharam o segundo mergulho tão bonito quanto o primeiro. Leques marinhos vastos e intactos, megaesponjas coloridas e dúzias de variedades de corais duros e moles povoavam o local. No entanto, a vida marinha mais volumosa, que Robert desejava tanto ver, parecia esquiva. Os mergulhadores permitiram-se flutuar na corrente bem leve, varrendo com os olhos águas mais profundas, do lado direito. Ao se concentrarem nas águas azuis escuras, na borda do penhasco, Tonya e Robert ficaram sem referência alguma que lhes indicasse que a corrente aumentava rapidamente. Após 20 minutos de um plano de mergulho de 40 minutos, Tonya olhou em volta para checar o recife. Um arrepio de alarme a percorreu, enquanto ela percebia que eles possivelmente tinham se afastado muito mais de seu barco do que imaginavam. Tonya e Robert encontravam-se à mercê de uma corrente que acelerava com o fluxo da maré e a força do vento, e sua situação tornava-se crítica bem depressa.

Robert e Tonya enfrentavam uma situação séria. Emergindo, descobriram que tinham sido arrastados na direção da ponta norte da ilha; estavam presos em uma corrente que estimaram ser entre 1,5 e 2 nós. Complicando seus problemas, uma leve linha de instabilidade atingira a área, incluindo raios e condições de mar revolto, desencadeadas por rajadas de vento. Eles lutaram para nadar de volta ao barco, que estimaram estar a 1,6 quilômetro de distância. Na realidade, apesar de não poderem ver o barco, por conta da baixa visibilidade e das condições marítimas, ele deveria estar bem perto. Ainda assim, em poucos minutos eles estavam exaustos. Robert percebia que, mesmo nadando perpendicularmente à corrente, já estavam sendo conduzidos para além do norte da ilha. Os dois mergulhadores carregavam equipamentos de sinalização, exatamente para uma emergência como aquela. No entanto, encontravam-se sozinhos no mar revolto, varrido pela chuva, em uma área pouquíssimo frequentada por barcos; a noite aproximava-se e a cada minuto que passava, eles se deslocavam cada vez mais para mar aberto.

Correntes oceânicas

Muitos fatores podem desencadear as correntes oceânicas. As principais correntes contínuas, como a Corrente do Golfo, no Atlântico, são provocadas pelo aquecimento e resfriamento das águas do oceano, conforme elas se afastam das zonas tropicais. A força do vento, ao empurrar a superfície da água, ou o movimento diário das marés podem também gerar essas correntes. Influenciado tanto pelo vento quanto pelas marés, o fluxo da corrente pode, em um breve período de tempo, oscilar de um nível inexistente para outro bem intenso. Essas correntes inesperadas e velozes representam um dos maiores riscos para mergulhadores desavisados.

A água é aproximadamente oitocentas vezes mais densa do que o ar. O corpo humano encontra uma resistência significativa sempre que tenta se mover contra seu fluxo. Da mesma forma, qualquer movimento da água tende a propelir o corpo em um ritmo inesperadamente acelerado. Mesmo um nadador vestido apenas com uma roupa de banho pode ser de repente sugado por uma corrente. Os mergulhadores têm o peso adicional de um BCD, um cilindro de gás e outros equipamentos. Assim, a maioria dos mergulhadores teria dificuldades para realizar qualquer progresso significativo ao nadar contra uma corrente tão suave quanto meio nó. A um nó, mergulhadores que se apoiam na corda de uma âncora ficarão esticados de lado, como bandeiras em um vento forte. Qualquer coisa acima de um nó vai causar problemas sérios. Se você ficar de frente para a corrente enquanto utiliza vários reguladores, seu diafragma vai ficar deprimido, permitindo que o segundo estágio flutue violentamente. Virar a cabeça de lado pode não ser também a melhor solução, já que a corrente é capaz de arrancar a máscara do seu rosto. E tentar realizar qualquer progresso na direção de um barco contra a corrente é, no mínimo, inútil e, na pior das hipóteses, arriscado e exaustivo.

Tonya retirou sua boia-torpedo (um tubo fino e inflável de *nylon*, de cerca de 1,5 metro de comprimento e 10 centímetros de diâmetro, de cores vibrantes, para maior visibilidade). Sua ponta tinha um suporte, que comportava um bastão de luz Cyalume. Ela rompeu o bastão para quebrar o frasco em seu interior e sacudiu o líquido, desencadeando o brilho de sua luz, porém ele não brilhou. Tinha, na melhor das hipóteses, uma luminosidade fosforescente fraca e opaca. Enquanto sacudia violentamente o bastão mais uma vez, recordou-se de que o atendente da loja de mergulho de sua cidade recomendara que o bastão fosse substituído mais ou menos uma vez por ano. Ela nunca usara ou substituíra o bastão de luz nos quase quatro anos depois que o comprara.

Tonya ainda inflou sua boia-torpedo, amarrando-a ao seu BCD, na esperança de ser vista. Desejou desesperadamente ter o calor de sua roupa de mergulho tropical, estendida no convés do veleiro distante.

Conforme o sol se pôs, Robert puxou de seu BCD uma luz estroboscópica a pilha. Puxando a ponta da boia-torpedo para si, Robert prendeu firmemente o cordão de segurança da luz estroboscópica a alguns centímetros da ponta da boia, apertando o tubo com força, na esperança de que a luz permanecesse na ponta do tubo. Ele acendeu a luz e ficou eufórico quando ela, ativada, começou a piscar. Então, enlaçou o braço de Tonya, convicto de que os dois deveriam ficar juntos para sobreviverem.

Sinalizando com uma ampla boia de marcação.

A euforia dele, no entanto, transformou-se em desespero cerca de 20 minutos mais tarde, quando o estroboscópio parou de pulsar. Deslocando o tubo para baixo de novo, ele o ligou e desligou várias vezes, batendo-o contra a mão, depois golpeando-o com sua faca de mergulho. Denunciando o pânico na voz, Tonya perguntou: "Quando as baterias foram carregadas pela última vez?". Robert não conseguia se lembrar. Retirando a luz, para a boia ficar mais ereta na água, ele a prendeu em seu BCD, na esperança de que, de alguma forma, ela funcionasse de novo, se em algum momento avistassem uma embarcação.

Enquanto flutuavam na superfície, o vento diminuiu, o mar começou a se acalmar e as estrelas começaram a aparecer entre as nuvens. Seria mais uma linda noite tropical, mas isso pouco reconfortou Robert e Tonya, que naquele momento sentiam o frio extremo que até águas tropicais a 29 °C podem provocar. Conforme o esgotamento os levava a cochilos espasmódicos, Robert decidiu amarrar seus BCDs um ao outro, para garantir que não se separassem. Com o passar do tempo, eles oscilavam entre os extremos da exaustão e de um terror frenético. Os dois revezavam, no esforço de evitar que o outro entrasse em pânico total. Depois de quase 6 horas dentro d'água, Tonya tremia violentamente. Ela estava gelada, porém ainda parecia estar no controle. Aproximando-se mais para se aquecerem, os mergulhadores puxaram suas pernas para cima, tentando não pensar nos grandes predadores que poderiam estar nadando abaixo deles. Às 2 horas da manhã, eles viram as luzes de uma grande embarcação. Podia estar a 1,6 quilômetro ou a 15 quilômetros de distância. Robert tentou gritar, mas sua voz estava rouca, por causa da sede, do frio e da ingestão de água salgada. Tonya, a essa altura, não era de nenhuma ajuda. Só conseguia manter a cabeça fora d'água. Conforme 4h30 viraram 5 horas, eles perceberam um brilho opaco a leste, no horizonte. O amanhecer estava próximo, trazendo os raios quentes do sol e, com sorte, o resgate.

Robert tentou animar o espírito de Tonya e mantê-la alerta, focando sua atenção na luz cada vez mais intensa que aparecia a leste. Essa concentração quase o impediu de ver o barco de pesca esportiva que chegava rápido, por trás dos mergulhadores. Por um milagre, avistaram os dois; um dos tripulantes ficou de pé na proa, gritando: "Vocês estão bem?". Debilmente, mas com uma súbita onda de energia, Robert coaxou de volta, acenando forte com o braço. O barco se aproximou de lado e um pescador pulou dentro d'água, desemaranhou o equipamento dos mergulhadores e ajudou-os a subir na plataforma da popa. Ambos encontravam-se fracos demais até para rastejar. Após cruzarem um pedaço da viga, Tonya e Robert desabaram no convés, aceitando, gratos, cobertores e café quente. Virando o barco para bombordo, o capitão passou um rádio para a Capitania dos Portos, informando-se sobre a melhor maneira de conduzir os mergulhadores até a única clínica médica da ilha. Com essa assistência, os mergulhadores sobreviveram ao acidente apenas com uma crise de hipotermia, um respeito recém-descoberto pela água e egos gravemente feridos.

Robert, como capitão da embarcação, cometeu vários erros, que quase custaram sua vida e a de Tonya. Em vez de sair silenciosamente da marina para seu mergulho matutino, Robert deveria ter comunicado seus planos completos à Capitania, incluindo o horário estimado de seu retorno. Ele também podia ter contratado um *dive master* ou até um barqueiro local para permanecer no veleiro, enquanto ele e Tonya mergulhavam. Já que estavam em águas desconhecidas, sem muito tráfego de barcos, seria inteligente ter assistência no barco, assim como alguém em terra para observar se eles de fato voltariam no horário combinado. Enfim, apesar de não saber com certeza se um equipamento de segurança em perfeitas condições teria facilitado um resgate mais rápido, a falha na sinalização de emergência em nada ajudou os mergulhadores. Apesar de prestarem atenção especial na manutenção do equipamento de mergulho principal, ignoraram completamente o equipamento de segurança, um lapso frequente, que pode resultar numa tragédia.

Surpreendentemente, após permanecerem 24 horas no centro médico local, Robert encontrou seu barco ainda ancorado, apresentando apenas um pequeno dano em um pedaço de lona, provocado pelo vento. Em consequência dessa provação, ele e Tonya interromperam suas férias, deixando o veleiro aos cuidados da marina local. Então, voando para casa, procuraram se recuperar da aventura malsucedida. Cerca de um mês depois, eles recuperaram seu barco e velejaram de volta para casa. Hoje, os dois voltaram a mergulhar, mas nunca usando barcos particulares.

Estratégias de sobrevivência

- ✓ **Nunca mergulhe de um barco vazio.** Deixe sempre uma pessoa responsável a bordo, capaz de operar tanto o rádio quanto o barco. Ater-se a essa regra teria reduzido muito os riscos que esses mergulhadores correram.
- ✓ **Sempre informe um plano de navegação** a uma pessoa responsável, de preferência alguém que possa ser contatado por rádio, tanto de um navio, quanto de um porto. Inclua a hora estimada de seu retorno. Se você se atrasar por algum motivo, uma simples chamada pelo rádio vai prevenir qualquer preocupação de quem está em terra firme.
- ✓ **O equipamento menos usado** requer mais manutenção. O que você usa todo dia logo demonstra falhas. No entanto, equipamentos de segurança com pouca manutenção vão falhar justamente quando são mais necessários. Trate-os do mesmo jeito que seu equipamento de suporte principal. Afinal, sua vida pode depender disso.

Morrendo por manutenção

David se joga na água, juntando-se a Jim, e retrocede até o cabo de ancoragem. Ele provoca Jim uma última vez, por causa do seu equipamento velho, depois mergulha depressa, antes que seu companheiro de mergulho possa reagir. Os mergulhadores descem velozes pelo cabo de ancoragem, mas estão apenas no meio do caminho quando o regulador de David começa a funcionar com dificuldade. Ele verifica seu SPG e vê que o cilindro está cheio, então estica a mão para trás, alcança a válvula do cilindro averiguando se está totalmente aberta. Ele tenta subir pelo cabo de ancoragem, mas em vez disso começa a cair de forma acelerada rumo às profundezas.

David e Jim tinham por volta de 45 anos e acreditavam ter boa saúde, já que ambos mantinham estilos de vida ativos. Eram amigos desde a faculdade e aprenderam a mergulhar quando estavam na universidade. Empregos e família, no entanto, os deixaram distantes da água por vários anos. O mergulho mais recente de David consistia apenas de uma breve excursão, à tarde, para o litoral de seu estado natal. Quanto a Jim, somente alguns meses antes fora conduzido por colegas de trabalho para um ponto de mergulho local e forçado a se banhar pela primeira vez, depois de anos. Como se comprovou, mais tarde, os amigos de Jim lhe fizeram um favor maior do que ele poderia ter imaginado. Nas águas da pedreira local, ele foi de novo mordido pelo bichinho do mergulho. Seu equipamento mal secara e ele já insistia para que David tirasse a poeira de seu equipamento, preparando-se para mergulhos emocionantes nos fins de semana. Após algumas semanas, David finalmente sucumbiu à insistência irritante de Jim. Porém, David recusou-se a ir para a pedreira; mergulhar a cabeça em águas turvas não era sua melhor ideia de diversão. De jeito nenhum ia desperdiçar seu precioso tempo de folga com uma atividade tão inútil. Assim, Jim logo começou a planejar uma viagem de fim de semana para uma ilha tropical, a apenas 2 horas de voo de distância. De início, David se opôs, mas sabia que estava encurralado. Portanto, embalou devidamente seu equipamento na bolsa de mergulho e concordou em ir para a ilha, na semana seguinte.

Enquanto isso, Jim aproveitou para levar seu velho equipamento de mergulho a uma loja local, para manutenção, já que ele permanecera sem uso por tanto tempo. Ofereceu-se para levar o de David também, mas ele alegou que seu equipamento passara por manutenção logo antes de guardá-lo; depois disso, fora usado apenas uma vez, nos últimos três anos. "De qualquer modo", dissera a Jim, "o meu equipamento não é tão antigo quanto o seu". David acreditava que a falta de uso de seu equipamento o eximia da recomendação de manutenção anual. Também achou que ele próprio estava isento de uma atualização anual de competências.

Após convencerem suas esposas e filhos e se livrarem de alguns compromissos, Jim e David estavam muito animados quando embarcaram em um voo para o sul. Chegando numa tarde de sexta-feira, deixaram seus equipamentos no hotel e saíram para explorar a vida noturna da ilha. Depois de beberem alguns drinques típicos e ouvirem uma banda de *reggae* por algumas horas, retornaram ao hotel para um jantar tardio. Para padrões da ilha, dormiram cedo. Na manhã seguinte, dirigiram-se à loja de mergulho local, onde haviam reservado um espaço num barco fretado, para um mergulho no meio da manhã. Depois de assinarem termos de responsabilidade e um documento destinado aos passageiros da embarcação, subiram a bordo e começaram a preparar seus equipamentos, antes da curta viagem até o local do mergulho. David espantou-se ao perceber que Jim ainda usava o regulador e o BCD da época da faculdade, e o equipamento logo se tornou uma fonte de piadas bem-humoradas.

O destino tropical não era exatamente como anunciado. O *dive master* foi incapaz de controlar o clima; eles deixaram o píer sob uma leve chuva tropical. O mar estava até calmo, apenas algumas ondas suaves balançavam o barco, enquanto eles saíam da pequena enseada. Quinze minutos depois, o barco estava ancorado e os mergulhadores vestiam os equipamentos para um mergulho nos recifes, cerca de 18 metros abaixo. David pressurizou seu regulador pela primeira vez em bem mais de dois anos, desconcertando-se ao encontrar um pequeno vazamento no segundo estágio. Mas, ao apertar várias vezes o botão de purga, "tirou as teias de aranha", e o regulador pareceu funcionar bem. Jim e David ouviram breves, porém minuciosas instruções de mergulho, antes de pularem da popa do barco e baterem as nadadeiras na direção da proa, algo que os lembrava dos mergulhos de anos atrás. Ambos estavam eufóricos por novamente estarem no mar, enquanto iniciavam a descida. Assim que passaram dos 10 metros, no entanto, David começou a ter problemas com seu equipamento.

Uma grande quantidade de bolhas começou a sair do regulador de David, num fluxo tão intenso que Jim nem conseguia ver seu companheiro de mergulho, a apenas alguns metros de distância. David correu para Jim, rastejando cabo acima, na direção da superfície, tentando soltar seu cinto de lastro enquanto subia. Alarmado e momentaneamente aturdido, Jim afastou-se por um momento, antes de decidir segui-lo até a superfície. Na confusão da multidão de bolhas rodopiantes, Jim perdeu David de vista. Procurando no entorno, surpreendeu-se ao perceber que não conseguia achar seu parceiro, apesar da clara visibilidade. Depois de tentar encontrá-lo por "alguns minutos", Jim enfim emergiu, nadou para a popa do barco, e afligiu-se ao saber que David não estava lá e que a tripulação não o vira emergir.

Reguladores

Os mergulhadores praticam seu esporte em um ambiente que pode matar ou causar lesões graves em questão de segundos. A tecnologia do mergulho oferece conforto e conveniência nesse ambiente, enquanto mantém os mergulhadores vivos. Os principais componentes dessa tecnologia de suporte vital são o BCD; o cilindro — fornece o suprimento de gás — e os sistemas de *reguladores* — que oferecem gás de respiração para o mergulhador, conectando o BCD ao suprimento de ar, para que ele possa ser preenchido quando for necessário. Desses componentes, o regulador é de longe o mais importante, e também o mais complicado e frágil.

Os reguladores dispõem de duas peças principais: um *primeiro estágio*, a válvula redutora de pressão, e um *segundo estágio*, a válvula de fornecimento de gás. Há reguladores de vários formatos há mais de um século, porém os utilizados no mergulho têm uma função adicional: fornecer um suprimento de ar com uma pressão constantemente ajustada, baseada na pressão ambiente em volta do mergulhador. Na superfície, estamos todos sujeitos a uma pressão atmosférica de cerca de 14,7 psi. Como vimos no boxe das páginas 38-40, no entanto, um mergulhador experimenta uma atmosfera de pressão adicional a cada 10 metros (33 pés) de descida em água no nível do mar. Aos 10 metros, o mergulhador encontra duas atmosferas de pressão, ou aproximadamente 29,4 psi. Quando a pressão da atmosfera da superfície é somada à pressão da água em torno, a medida resultante é conhecida como "atmosfera absoluta" ou ATA (às vezes chamada de PATA, significando pressão atmosférica absoluta). Essa pressão, que aumenta bem rápido, dificulta que uma pessoa, ao nadar debaixo d'água, consiga respirar. O diafragma e os músculos do tórax não são bem adaptados para superar essa pressão externa, que esmaga o mergulhador ao tentar encher de ar os seus espaços — a caixa torácica é empurrada para dentro, e os órgãos abdominais empurrados para cima, pela pressão crescente. Mergulhadores em apneia experimentam esse efeito esmagador; se um mergulhador nessas condições mergulhar fundo demais, ele também poderá ter um acúmulo de fluidos nos pulmões, conforme seu corpo tenta compensar a pressão.

Para combater essa situação e permitir que o mergulhador respire confortavelmente debaixo d'água, o regulador deve oferecer oxigênio em uma pressão maior. Essa pressão deve sempre mudar, conforme o mergulhador sobe ou desce, para estar sempre equilibrada com a pressão ambiente.

Uma das formas mais populares de regulador de primeiro estágio é o design "pistão de fluxo", dividido em três partes: uma câmara de entrada de alta pressão, uma câmara de descarga de baixa pressão e uma câmara de água ambiente. Como o próprio nome sugere, um pistão passa pelos três segmentos. Na ponta de alta pressão, há um pequeno tubo oco, que veda contra uma base de polímero flexível. O meio do tubo do pistão passa pela câmara de água, cercado por uma mola que, para a compressão, necessita de aproximadamente 140 psi. A ponta de baixa pressão do tubo é envolta por um disco circular bem maior, fixado ao tubo com um lacre rígido hermético. Também conhecido como cabeça do pistão, ele separa a câmara de baixa pressão da água ambiente e é hermeticamente fechado por um anel de vedação, que impede a entrada de ar e água. Três anéis de vedação, localizados na haste do pistão que separa o compartimento de água ambiente da câmara de alta pressão, mantêm a água no exterior e o ar dentro da câmara. Quando o regulador é preso a um cilindro e carregado de ar pressurizado, o oxigênio entra na câmara de alta pressão, flui pelo tubo central do pistão e, depois, para o interior da câmara de baixa pressão. Se essa câmara estiver lacrada, a pressão do ar aumenta rapidamente, empurrando a cabeça do pistão o suficiente para comprimir sua mola, empurrando o pistão mais profundamente na câmara de alta pressão, contra a base de alta pressão, fechando, assim, o fluxo de ar. Quando o oxigênio sai da câmara de baixa pressão, a compressão na cabeça do pistão diminui e a mola empurra o pistão para baixo, rompendo a vedação presente entre o tubo do pistão e a base, reiniciando o fluxo de gás do cilindro para dentro da câmara de baixa pressão. Quando essa câmara é lacrada novamente, a pressão mais uma vez excede a tensão da mola e interrompe o fluxo de gás, e assim por diante. Se a mola do pistão precisar de 140 psi para comprimir, a pressão de ar necessária para fechar o regulador também será igual a 140 psi na superfície. Portanto, a câmara de baixa pressão conterá gás ou ar a 140 psi, quando o pistão estiver fechado e o mergulhador permanecer na superfície. No entanto, quando ele desce, a água entra no compartimento de água ambiente, acrescentando sua pressão à da mola. Um mergulhador a 10 metros tem 14,7 psi adicionais de pressão ambiente no compartimento de água, portanto a câmara de baixa pressão no regulador deve ser pressurizada com cerca de 155 psi, antes que o fluxo de ar se feche. A 20 metros há mais 14,7 psi, logo a câmara de baixa pressão conterá ar pressurizado a mais ou menos 170 psi, e assim por diante. Essa pressão adicional aumenta a densidade do ar e ajuda o mergulhador a inalar, resistindo à pressão da água que tenta esmagá-lo.

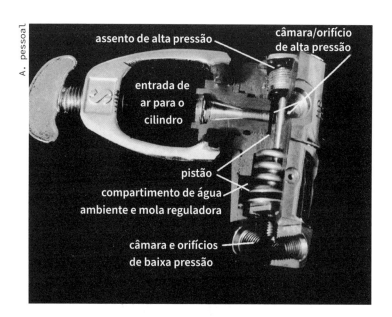

Pistão balanceado, primeiro estágio.

A câmara de baixa pressão contém vários orifícios ou aberturas filetadas para prender as mangueiras que conectam o BCD e dois reguladores de segundo estágio ao primeiro estágio. O BCD tem uma válvula simples *on/off* operada por um botão de compressão na outra ponta da mangueira inflável de baixa pressão. Quando se aperta o botão do inflador, o ar flui pela mangueira, ventilando a câmara de baixa pressão, ativando o pistão e permitindo que o gás flua do cilindro para o interior do BCD. Quando o botão é solto, a pressão aumenta de novo na câmara de baixa pressão, interrompendo o fluxo de gás. Os dois reguladores de segundo estágio também se conectam à câmara de baixa pressão; um deles é secundário ou de reserva, utilizado quando é necessário compartilhar oxigênio com um parceiro.

O regulador de segundo estágio consiste de uma válvula simples de baixa pressão, às vezes conhecida como válvula de gatilho, a qual é vedada por uma mola e aberta por um manete. O regulador é fixado no interior de um envoltório de plástico, que possui um bocal na parte de trás e um disco flexível na frente, o diafragma. Sob o envoltório há uma pequena válvula unidirecional de descarga, usada para descartar o gás exalado pela boca do mergulhador através do bocal. Enquanto a pressão do ar no segundo estágio exceder a pressão da água ambiente, o diafragma permanecerá em sua posição, esticado, e a válvula do regulador continuará lacrada. Entretanto, quando o mergulhador inspira, reduzindo a pressão do ar, o diafragma tomba para o interior, sob a pressão da água ao redor. Isso empurra o manete regulador e abre a válvula de segundo estágio, levando o ar a fluir para a boca do mergulhador. Quando este para de inspirar, a pressão se recompõe, empurrando o diafragma para longe do manete regulador, possibilitando que a mola interrompa o fluxo de ar. Quando a válvula de segundo estágio é aberta, ela tem o mesmo impacto do inflador, quando destampado, na câmara de baixa pressão.

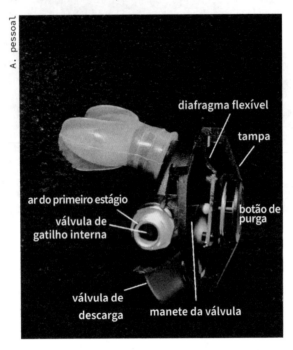

Segundo estágio típico.

Como se pode ver, o equipamento de suporte vital de um mergulhador é complexo, contendo vários segmentos móveis essenciais e diversas seções moles e flexíveis. É fundamental que sejam mantidos em bom estado, visando seu correto funcionamento. Água salgada no regulador causa corrosão. Isso é ainda mais verdadeiro quando o mergulhador falha na hora de lavar seu equipamento de forma apropriada ou acidentalmente permite que água entre nas partes "secas" de um regulador. Nem todas essas corrosões são visíveis e algumas são inevitáveis. Portanto, as partes desgastadas devem ser rotineiramente retiradas, a fim de evitar danos ao regulador e garantir seu desempenho adequado. Além disso, os anéis de vedação de borracha e os assentos de alta e baixa pressão, no primeiro e no segundo estágio, sofrem desgaste quando usados, mas também se deterioram ou até mesmo se partem quando não utilizados. É por isso que os fabricantes de equipamentos recomendam veementemente que regulador e colete BCD passem pela manutenção de um técnico certificado em conserto de equipamentos ao menos uma vez por ano. Durante essa manutenção, todos os componentes do regulador são desmontados, as peças são minuciosamente limpas e as partes macias, desgastáveis, são substituídas. Os mergulhadores que seguem as recomendações de manutenção quase nunca encontram uma falha no equipamento durante seus mergulhos.

Após Jim notificar a tripulação sobre o problema de David, o capitão do barco pulou de imediato dentro d'água. Ele encontrou David inerte, no fundo, pouco abaixo do cabo de ancoragem. Seu cilindro estava completamente vazio, seu cinto de lastro pendurado em um dos lados de seu BCD. O capitão agarrou o corpo sem vida de David, jogou fora o cinto de lastro e o arrastou de volta à superfície. David não respirava, estava sem pulso, a pele azul-acinzentada. Devido ao clima extremamente quente, e ao tempo que se passara desde a última vez em que David fora visto, o capitão decidiu não iniciar a respiração cardiopulmonar. David foi declarado morto assim que a embarcação retornou ao cais.

A inspeção do equipamento de David revelou que seu regulador tinha corrosão interna significativa, comprovando que ele não seguira as recomendações de manutenção rotineira. O filtro do bocal tornara-se verde-acobreado; a face interna do compartimento de água ambiente e a seção do tubo do pistão que atravessava o compartimento estavam corroídas. O técnico também achou cristais de sal e corrosão na câmara de alta pressão. Isso indicava que no mergulho ou nos mergulhos anteriores de David, ele de alguma forma deixara a água do mar entrar no bocal de seu regulador. Isso frequentemente ocorre quando um mergulhador não substitui a tampa do bocal do regulador de modo adequado depois que o retira do cilindro. Porém, também poderia ocorrer o mesmo se o regulador de David tivesse se molhado quando transportado de um cilindro para outro, ou se o bocal de um de seus cilindros tivesse, de alguma maneira, retido água, a qual seria soprada para dentro do regulador assim que a válvula do cilindro fosse aberta. Além disso, a corrosão significativa no compartimento de água ambiente revelava que David não lavara seu equipamento de forma adequada após o uso. Esse compartimento sempre é inundado durante um mergulho, especialmente através de orifícios minúsculos. Reguladores desse modelo devem ficar de molho em água doce ou ser lavados cuidadosamente, prestando-se atenção especial à lavagem da parte interior do compartimento de água ambiente, com água corrente, para remover o sal antes que ele possa cristalizar e causar corrosão. É provável que David tenha seguido o procedimento usado por muitos mergulhadores — simplesmente submergir o regulador em um tanque de água, movendo-o de um lado para o outro algumas vezes, e pendurá-lo para secar.

O problema inicial de David deve ter resultado de uma restrição do fluxo de ar dentro do regulador. A corrosão que entupiu o filtro do bocal teria reduzido a quantidade de oxigênio que chegava ao regulador. Apesar de seu suprimento de ar aparentemente ser adequado na superfície, quando David desceu 10 metros, passou a necessitar do dobro de ar a cada respiração; é provável que ele estivesse "hiperventilando" no regulador ou que precisasse de mais oxigênio do que o regulador podia fornecer. Isso bateria com o relato de Jim, de que David verificara seu SPG e, então, tentara abrir mais a válvula do cilindro. Mergulhadores experientes reconhecem que, se essa válvula não estiver de todo aberta, o cilindro pode não ser capaz de suprir gás suficiente para o regulador, em dada profundidade, criando o mesmo efeito. David ainda não reagira ao problema inicial quando a falha seguinte ocorreu. A corrosão dentro do regulador situava-se em segmentos que conectavam os lacres do anel de vedação, enquanto o regulador fornecia oxigênio. A corrosão destruiu os lacres herméticos no pistão e na cabeça. Mais tarde, o técnico notaria que os anéis de vedação, assim que removidos do primeiro estágio, apresentaram danos significativos de abrasão. Se qualquer um desses anéis de vedação tivesse falhado, o regulador começaria a vazar violentamente, esgotando muito rápido o suprimento de gás de David, descarregando o gás no compartimento de água ambiente e, depois, no mar.

Mesmo com esses erros, David sobreviveria se tivesse descartado de modo correto seu cinto de lastro. Isso permitiria que ele subisse facilmente para a superfície. A maneira apropriada de descartar esse cinto é desafivelá-lo, puxá-lo para longe de seu corpo e então largá-lo. Dessa forma, ele não ficará pendurado no seu equipamento, impedindo que você obtenha uma flutuação positiva. É possível que David não tenha praticado o descarte de seu cinto de lastro desde seu treinamento inicial, mais de vinte anos antes. Também é provável que suas habilidades tenham diminuído muito em mais de dois anos. Em qualquer um dos casos, se David tivesse seguido a recomendação de fazer um treinamento de reciclagem após um período de doze meses de inatividade, ele teria praticado essa habilidade de novo e, talvez, sobrevivido a todos os seus erros.

Não ficou claro por qual razão Jim não deu mais assistência a David no início dessa cadeia de acidentes. Quando percebeu que seu companheiro de mergulho estava tendo dificuldade para receber ar, deveria ter oferecido ajuda imediatamente. É notável que, apesar de investir tempo na manutenção de seu equipamento, Jim também tenha falhado na hora de fazer um curso de reciclagem, depois de vários anos de inatividade. Assim, ele provavelmente não tinha competência para lidar com os problemas de David, que eram de fácil solução.

Estratégias de sobrevivência

- ✓ **Limpe completamente seu equipamento.** Sempre arranje um tempo para lavá-lo completamente depois de cada mergulho, em especial se foi em água salgada. Quando possível, é melhor deixar o equipamento de molho em água morna, de preferência com sabão. Assegure-se de secá-lo e instalar firmemente a tampa do primeiro estágio, antes de lavar o regulador, evitando apertar o botão de purga enquanto o regulador está submerso.
- ✓ **Siga a recomendação do fabricante** quanto à manutenção do equipamento. O fabricante do seu equipamento de suporte vital realizou testes significativos, visando determinar o tempo de vida das peças internas que se desgastam. É tolice e absolutamente letal ignorar as recomendações, em especial quando se leva em conta o quanto a manutenção anual é barata. O fato dessa manutenção ser obrigatória para preservar a garantia do equipamento também deveria ser um incentivo.
- ✓ **Mantenha-se atualizado.** Emergências são emergências porque sempre acontecem inesperadamente. Habilidades de resposta a emergências, como descartar seu lastro e compartilhar o gás com seu companheiro, devem ser treinadas com frequência, para que você possa utilizá-las quando menos espera.
- ✓ **Recicle-se.** Após qualquer período de inatividade no mergulho, você deve fazer um curso de reciclagem com um profissional qualificado, para atualizar suas competências, antes de se aventurar em águas abertas. Assegure-se de ser testado rigorosamente em sua habilidade de resposta a emergências.
- ✓ **Reaja rápido.** Quando David encontrou um problema pela primeira vez, ele estava muito perto de Jim, em águas relativamente rasas. David deveria ter partilhado do ar de seu companheiro de imediato, até resolver a dificuldade em seu próprio regulador. Quando a catástrofe ocorreu, David estava longe demais de Jim, e foi forçado a reagir por si só, em vão.

Mergulho assassino em um naufrágio

Todas as passagens parecem iguais. O terror toma Julie. Ela dá uma olhada em seus manômetros, e continua a observá-los fixamente. Está muito além do limite de não descompressão e seu suprimento de gás diminui rápido. Ela tem menos de 1000 psi sobrando, e o ponteiro move-se perceptivelmente a cada respiração. Entrando em pânico, Julie corre para o alto, batendo a cabeça e o cilindro no convés acima. Então, Gary vira a curva e avistá-lo a acalma um pouco, mas não por muito tempo; ela reconhece o mesmo terror no rosto dele. Juntos, eles passam de um aposento para outro, atravessando obstruções e divisórias sem rumo, procurando uma saída, um caminho para a superfície. Virando uma curva, encontram um aposento inundado de luz ambiente; a luz quente do sol os tranquiliza um tanto, até perceberem que a luz está entrando por escotilhas pequenas demais para qualquer um dos dois cruzar. O navio é como um labirinto inclinado de lado. "Para cima" e "para baixo" são orientações confusas e os mergulhadores não fazem ideia de qual direção vieram. Quase cinco atmosferas de pressão fazem com que usem seu suprimento de ar quatro vezes mais rápido do que usariam na superfície. Cada respiração diminui visivelmente a quantidade de ar vital que ainda resta.

Tanto Gary quanto Julie eram mergulhadores de 20 e poucos anos, relativamente novatos. Namorados de faculdade, tinham viajado com um grupo para um destino tropical popular, durante uma folga em suas atividades universitárias. Após desfrutarem de alguns dias de mergulhos em recifes de águas rasas, Gary convenceu Julie a se inscrever num mergulho profundo em naufrágio, apesar de ambos saberem que isso estava tecnicamente acima de seu nível de experiência. Apesar de Julie encontrar-se tensa com o mergulho, Gary — em seu típico machismo — garantiu que tomaria conta dela durante o mergulho.

As condições eram ideais: o mar apresentava ondulações lentas e suaves; a visibilidade excedia 30 metros; a corrente, apesar de ser sempre acentuada, estava quase imperceptível. A água encontrava-se quente, a 29 °C. Os mergulhadores planejaram um período de 25 minutos embaixo d'água; isso mal os deixaria dentro dos limites de não descompressão, desde que evitassem descer além do convés do naufrágio. Depois de chegarem ao local, Gary e Julie, junto com o resto do grupo, escutaram atentamente as instruções do capitão. Além das informações usuais, sobre o local do mergulho, os procedimentos de entrada e saída do barco e notificações gerais de navegação, o capitão advertiu veementemente os mergulhadores a não se aventurarem no interior do naufrágio.

Gary e Julie entraram na água perto do final da fila de mergulhadores, desceram pelo cabo de ancoragem e começaram a nadar ao longo da superestrutura do naufrágio. Menos de 5 minutos depois, a curiosidade venceu Gary e ele submergiu a cabeça em uma passagem escura que descia rumo ao casco do navio. Então, sinalizou para Julie que deviam entrar, porém ela recusou. Assim, eles nadaram ao longo do naufrágio, até a entrada seguinte, iluminada pela luz do sol, a qual entrava através das escotilhas. Mais uma vez, Gary insistiu que Julie o acompanhasse para o interior. Ela mais uma vez recusou, mas Gary insistiu. Julie finalmente cedeu, achando que iam apenas nadar um pouco lá dentro. Porém, Gary disparou, e Julie teve que se esforçar para acompanhá-lo. Os mergulhadores fizeram algumas curvas e desceram uma escada estreita para o convés abaixo, onde o interior do naufrágio tornou-se imediatamente escuro como breu. Gary e Julie viraram-se e tentaram nadar na direção da luz. Mas partículas marrons flutuavam na água, obscurecendo tudo. Os mergulhadores acabaram encontrando a escada e nadaram para o aposento acima, onde se separaram.

Enquanto isso, na superfície, a tripulação do barco os procurava, com alarme crescente, já que não haviam retornado com o resto do grupo. O naufrágio abaixo era um dos locais de mergulho mais populares e interessantes da região; entretanto, a tripulação também reconhecia que era um dos mais perigosos. A água quente e clara iludia os mergulhadores imprudentes; o naufrágio aparentava, assim, ser um espaço fácil de mergulhar. Na realidade, ele podia ser varrido por correntes violentas e seu interior era um labirinto mortal. Vestindo rapidamente o equipamento, o *dive master* se jogou dentro d'água e desceu até o naufrágio, procurando de forma metódica, porém com urgência, pelos dois mergulhadores.

Enquanto isso, todo o bom senso havia abandonado Gary. Ele se agarrou a uma das escotilhas e parecia desejar passar por uma abertura inacreditavelmente pequena. Julie tentou várias vezes sinalizar que precisavam sair dali para sobreviver. Apesar da água quente, um arrepio percorreu o corpo de Julie — seu manômetro mostrava menos de 500 psi, já bem dentro da zona vermelha de perigo. Ela se obrigou a pensar calmamente, percebendo que Gary estava além de qualquer ajuda; não havia nada mais que pudesse fazer por ele. Deixando-o, ela nadou para cima por outra passagem, encontrou-a bloqueada e nadou de volta, pelo mesmo caminho. Gary ainda estava lá, preso à escotilha inabalável, em seu abraço mortal. Porém, parecia chamar freneticamente algo ou alguém do lado de fora do naufrágio.

John era um *dive master* experiente. Passara anos tripulando barcos e mergulhando nessas águas. Enquanto procurava pelo convés principal do naufrágio, seus pensamentos não paravam de girar em torno das histórias que ouvira sobre mergulhadores que supostamente as protagonizaram, ao longo dos anos. Ele rejeitara a maioria, acreditando serem lendas de mergulho, mas ali estava ele, vasculhando justo aquele local. Sem encontrar nem Julie nem Gary presos em uma linha de monofilamento ou nos fios de redes penduradas na superestrutura, ele começou a temer o pior. Saindo do convés, desceu alguns metros para ver onde a quilha da embarcação tocava a areia e começou a circular por sua extensão, nadando primeiro ao longo do lado estibordo. Olhando para seus manômetros, ele diminuiu propositadamente o ritmo de sua respiração, adotando um ritmo regular. Compreendendo os efeitos da ansiedade, reconheceu que seu suprimento de ar estava diminuindo rápido demais para a profundidade em que se encontrava e para seu nível de atividade. Ignorou a lateral do navio naufragado, procurou na região mais distante possível da estrutura da embarcação. Contornou a popa e começou a voltar para a proa da embarcação, ainda sem achar qualquer sinal dos mergulhadores. De repente e devagar, um som estranho invadiu sua consciência. A princípio, achou que era o som de uma garoupa ou algum outro ruído natural, mas aí o som veio acompanhado de batidas frenéticas. Olhando para trás, viu um braço pendurado do lado de fora de uma escotilha, inserindo desesperadamente a ponta de uma faca na lateral da embarcação. A princípio, John ficou aliviado, porém percebeu, de repente, que os mergulhadores estavam perdidos dentro do navio e ele não tinha o equipamento, o treinamento, nem a experiência necessários para resgatá-los.

Agarrando o braço do mergulhador, John teve que sacudi-lo para chamar sua atenção. Finalmente, o braço desapareceu, logo substituído por um rosto apavorado. John pensou rápido. Com alguma dificuldade, convenceu os mergulhadores a mostrarem seus SPGs. O manômetro de Julie havia caído para quase 300 psi. Rabiscando um bilhete em sua prancheta de mergulho, ele avisou que voltaria já e subiu rápido demais até a superfície. Galgando dois degraus da escada, pediu o cilindro mais cheio e um regulador. Enquanto o cilindro era preparado, ele contou ao capitão o que acontecia lá embaixo. Nos poucos segundos em que John permaneceu na superfície, ele e o capitão tentaram avaliar suas opções, decidindo passar um aviso para outro barco com cilindros cheios a bordo e, quem sabe, um mergulhador de naufrágios qualificado ou pelo menos o equipamento de resgate necessário.

Apanhando um cilindro que tinha aproximadamente metade de ar, John despencou para baixo e tentou passá-lo aos mergulhadores aflitos, pela escotilha, mas o orifício era pequeno demais. Jogando os segundos estágios para os mergulhadores, John se apoiou nos destroços, segurando o cilindro, e instruiu-os a respirarem por ele. Cada um pegou um segundo estágio e começou a sugar avidamente o suprimento de ar. Ele tinha que tentar acalmá-los, para que o ar durasse mais, o tempo inteiro consciente de que ambos estavam a poucos minutos de uma morte provável. Percebendo que sua própria ansiedade estava se elevando de novo, sacudiu a cabeça, afastando os pensamentos; então, diminuiu o ritmo de sua respiração e esticou a mão para sua prancheta de novo. Escreveu "calma", "respirem devagar", "aqui para ajudar" — frases simples, compreensíveis para mergulhadores em pânico. John encaixou o primeiro estágio do regulador por cima da beirada da abertura, pegou a mão de Gary e a posicionou no primeiro estágio, para fixar o cilindro no lugar.

Barcos recreativos fretados

Barcos fretados, em geral, são equipados para mergulhos recreativos ou técnicos, em cada excursão de mergulho. Um barco recreativo normalmente será aparelhado para um grupo de mergulho maior, porém não terá equipamentos como cilindro duplo, carretilhas de linha, sistemas de iluminação técnica, equipamentos para cortar, arnês técnico e outros itens necessários para um mergulho mais avançado, como uma penetração em naufrágio. Também é improvável que um *dive master* técnico — alguém qualificado para usar esse equipamento — esteja a bordo.

Consequentemente, se um mergulhador entra em um ambiente confinado e fica perdido ou preso em algo, a tripulação provavelmente não terá o equipamento e o pessoal qualificado para conduzir a busca ou o resgate, sem um risco significativo à sua segurança. É por isso que se adverte mergulhadores técnicos a não realizarem atividades técnicas com barcos recreativos, sem permissão e planejamento anteriores. E, é claro, mergulhadores recreativos não devem, de jeito nenhum, tentar realizar ações técnicas.

Percebendo que seu próprio suprimento de oxigênio estava perigosamente baixo, John emergiu de novo, mais uma vez bem depressa, e chegou à popa do barco. Antecipando a situação difícil de John, o capitão havia preparado o BCD de outro mergulhador, com um cilindro razoavelmente cheio, já aguardando na plataforma. Apertando seu inflador, John arrancou seu BCD e o deixou flutuando na água. Ele vestiu o outro cilindro e começou a descer, gritando para o capitão mandar mais ar imediatamente. O capitão gritou: "e quanto à descompressão?". Porém, John não o ouviu. Alguns minutos se passaram — dois, cinco, dez —, John não tinha noção do tempo. Percebeu que seu computador de mergulho flutuava na superfície, com seu BCD descartado, portanto ele não fazia ideia de qual era seu *status* de descompressão.

Na superfície, o capitão e o líder do grupo de mergulho também estavam ansiosos. O líder era um instrutor jovem e inexperiente, não compreendia de fato a situação. Mesmo assim, reconhecia as rugas severas de preocupação no rosto do capitão e a urgência frenética das ações do *dive master*, em suas vindas repetidas à superfície.

Se Gary e Julie tivessem recebido treinamento adequado ou trajassem o equipamento apropriado, provavelmente jamais teriam enfrentado aquela situação difícil. Conforme o tempo passava, John conseguia manter contato direto com Gary, que ainda estava agarrado à escotilha para salvar a própria vida. No entanto, não conseguia ver Julie, então presumia que ela ainda estava viva, respirando ar de um dos dois reguladores de segundo estágio que ele lhes trouxera. O próprio John estava tendo sérias dificuldades a essa altura. Sua descida rápida não lhe dera oportunidade de vestir qualquer proteção à exposição. Mesmo quente, a 29 °C, a água já começava a consumir seu calor corporal; ele começou a sentir o frio intenso que marca o início da hipotermia. Ele sabia que, a mais de 30 metros, teria problemas significativos de descompressão. Tinha sérias dúvidas quanto a suportar o frio excessivo, o tempo suficiente para se submeter à descompressão, ainda que conseguisse calcular seu perfil e obter o suprimento de gás necessário para completá-la.

Dentro do naufrágio, Gary parecia mais relaxado devido ao frio ou talvez apenas à noção de que o socorro estava a caminho. John ainda não conseguia ver Julie, em seu limitado campo de visão do interior do navio.

Enquanto isso, o capitão pediu e obteve ajuda de uma embarcação de mergulho próxima. O barco chegou e atracou ao lado do barco de mergulho, com cilindros cheios e um mergulhador qualificado, mas mal equipado para mergulho de penetração. Jim era um mergulhador de cavernas razoavelmente experiente, que registrara centenas de mergulhos no interior de navios naufragados, em ambientes diferentes. Juntando as peças de equipamento que pôde encontrar, ele modificou seu plano de mergulho em recifes de águas rasas para um de salvamento de penetração. Outro mergulhador, com experiência naquele espaço e, portanto, capaz de encontrar bem depressa vários pontos prováveis de entrada no navio naufragado, acompanharia Jim até o fundo. Esse mergulhador ficaria de prontidão para qualquer assistência, enquanto Jim penetraria no naufrágio, localizaria os mergulhadores perdidos e os guiaria de volta à segurança.

Mergulho em naufrágios

Mergulhos em naufrágios parecem fáceis, mas ambientes confinados, como naufrágios e cavernas, provavelmente custam a vida de mais mergulhadores do que qualquer outro perigo. Em quase todos os casos, os mergulhadores cometem os mesmos erros. Só pretendiam entrar um pouquinho, não reconheceram os perigos envolvidos e, portanto, estavam mal equipados. Além disso, foram inadequadamente treinados.

Para entender bem os interiores confusos dos navios naufragados, visite um dos navios de guerra exibidos em museus marítimos. Espere até ter descido dois ou três conveses, aí imagine que não há placas ou indicações de direção. Você conseguiria encontrar seu caminho de volta? Então feche os olhos e dê duas ou três voltas. Poderia encontrar o caminho, agora? Mas você ainda não acabou. Incline o navio de lado, de modo que os pisos virem paredes e as paredes se transformem no chão e no teto. Aí, imagine que você perdeu seu senso de gravidade e não consegue dizer qual lado é para cima, qual é para baixo. Finalmente, suponha que o navio está cheio de gases nocivos e que você tem um suprimento de ar muito limitado. Quando seu oxigênio acabar, você vai morrer. Acrescente essa ansiedade ao apuro em que você já se encontra e, então, pergunte a si mesmo se conseguiria encontrar a saída. Sem treinamento e experiência, é improvável.

Mergulho de penetração requer treinamento e equipamentos especializados. A capacitação é aberta apenas a mergulhadores recreativos demasiado experientes, que aprendem a navegar no interior de um naufrágio sem levantar sedimentos e partículas de ferrugem, os quais cobrem todas as superfícies. Isso requer que eles sejam capazes de flutuar e nadar com um controle preciso, modificando a técnica de bater os pés, para que a turbulência nas pontas das nadadeiras não agite os sedimentos que podem fazer a visibilidade desaparecer em segundos. Mesmo com esse treinamento avançado, os mergulhadores ainda experimentam visão reduzida, porque até as bolhas que liberam causam alguma turbulência.

Uma perspectiva tentadora — e potencialmente uma armadilha mortal.

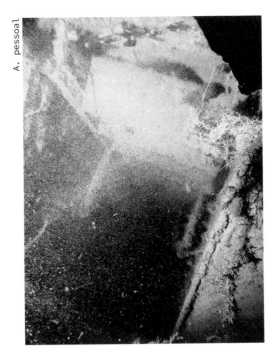

Visibilidade reduzida por sedimentos remexidos.

Para minimizar esses problemas, mergulhadores em naufrágios usam equipamentos otimizados, evitando, assim, agitar objetos presos ou emaranhados no naufrágio ou em fios e cabos. Eles passam muito tempo em água aberta, aprendendo flutuação e controle de equilíbrio. "Controle de flutuação" é a habilidade de obter uma flutuação neutra, para que o mergulhador nem suba, nem desça, enquanto paira na água. "Controle de equilíbrio" requer que os mergulhadores posicionem seu equipamento e ajustem sua flutuação; dessa maneira, quando estiverem imóveis, poderão flutuar confortavelmente, o rosto voltado para baixo, a cabeça um pouco mais inclinada que os pés, sem tendência a rolar de um lado para outro. Essa postura permite que os mergulhadores ganhem impulso ao longo da água, enquanto minimizam a turbulência, impelida para o interior da área onde se localiza grande parte do limo e dos sedimentos.

O próximo passo é aprender métodos alternativos de uso das nadadeiras. Com uma batida normal — um impacto forte —, o impulso da lâmina para baixo gera uma perturbação que se alastra sob o mergulhador, na direção de qualquer limo ou sedimento que paira abaixo dele. Conforme essas colunas de água agitada remexem o limo, plumas de ferrugem, sujeira e outros detritos emergem das profundezas. Para reduzir essa perturbação, mergulhadores em naufrágios, adequadamente treinados, empregam movimentos mais curtos, e também batidas modificadas, como a do sapo, planejada para propelir a água por trás do mergulhador, amenizando perturbações lateral ou vertical. Apesar de todas essas precauções, ainda é provável que os mergulhadores encontrem visibilidade reduzida.

Mesmo com boa visão, navegar dentro de uma embarcação naufragada pode ser assustador. Portanto, mergulhadores em naufrágios recebem igualmente instruções de navegação. Eles aprendem a penetrar progressivamente nos naufrágios, passando tempo suficiente em cada aposento ou passagem, para se lembrar de sua configuração, de onde se encontram os perigos em potencial e das saídas que os levarão de volta à água aberta. Apesar de muitos assegurarem que essa técnica de navegação é o bastante para um mergulho seguro em naufrágios, as estatísticas de acidentes refutam essa teoria. Como relatou um sobrevivente de um mergulho quase fatal em naufrágio, "tudo parece diferente quando você não consegue ver absolutamente nada". Assim sendo, o principal sistema de navegação para mergulhadores em naufrágio consiste em usar "linhas-guia" que os levarão direto para a água aberta, sem obstruções. Infelizmente, a linha em si pode tanto ser um dispositivo que salva vidas, quanto um perigo. Em geral, mergulhadores em naufrágios nadam através de passagens muito estreitas. Um espaço em um barco custa sempre caro; então, corredores para a tripulação, espaços de manobra e até dormitórios são, necessariamente, construídos no menor tamanho possível — apenas o suficiente para acomodar um marinheiro, porém jamais um mergulhador com cilindros duplos, um BCD, proteção à exposição e outros equipamentos, tais como carretilhas, lanternas e facas. Logo, passagens que, em terra firme, seriam para muitas pessoas apenas claustrofóbicas, podem tornar-se espaços praticamente impenetráveis para um mergulhador. Uma área restrita leva os mergulhadores, quase sempre, a nadar muito próximos às suas linhas. Uma batida de pé sem rumo ou uma válvula de cilindro compelida muito próximo podem enredar um mergulhador em sua própria linha e prendê-lo à estrutura da embarcação naufragada. Se isso ocorrer em uma passagem apertada, onde, por exemplo, o mergulhador não consegue alcançar suas nadadeiras, os resultados podem ser desastrosos. Para reduzir o risco de emaranhamentos na linha, os mergulhadores devem praticar cuidadosamente o posicionamento da linha e sua amarração à estrutura do naufrágio, para que ela permaneça de um lado da passagem e sempre abaixo deles, enquanto nadam. Eles devem atingir o equilíbrio entre usar amarras suficientes para manter a linha posicionada adequadamente e não gastar tanto tempo que o mergulho de penetração se torne impraticável ou exceda as limitações do plano de mergulho. Usa-se a fixação da linha também para impedir que ela adentre em áreas pequenas demais para que os mergulhadores as atravessem. Muitos corredores possuem canos expostos, poços de ventilação e conduítes para fios elétricos. Enquanto uma passagem faz uma curva ou uma esquina, uma linha tende a manter um caminho reto e direto até a última amarração. Se o mergulhador não tiver cuidado, enquanto puxa a linha através do naufrágio, pode inadvertidamente levá-la para o interior de áreas como os espaços de manobra. Em uma emergência, quando ele tentar seguir a linha de volta para a segurança, usando contato tátil, enfrentará muitas dificuldades quando parecer que a linha passa por uma parede sólida de conduítes ou por outras obstruções. Portanto, a colocação da linha e suas amarrações devem ser cuidadosamente orientadas, para evitar essas armadilhas.

A preocupação final, ou talvez a primeira, para aspirantes a mergulhador de naufrágio, é a seleção do equipamento. O cilindro único e o BCD simples, estilo jaqueta, usados comumente por mergulhadores recreativos, são inadequados para mergulhos técnicos ou de penetração. O equipamento recreativo é orientado por uma mentalidade superfície para superfície; ou seja, o mergulhador sai da superfície e, se ocorrer qualquer problema, incluindo falhas no equipamento, ele recorre à série de habilidades que desenvolveu, as quais o levam de volta à superfície imediatamente. Devido às placas de aço do naufrágio que cercam os mergulhadores de penetração, essa técnica é impossível para eles. Os mergulhadores têm que estar preparados para a maioria dos problemas que ocorre debaixo d'água. Mergulhadores em naufrágios devem sempre transportar sistemas de fornecimento de ar excedentes: um cilindro com sistema completo de reguladores de primeiro e segundo estágio, assim como um suprimento de respiração principal e um segundo sistema similar, no caso do principal falhar ou atrasos não previstos impedirem os mergulhadores de retornarem à superfície em tempo hábil.

Esses sistemas excedentes podem ter configurações diferentes. Em alguns casos, o mergulhador usa um cilindro de alta capacidade (variando de 2,4 a 3,4 metros cúbicos) preso às costas, como seu gás principal, e outro menor, mas ainda bem volumoso (1,13 metro cúbico ou maior), conhecido como "garrafa de socorro", preso ao lado de seu cilindro principal ou no arnês sob um dos braços. Nos mergulhos em naufrágios mais avançados, profundos ou de orientação técnica, os dois cilindros são do mesmo tamanho, unidos por um *manifold* com registro isolador que permite que pelo menos um dos dois reguladores do mergulhador extraia gás de qualquer um dos suprimentos. No caso de uma falha de equipamento que resulte em perda do suprimento de gás, o mergulhador pode fechar rapidamente a válvula de isolamento, para proteger metade do suprimento restante. Esse sistema também possibilita ao mergulhador fechar um de seus dois reguladores, se forem a fonte da falha que está consumindo o gás, preservando assim uma quantidade ainda maior de seu suprimento restante.

Naturalmente, cilindros múltiplos ou mais pesados requerem uma versão mais robusta do BCD do mergulhador. A maioria dos mergulhadores avançados usa um arnês técnico, o qual apresenta cintas de 5 centímetros de espessura de lona resistente, presas a uma placa traseira rígida ou semirrígida. Essa placa permite que cilindros duplos ou mais pesados sejam literalmente aparafusados ou, no caso de alguns designs de cilindros únicos, amarrados à placa. Um colete com inflagem dorsal, em forma de ferradura, é preso entre a placa traseira e os cilindros. Isso permite que o mergulhador em posição de nado fique abaixo dos tubos flutuantes posicionados de cada lado, como asas, oferecendo uma plataforma de nado bem estável. Essa plataforma pode ser facilmente ajustada, tanto para guarnição quanto para flutuabilidade. O sistema de arnês também contém uma série de anéis de aço inoxidável, que possibilitam ao mergulhador prender carretilhas de linha de navegação, luzes de mergulho e outros acessórios.

Jim foi obrigado a mergulhar apenas com um cilindro recreativo e um de 2,30 metros cúbicos, sem os equipamentos necessários para prender adequadamente o BCD. O plano era simples: entrar, encontrar os mergulhadores, dar-lhes o cilindro extra para partilharem, se não tivessem gás sobrando em seus próprios cilindros, e levá-los para água aberta. De lá, o assistente de Jim levaria Gary e Jim levaria Julie para uma linha de subida, onde tentariam completar a descompressão necessária, após mais de uma hora em profundidade que excedia 30 metros. Combinaram que, se Gary e Julie estivessem em más condições ou os suprimentos de gás se transformassem num problema, os mergulhadores ignorariam quaisquer paradas remanescentes, levariam ambos até a superfície, colocariam os dois no oxigênio e providenciariam transporte imediato para uma câmara de recompressão. Todos os mergulhadores do grupo de resgate concordavam que essa não era a melhor opção, mas era melhor do que perdê-los, vítimas de afogamento, hipotermia ou pânico.

Felizmente, o resgate de Gary foi mais tranquilo do que seu malfadado plano de mergulho. Chegando ao naufrágio, Jim localizou os mergulhadores e foi direto para a escada que o posicionava próximo a eles, apenas um piso abaixo do convés principal do navio. Colocando em prática seu plano de ação improvisado, Jim logo chegou ao aposento onde Gary ainda se agarrava à escotilha, sugando gás do regulador pendente do lado de dentro. Quando deixara a superfície, Jim havia se preparado para o pior, mesmo assim sentiu uma preocupação crescente quando não conseguiu encontrar Julie. Uma rápida olhada em volta não revelou nenhum sinal dela, então ele tomou a decisão precipitada de levar Gary até a segurança e, depois, voltar para realizar uma busca minuciosa. Dando o regulador de seu cilindro extra para Gary, Jim o guiou para água aberta e o passou para o outro socorrista. Depois de verificar seu próprio suprimento de ar, Jim entrou de novo no naufrágio, temendo o que quase certamente ia encontrar.

Assim que John viu que Gary estava a salvo, descartou o cilindro extra que segurava e começou a subir, tremendo violentamente. Sabia que estava em estado de hipotermia e precisou de toda sua concentração só para encontrar e, em seguida, segurar-se na linha de subida. Ele subiu até 12 metros, onde planejava fazer uma parada curta, esperando que houvesse outro mergulhador ali para ajudá-lo a avaliar quanto tempo ficara submerso, e talvez reabastecer seu suprimento de gás, de novo baixo. Ele ficou a 12 metros por algum tempo; lembrou-se, depois, de ter ficado arrasado por não encontrar mais ninguém na linha. Sua tremedeira era tão incontrolável que ele mal conseguia se apoiar na linha. Temia ser arrastado pela corrente ou, pior, perder a consciência e se afogar. Compreendendo que estava a um passo de ter uma DD séria, John decidiu seguir em frente direto até a superfície, rezando para que o barco pudesse socorrê-lo. Conforme rompia a superfície, perto da proa, foi incapaz de gritar e teve dificuldade até para inflar o BCD emprestado, mal ajustado. Enquanto flutuava perto do barco, os mergulhadores a bordo o viram, e pularam dentro d'água para ajudá-lo. Como ele era incapaz de subir a bordo sozinho, os mergulhadores retiraram seu equipamento e o ajudaram a chegar ao convés.

Deram-lhe toalhas e o colocaram imediatamente no oxigênio, enquanto ele tentava discernir se a dormência em suas pernas era resultado do frio ou da DD.

Enquanto John era alçado para bordo, Jim encontrou o que temia: o corpo sem vida de Julie, logo depois da divisória, perto de onde Gary estivera. Jim inflou um pouco o BCD de Julie, para rebocá-la com mais facilidade, e voltou devagar para a superfície, com seu corpo. O cilindro principal dela estava vazio e ela havia obviamente se afogado. Jim passou o corpo de Julie para um mergulhador na superfície e voltou rápido para o fundo, concluindo uma parada de descompressão pequena, porém necessária. Ninguém entendeu por que Julie deixou seu companheiro e o suprimento adicional de ar oferecido na escotilha. Gary alega não ter nenhuma lembrança do que aconteceu, mas a decisão dela de partir foi fatal.

Apesar do computador de mergulho de Gary indicar a obrigação de uma descompressão significativa, tornou-se óbvio para Jim e seu assistente que eles jamais seriam capazes de completar esse processo. Verificando seu próprio *status*, Jim percebeu que seu prazo de descompressão terminaria logo e o outro socorrista não tinha nenhuma obrigação legal. Logo, decidiram desistir da descompressão, levar Gary direto para a superfície e colocá-lo no oxigênio. Enquanto Gary era içado a bordo, John estava ficando consciente da paralisia em suas pernas e de uma dor intensa na região lombar. Ele sabia que estava com DD e que era grave. Deitaram Gary ao lado de John, no convés, e também o colocaram no oxigênio. A tripulação rapidamente içou âncora e correu para o cais mais próximo, rumo a uma ambulância de prontidão. Antes de sua chegada em terra, Gary também começou a ter sintomas de DD grave. Os dois mergulhadores foram conduzidos para as ambulâncias e transportados para a câmara local de tratamento. A terapêutica de Gary foi bem-sucedida; porém, apesar de repetidos tratamentos na câmara, John nunca recuperou o uso completo de suas pernas, e provavelmente ficará preso a uma cadeira de rodas pelo resto da vida.

Paradas de descompressão

Como mencionamos na página 22, quando os mergulhadores estiverem muito no fundo ou transcenderem certos limites de tempo, eles necessitam fazer paradas de descompressão escalonadas, em profundidades relativamente rasas (normalmente entre 3 e 15 metros), para prevenir o início de DD (ver o boxe das páginas 152-5). Essas paradas permitem que o gás diluído no corpo escape de modo controlado, prevenindo doenças de mergulho.

No entanto, em algumas situações de emergência — como a perda de gás adequado para respirar, falha catastrófica no equipamento ou a necessidade de entregar um mergulhador ferido, carente de assistência urgente —, os mergulhadores são forçados a emergir sem concluir todas essas paradas. Nessas situações, se o mergulhador puder retornar ao fundo num período de tempo bem curto (normalmente menos de 2 ou 3 minutos), deve fazê-lo, completando um cronograma de descompressão modificado, o "procedimento de descompressão omitida". Há vários procedimentos teóricos que podem ser utilizados nessas situações perigosas, os quais não abordaremos aqui. Para aprender mais, você deve fazer um curso de Procedimentos de Descompressão ou de Alcance Prolongado.

Estratégias de sobrevivência

- ✓ **Nunca entre** em um ambiente confinado, a não ser que tenha sido adequadamente treinado. O mistério e a água clara de muitos navios naufragados e de outros ambientes confinados tornam esses mergulhos sedutores e ilusoriamente simples. Mas os perigos que espreitam do lado de dentro são vários, e mortais. Se esse tipo de mergulho o atrai, faça o treinamento apropriado.
- ✓ **Mergulho avançado requer equipamento avançado.** Atividades de mergulho, como penetração em naufrágios, exigem o uso e o conhecimento de equipamentos mais avançados e complexos. A importância desses itens torna-se clara conforme você completa seu treinamento.
- ✓ **Nunca permita que um companheiro de mergulho o pressione** a enfrentar uma situação para a qual você não tem treinamento adequado, equipamento apropriado ou que, de qualquer maneira, o deixa desconfortável. Cada mergulhador deve assumir a responsabilidade por sua própria segurança. Quando as coisas dão errado, como nesse mergulho, cada um deve ser capaz de pensar por si próprio e de planejar uma reação adequada. Julie "confiou" em Gary para tomar conta dela, e isso lhe custou a vida.
- ✓ **Aumentar o número** de vítimas nunca melhora uma situação. Apesar de John ter a melhor das intenções e de sua dedicação ao resgate dos mergulhadores ser admirável, havia opções disponíveis que não teriam posto sua segurança em risco. Ele deveria

ter posicionado os outros mergulhadores na superfície, para se revezarem e segurarem os cilindros no lugar, uma tarefa que não exigia habilidades especiais. Mesmo se John não confiasse em um dos outros mergulhadores recreativos a bordo, ou no instrutor, ele podia ter revezado com o capitão do barco, que também era um instrutor de mergulho experiente. Também podia ter voltado à superfície tempo suficiente para vestir uma roupa de mergulho; isso impediria que a hipotermia agravasse a possível DD.

Boas intenções

"Papai acha que sabe mais"

Não é assim que é para acontecer. O pai de Jason nada até ele, apontando freneticamente para seu manômetro. De imediato, os mergulhadores se dirigem para a superfície. Fazendo uma pausa a mais ou menos 3 metros, Jason consulta seu pai, que sinaliza para ignorarem a parada de segurança. Jason nada para cima, perdendo seu pai de vista. Por fim, ele o vê, mas bem no fundo, indo para baixo, não para cima. Jason emerge, gritando por ajuda.

Paul era um mergulhador relativamente novato, porém ativo, afortunado o suficiente por viver em uma área repleta de locais de mergulho incomparáveis, tanto no litoral quanto em alto-mar. Paul e sua esposa tinham uma vida social intensa. Assim, um casal vizinho, Dan e Judy, grandes amigos, os encorajou a praticar mergulho com cilindro. Eles apresentaram esse esporte como uma boa atividade familiar e social, da qual participavam sempre que podiam. Após mergulharem bastante por alguns anos, Dan e Judy decidiram que podiam mergulhar ainda mais, pelo mesmo preço, se fossem donos de seu próprio barco. Isso lhes garantiu um novo leque de atividades. Depois de persuadir sua esposa, Paul enfim recebeu permissão para se matricular em um curso de *Open Water* com o filho adolescente, Jason. Sua mulher, porém, se recusou a participar, pois tinha muito medo da água. Então, ansioso e entusiasmado, Paul se inscreveu no curso, com o filho, em um centro de mergulho local muito respeitado e recomendado pelos amigos.

Para Paul, o treinamento foi moleza. Para Jason, foi outra história. Ele teve problemas com quaisquer habilidades que exigissem expor seu rosto à água. Para ele, limpar a máscara era especialmente traumático. Paul encorajava Jason, mas, sendo um adolescente típico, Jason questionava a necessidade de saber limpar a máscara. Afinal, ele nunca iria tirar sua máscara debaixo d'água. Com extrema paciência, o instrutor continuou a trabalhar com Jason, até ele concluir o treinamento acadêmico e prático, na piscina. No entanto, os mergulhos de batismo, em mar aberto, eram totalmente diferentes.

Mont Ange realizando seu batismo, aos 13 anos.

Foi nessa fase final que Jason teve as dificuldades mais sérias. Ele não tinha confiança para dominar as competências e precisou de várias sessões corretivas com o instrutor, durante os primeiros dois mergulhos. Também foi dominado por um enjoo inesperado, principalmente quando o barco estava ancorado. No entanto, mesmo quando desanimava, seu pai insistia para que não desistisse. No segundo dia, Jason não acompanhou seu pai até o local de mergulho, alegando estar doente, e optou por não concluir os dois últimos mergulhos. Nos meses seguintes, Paul tentou remarcar os mergulhos finais de Jason, mas um ou outro conflito sempre surgia, impedindo-os de completarem o treinamento.

Enquanto isso, Paul tornava-se um mergulhador ávido. Excursões de fim de semana frequentes com Dan e Judy atiçaram seu entusiasmo ardoroso pelo esporte. Em apenas alguns meses ele registrara bem mais de vinte mergulhos. Decidiu, então, que se pelo menos conseguisse fazer Jason entrar no barco, poderia despertar seu amor pela água e convencê-lo a completar o treinamento. Paul começou a planejar uma excursão com esse objetivo em mente. O dia escolhido chegou, uma linda manhã de sábado. O oceano estava coberto de ondas suaves, de 30 a 60 centímetros, e uma brisa marinha leve tornava a alta temperatura mais agradável. Alegando que desejava realizar alguns mergulhos num grupo de três pessoas, Paul convenceu Jason a ir junto e cuidar do barco, enquanto ele, Dan e Judy permanecessem sob a água. Relutante, Jason concordou.

Treinamento básico inicial

O treinamento inicial em mergulho com cilindro é dividido em três partes. Sessões acadêmicas dão aos mergulhadores uma noção limitada de física e fisiologia, bem como os procedimentos necessários para planejar e realizar um mergulho. A segunda fase, em águas confinadas ou em piscina, transmite habilidades fundamentais no campo da segurança. Embora tudo que um mergulhador precisa saber para mergulhar possa ser ensinado em aproximadamente uma hora, isso só funciona de verdade se todos os mergulhos forem sempre perfeitos. Assim sendo, dedica-se uma média estimada de 12 horas de treinamento em competências aquáticas a transmitir habilidades para serem aplicadas quando os mergulhos não forem bem-sucedidos. Isso inclui recuperar um regulador perdido, limpar uma máscara cheia de água, compartilhar gás no caso de falta de oxigênio e emergir durante uma emergência. Essas competências são ministradas em pequenos passos, tornam-se cada vez mais complexas e são praticadas repetidas vezes durante o curso.

Infelizmente, habilidades como subidas de emergência não podem ser treinadas de forma adequada em uma piscina. Portanto, todo curso de *Open Water* consiste de uma terceira fase de treinamento, os mergulhos de avaliação em águas abertas, praticados em alto-mar ou em água doce. Esse treino inclui quatro mergulhos, em geral concluídos em dois dias. Durante a avaliação em *open water*, o mergulhador tem que demonstrar não só sua capacidade em todas as competências ensinadas no treinamento, mas também um nível adequado de conforto e de confiança dentro d'água. Além disso, algumas competências impossíveis de serem ensinadas numa piscina, como navegação básica com bússola e emersões emergenciais a nado, são ensinadas e avaliadas em *open water*.

Supõe-se que mergulhadores que conseguiram completar as três fases de treinamento tenham demonstrado mais proficiência, confiança e um nível adequado de conforto ao reagirem ante mergulhos rotineiros e situações emergenciais em *open water*. Infelizmente, alguns mergulhadores desconsideram a necessidade de passar por esse nível de treinamento. Na verdade, muitos mergulhadores nunca viveram uma emergência no mundo real; portanto, acham que o treinamento em *open water* é supervalorizado e desnecessário. Muitos acidentes resultam de mergulhadores bem-intencionados que emprestam seus equipamentos para os amigos, dando-lhes apenas instruções básicas de mergulho. No entanto, esses novatos não foram treinados como instrutores, por isso desconhecem o processo do treinamento, e também são incapazes de avaliar as reações de um mergulhador iniciante perante as emergências.

O plano de Paul funcionou à perfeição. Os três emergiram, após o primeiro mergulho, descrevendo com entusiasmo a clareza da água e as criaturas marinhas avistadas nas profundezas. Jason logo se envolvia na conversa, entusiasmado, admitindo o quanto seria legal mergulhar. Paul ficou muito feliz, já perguntando quando poderiam marcar seus mergulhos de batismo. Conforme a conversa evoluiu, Jason perguntou, enfim, se podia acompanhar seu pai em um mergulho naquele mesmo dia. Afinal, ele era quase certificado. A princípio seu pai recusou — ele tinha que seguir as regras. No entanto, conforme Jason insistia, com o apoio de Dan e Judy, a firmeza das objeções de Paul diminuía. Finalmente o convenceram de que não haveria problema em levar Jason para um mergulho rápido, e que o garoto podia pegar o equipamento emprestado com seus amigos.

Jason e Paul planejaram um mergulho de 30 minutos, a não mais de 15 metros, com a condição de permanecerem perto do barco e da superfície, no caso de Jason ter qualquer problema. Empolgados, os mergulhadores entraram na água, flutuaram na superfície ao lado do barco por alguns momentos e, então, desceram. Jason iniciou o mergulho com equipamento emprestado e um cilindro cheio. Seu pai, no entanto, usava um cilindro com pouco mais da metade do suprimento de oxigênio, o que restara de seu mergulho anterior. Enquanto desciam e nadavam na direção da âncora do barco, presa em um afloramento rochoso, Jason começou, pela primeira vez, a gostar de estar sob a água. A sensação de falta de peso finalmente o cativou e, conforme ambos se aproximavam da saliência de pedra, e ele começava a observar criaturas marinhas interessantes, seu entusiasmo tornou-se evidente.

Nadando rápido, para cima e para baixo da saliência de pedra, Paul teve que se esforçar para acompanhar seu filho adolescente. Parando Jason algumas vezes, Paul tomou o cuidado de verificar seu manômetro e se assegurar de que ainda estava tudo bem. Jason parecia não ter nenhuma preocupação e Paul encontrava-se obviamente satisfeito. Aconselhando Jason a nadar mais devagar, Paul localizou, enfim, uma fenda profunda na saliência de pedra, cheia de crustáceos pequenos e peixes velozes. Jason ajoelhou-se na borda, fascinado com essa nova descoberta. Ele observou, tocou, investigou e tentou apanhar os peixes que passavam, despreocupando-se e perdendo a noção do tempo. Paul nadou até Jason e sinalizou várias vezes, antes de fazê-lo checar seu manômetro. A pressão do ar de Jason estava boa; portanto ele se voltou de novo na direção da saliência de pedra. Seu pai o sacudiu freneticamente mais uma vez, apontando para seu próprio manômetro. Só então Jason percebeu que o ponteiro havia caído perigosamente para a zona vermelha. Paul, ansioso, indicou que eles deviam subir. Jason disparou para a superfície. Pensando melhor, parou a cerca de 3 metros, lembrando que deviam fazer uma parada de segurança a 5 metros. Olhando para baixo, viu seu pai gesticular freneticamente. Jason interpretou mal seus sinais, como se o pai lhe indicasse que devia seguir direto até a superfície. Ele chegou à tona e, na mesma hora, começou a procurar por seu pai. Eles estavam a apenas 6 ou 10 metros do barco, porém Paul não apareceu. Enfim, Jason o avistou, abaixo de suas próprias nadadeiras. Seu braço achava-se esticado, como se subisse corretamente; mas, em vez disso, ele estava caindo rumo ao fundo. Jason ficou aturdido. Ele não tinha ideia de como agir. Emergindo, expeliu o regulador da boca e começou a gritar por ajuda. Acreditando que Jason estava em apuros, Dan mergulhou pela lateral, agarrou-o e o rebocou de volta ao barco. Apenas nesse momento Jason conseguiu convencer seu salvador de que era seu pai quem estava em apuros.

Judy, ainda no barco, jogou um BCD com cilindro e regulador pelo bordo, depois entregou nadadeiras e uma máscara a seu marido. Instruíram Jason a sair da água, de imediato. Encontraram Paul rapidamente, nas profundezas, imóvel, sem respirar. Arrastando o corpo inerte para a superfície, Dan gritou por ajuda. Uma chamada foi feita para a Guarda Costeira, comunicando a emergência. Enquanto isso, Dan retirou o BCD de Paul e os três o arrastaram para a lateral e, depois, para o interior do barco. Eles também rebocaram o equipamento. Paul não respirava, não tinha pulso. Judy começou a RCP, enquanto o barco disparava na direção do cais mais próximo. Jason se lembra de ter perguntado onde estava o oxigênio, mas o barco não tinha nenhum reserva. A ansiedade de Jason estava se tornando palpável, então Dan lhe deu uma série de tarefas para manter sua mente ocupada. Enquanto isso, no convés, Judy continuava a realizar RCP da melhor forma possível em um barco que oscilava. Paul tossiu, expelindo dos pulmões um pouco d'água. Para grande alívio de todos, ele começou a respirar sozinho, apesar de permanecer completamente inerte.

O barco logo chegou ao cais, onde uma ambulância estava à espera. Paul foi posto na maca e levado para um hospital local. Ele continuava a respirar sozinho, mas inconsciente. No hospital, os médicos decidiram colocar Paul em uma câmara de recompressão, já que desconheciam a verdadeira natureza de sua lesão – embora parecesse ser um quase afogamento.

O médico da emergência percebeu que o afogamento podia estar aliado a uma lesão hiperbárica, como DD ou uma embolia gasosa. Ele também sabia que não podiam estabilizar os sinais vitais de Paul. Assim, sem a opção de outro método terapêutico, concluiu que a terapia de recompressão não poderia fazer mal. No interior da câmara, Paul foi imediatamente submetido a uma pressão de 20 metros, visando um tratamento estimado em 6 horas. Durante esse período, a pressão seria lentamente transferida a 10 metros, onde passaria um tempo significativo, antes de ser levada, bem devagar, ao valor de superfície. Durante o tratamento, Paul respiraria, alternadamente, oxigênio e ar.

Infelizmente, Paul jamais chegou ao final de seu tratamento. Apesar de todos os esforços dos médicos, o coração de Paul parou de bater. Mesmo voltando a bater mais algumas vezes, seu coração não pôde ser reanimado. Mais tarde, uma autópsia revelou que Paul morrera de hipoxia — falta de oxigênio — e indicou que seu regulador permanecera em sua boca mesmo após cair em estado de inconsciência. A ausência de quantidade significativa de água em seus pulmões comprovava que ele não fora vítima de afogamento. Paul não mostrava sinais de lesões de mergulho ou quaisquer outras condições médicas.

Câmaras hiperbáricas

Câmaras hiperbáricas, ou câmaras de recompressão, são frequentemente utilizadas para tratar lesões de mergulho, pois podem realizar funções médicas vitais. Para cada minuto que um mergulhador passa sob a superfície da água, uma pequena quantidade de nitrogênio se desprende do ar que ele respira e vai para dentro de sua corrente sanguínea. Se ele ficou tempo demais no fundo ou subiu muito rápido, esse gás tem a possibilidade de se transformar em bolhas, as quais podem interromper o fluxo do sangue e causar outros danos físicos. Se, no entanto, o mergulhador voltar à profundidade ou pressão em uma câmara de recompressão, essas bolhas tornam-se menores, permitindo que o corpo as elimine mais facilmente, reduzindo, assim, os danos que provocaram. Essa é a primeira função de uma câmara de recompressão.

Uma das preocupações médicas imediatas ante essa formação de bolhas é que elas restrinjam o fluxo sanguíneo e interrompam o fornecimento de oxigênio para certas partes do corpo. Isso desencadeia a DD ou mal dos mergulhadores. É impossível prever onde o dano vai ocorrer. Ele pode incidir no cérebro e na coluna vertebral, causando sintomas como dormência, fraqueza e paralisia; ou nas articulações e pele, provocando danos menos nocivos, especialmente dor. Quanto mais tempo o tecido permanecer sem oxigênio, maiores serão as lesões, sendo provável que se tornem permanentes. Então, a segunda função da câmara de recompressão é fornecer oxigênio para a vítima, em pressões bem altas. O mergulhador é submetido, por exemplo, a uma pressão de 10 metros ou duas atmosferas e colocado em 100% de oxigênio — a pressão do oxigênio é duas vezes mais alta do que a que ele poderia receber na superfície. Essa pressão elevada ajuda o corpo lesionado a levar oxigênio para as células e também acelera a eliminação do nitrogênio do sangue e dos tecidos. Esse segundo benefício é resultado da simples dispersão. Os gases movem-se naturalmente de áreas de alta concentração para áreas de baixa concentração, até se equalizarem. Quando o mergulhador é inserido em 100% de oxigênio, gera-se uma baixa concentração de nitrogênio nos pulmões, permitindo que o nitrogênio do resto do corpo se disperse para dentro desse órgão e daí seja totalmente eliminado.

Uma vítima de afogamento terá, com certeza, alguma dose de água nos pulmões, o que vai interferir na habilidade de troca de gases nos pulmões. Isso afetaria a eficácia de qualquer potencial tratamento. Um indivíduo hipóxico que receba oxigênio rapidamente tem mais probabilidades de reanimação e menos probabilidades de sofrer complicações a longo prazo.

Várias atitudes poderiam ter mudado as consequências desse acidente. Paul estava em águas relativamente rasas. Se ele tivesse realizado um treinamento adequado, ele poderia ter nadado direto para a superfície, descartando seu lastro ao longo do caminho e usando a flutuação de seu BCD para ajudá-lo. Assim, emergiria em menos de um minuto e, apesar de poder sofrer alguma lesão hiperbárica, é provável que tivesse sobrevivido. Além disso, Jason ainda tinha gás suficiente, mesmo após o retorno ao barco. Talvez o melhor plano de ação fosse Paul apoiar-se na fonte alternativa de ar de Jason, partilhando de seu gás, enquanto emergiam juntos, de forma lenta e segura. Paul tentou sinalizar para Jason várias vezes, porém ele não entendeu o que seu pai tentava lhe dizer. É possível que Paul estivesse pedindo para compartilharem o mesmo gás. Também é bem provável que Paul tenha evitado partilhar do gás de Jason, por medo de deixá-lo em pânico e piorar a situação. Infelizmente, nunca teremos essa resposta.

Mas os verdadeiros erros foram cometidos mesmo antes dos mergulhadores entrarem na água. É óbvio que Jason não estava preparado para lidar com situações de emergência. Seu instrutor não o certificara exatamente por esse motivo. O próprio Jason reconheceu essas deficiências e, agora, admite com pesar que elas influenciaram muito em sua relutância para completar o treinamento. Nenhum dos mergulhadores certificados a bordo deveria ter permitido que Jason mergulhasse antes da conclusão de sua certificação. Só podemos especular, mas é provável que, se Jason tivesse sido adequadamente qualificado, ele teria reagido com eficiência diante dos apuros de seu pai; dessa forma, teria evitado sua morte. Ele poderia ter compartilhado o gás, ajudado a descartar o cinto de lastro e, mesmo quando seu pai estava inconsciente, descendo para o fundo, poderia tê-lo agarrado e trazido de volta à superfície. Infelizmente, ele não estava preparado para reconhecer ou realizar nenhum desses resgates. O erro final de Paul foi se deixar levar pela experiência prazerosa de mergulho com seu filho e se descuidar, permitindo que seu gás se reduzisse drasticamente. Um mergulhador deve sempre monitorar seu próprio suprimento de oxigênio e iniciar sua subida sempre que sobrar pelo menos um terço desse gás.

Estratégias de sobrevivência

- ✓ **Nunca encoraje** ou permita que um mergulhador não certificado mergulhe em sua companhia ou use seu equipamento.
- ✓ **Jamais mergulhe** com um parceiro, certificado ou não, sem atualização das competências em técnicas de assistência básica ao companheiro, como compartilhamento de gás.
- ✓ **Em todos os mergulhos** você deve estar sempre consciente do seu suprimento de ar, chegando à linha de subida com um terço do suprimento de gás. Na parada de segurança, a 5 metros, necessita ter uma sobra de pelo menos 500 psi. Você deve planejar o retorno a bordo com cerca de 200 a 300 psi no seu cilindro.
- ✓ **Se não se sente confortável** em um mergulho com cilindro, com qualquer uma das suas competências ou com um mergulho em particular, *não mergulhe.* Seus pais tinham razão: "Não ceda à pressão dos seus colegas".

O mergulhador de segurança pública

Frank sacode-se mais uma vez, puxando de novo a linha. A total falta de visibilidade o leva à beira do pânico. Ele não faz ideia de quanto tempo está submerso e da quantidade de ar que ainda possui. Ainda assim, Frank não pode se mover, nem chegar à superfície. Ele luta, puxando às cegas a linha que o mantém preso ao fundo. Certamente alguém logo virá procurá-lo.

Frank, bombeiro e mergulhador recreativo ativo, tinha 30 e poucos anos e uma saúde razoavelmente boa. Fascinado tanto por seu trabalho, quanto por seu passatempo, o mergulho, facilmente o convenceram a se tornar um membro da equipe de mergulho do Corpo de Bombeiros. Ser um mergulhador de segurança pública e um membro da equipe local dava-lhe um certo prestígio; entre seus pares, os mergulhadores tinham a sensação de serem a elite. No entanto, pertencer à equipe não era tão glamoroso quanto Frank imaginara. Os mergulhos eram sempre realizados nos momentos mais inconvenientes, em condições terríveis, e as tarefas eram quase sempre impossíveis de cumprir. Os membros da equipe de Frank também estavam começando a perceber que seu treinamento estava longe de ser adequado para o que se exigia de uma equipe de segurança pública.

A equipe, acreditando utilizar recursos adequados, procurou um instrutor recreativo que, com a melhor das intenções, tentou modificar os procedimentos recreativos, para suprir as necessidades profissionais do grupo. Como parte desse curso, Frank estava treinando para conduzir buscas num lago local, amarrado a uma âncora, no meio de um círculo, no qual deveria realizar uma diligência.

Quando tentou emergir, percebeu que sua linha de amarração estava emaranhada; ele estava incapacitado de se soltar. Se Frank tivesse o treinamento adequado, nunca teria mergulhado sem um assistente na superfície e um mergulhador de segurança. No entanto, com o treinamento mínimo que tivera, além da certificação recreativa, ele não detinha essa informação. A equipe de Frank foi uma das muitas que contrataram um instrutor recreativo competente e bem-intencionado, porém super mal informado sobre os perigos dos mergulhos de segurança pública. Baseado em suas respostas à situação, conclui-se que, aparentemente, todos na equipe de Frank também desconheciam os procedimentos corretos. Apesar do grupo ter feito esforços consideráveis para aprender a realizar busca e resgate eficazes, dedicou pouco tempo para praticar os procedimentos de segurança necessários para garantir que todos os mergulhadores sobrevivessem à missão. Frank e os membros de sua equipe também não pareciam ser capazes de avaliar com precisão os riscos do mergulho e sua própria capacidade de lidar com essas ameaças nem de pesar perigos e benefícios na hora de concluir um mergulho.

Mergulho de segurança pública

Mergulho de segurança pública é uma atividade única no universo do mergulho. Treinam-se mergulhadores recreativos em competências que, geralmente, visam evitar condições perigosas. Mergulhadores comerciais são similares aos de segurança pública no sentido de que suas demandas profissionais ditam quando e onde eles mergulham, sendo as condições do mergulho uma preocupação secundária. No entanto, o mergulhador comercial é bem mais equipado e treinado para lidar com essas circunstâncias. Em quase todo o planeta, o mergulhador de segurança pública é obrigado a cumprir as exigências do mergulho comercial, contando, porém, apenas com um pouco mais de apoio e equipamento do que o mergulhador recreativo ativo.

Devido a limitações orçamentárias ou a uma falta de compreensão, muitas equipes de segurança pública oferecem aos seus mergulhadores somente treinamento recreativo. Se todos os mergulhos de segurança pública fossem realizados em águas claras e calmas, com 6 metros ou mais de visibilidade e nenhuma exposição a perigos biológicos, químicos ou ambientais, aí o mergulhador recreativo estaria completamente qualificado para cumprir tais tarefas. Porém, na realidade, os mergulhos de segurança pública em geral são praticados com visibilidade zero, em condições tão precárias que acender uma lanterna de mergulho não ajuda em nada, apenas deixa os dejetos na água com um tom de marrom mais claro. O mergulhador, frequentemente, não consegue ver seu manômetro quando ele está fixado na sua máscara. Esses mergulhadores devem penetrar nessa água turva para recuperarem corpos mortos em decomposição, coletar provas e realizar outras funções críticas. As circunstâncias em que esses objetos se encontram, nos locais onde são recuperados, quase nunca são amigáveis. As pessoas afogam-se por causa de correntes fortes, automóveis escorregam para dentro da água pelas condições do gelo, e criminosos descartam objetos em áreas relativamente inacessíveis. Portanto, o mergulhador de segurança pública pode muito bem ter que quebrar o gelo, enfrentar uma corrente de três nós ou fazer rapel ao longo de uma parede de pedra para coordenar um mergulho de resgate.

Bombeiros portugueses no treinamento de resgate
de um membro lesionado da equipe.

Nesses ambientes, os mergulhadores estão sujeitos a ameaças adicionais. Podem contrair certas doenças nas águas, em torno de carne em decomposição; áreas industriais e comerciais deixam sempre um legado tóxico em espaços nos quais os mergulhadores flutuam; e acidentes de automóvel ou de barco depositam elementos petroquímicos perigosos que podem ser absorvidos através da pele. Regiões rurais expõem os mergulhadores a dejetos biológicos de animais das fazendas e a depósitos de pesticidas e fertilizantes nocivos. Sem nenhuma visibilidade, o mergulhador não consegue definir que perigos se ocultam sob a superfície lamacenta. Depois que ele submerge, corre o tempo todo o risco de ficar preso em algo, de sofrer lesões traumáticas, como cortes ou perfuração por destroços nas profundezas, e até lesões na cabeça, provocadas por fragmentos flutuantes que se movem com a corrente, na superfície ou logo abaixo. Como o mergulhador não consegue enxergar, nem pode se comunicar com seus camaradas da forma usual, ele acaba enfrentando esses perigos sozinho. A combinação desses fatores de risco, a completa falta de visão e a drástica distorção no sentido da audição, sob a água, geram também questões psicológicas significativas. Na verdade, muitos mergulhadores submergem por apenas alguns minutos no seu primeiro mergulho em águas negras, para emergirem e desistirem imediatamente, alegando não suportarem essas condições.

Um mergulhador de segurança pública passa por um extenso programa de treinamento, que inclui procedimentos especiais para lidar com todos os perigos acima citados. Mesmo as equipes menos preparadas aprendem a conduzir uma busca metódica, capaz de localizar algo tão pequeno quanto um projétil de bala, numa área de centenas de metros, mesmo em condições de pouca ou nenhuma visibilidade. No início desse programa de treinamento, enraizam-se competências de gerenciamento de estresse em todos os mergulhadores. Em um processo semelhante a um estágio de intimidação, porém supervisionado com segurança, os mergulhadores são posicionados em condições que simulam as do ambiente de segurança pública do mundo real. Submersos e sem enxergar, pendurados em uma linha de amarração, esses mergulhadores são enredados, emaranhados, presos e privados de seu suprimento de ar. Cada situação é cuidadosamente calculada, para testar sua coragem, sem forçá-los além da conta ou colocá-los em perigo.

Um mergulhador de segurança pública adequadamente equipado.

Para cumprir esses desafios, os mergulhadores usam equipamentos especiais: uma faca de mergulho afiada em bom estado, para cortar emaranhados; um par durável de tesouras médicas, com a finalidade de cortar objetos dos quais a faca não dá conta; e um suprimento reserva de ar, no caso do cilindro principal falhar ou uma emergência forçar uma permanência mais longa debaixo d'água. As equipes mais bem subsidiadas usam roupas secas de mergulho e até capacetes ou máscaras de rosto inteiro que servem a dois propósitos. A roupa seca e a máscara isolam o mergulhador do ambiente, reduzindo as chances de ele contrair doenças ou de ser envenenado por substâncias diluídas na água. A máscara de rosto inteiro protege a boca e o nariz do mergulhador, permitindo que ele utilize comunicação eletrônica, o que possibilita aos mergulhadores interagirem entre si e com seus supervisores, na superfície — os quais agem como companheiros de mergulho, ficando de olho em questões de segurança e comunicando-se com os mergulhadores —, no lugar de confiar apenas em puxões na linha. Cada uma dessas peças do equipamento é configurada especialmente para cumprir as exigências da missão. Por exemplo, suprimentos reserva de gás são transportáveis, de forma a serem passados para outro mergulhador em dificuldades, enquanto posicionam-se facas e tesouras na parte superior do corpo, não na perna, para serem mais acessíveis quando o mergulhador estiver preso em um emaranhado. Essa configuração deve ser eficiente e funcional, possibilitando que o mergulhador nade perto do fundo, conduza uma busca e lide com outros equipamentos.

Candidatos bem-sucedidos completam essa fase do treinamento com muita confiança em suas competências aquáticas e no equipamento. Essa convicção é vital para a sobrevivência, porque é o método mais eficaz de proteger o mergulhador do próprio pânico — a principal causa de morte entre os mergulhadores. Depois dessa fase, os mergulhadores aprovados devem começar a treinar metodologias de busca e resgate eficazes. Eles aprendem a usar as mãos e o corpo, para sentir os arredores, localizando objetos que não podem ser vistos, determinando onde estão e documentando a localização, para utilização em trâmites legais posteriores.

Como essas ações em geral são realizadas sem companhia alguma, os mergulhadores têm que treinar procedimentos que incluam substituir o companheiro de mergulho por um supervisor na superfície. Quando conduzidos adequadamente, mergulhos de resgate envolvem um mergulhador fixado a um dispositivo de rápida liberação, preso a uma linha de amarração, apoiada por um supervisor de superfície em terra firme, ou no convés de um barco. Tanto o mergulhador quanto o supervisor usam sinais para se comunicarem entre si. O último membro da equipe é o "mergulhador de segurança". Ele fica totalmente equipado, exceto com a máscara ou, em alguns casos, a máscara e as nadadeiras. Estando "90% pronto", tem que ser capaz de submergir e começar a descer pela linha de amarração do mergulhador em menos de 15 segundos. Todo mergulhador de segurança pública deve ser qualificado para ser um mergulhador de segurança. O treinamento para se atingir essa posição é o mais árduo de todos, no repertório desse mergulhador.

Em muitos casos, o mergulhador de segurança torna-se, inesperadamente, o membro mais importante da equipe de mergulho. Ele pode ficar horas sentado no calor escaldante ou no frio gélido, vestido com uma roupa de mergulho seca ou semisseca, carregando 50 quilos de equipamento nas costas, "morrendo" de tédio. Seu único objetivo é observar a linha de amarração mover-se devagar, para a frente e para trás, até haver algum indício de que o mergulhador, sua responsabilidade pessoal, está em apuros. Quando vem

> o sinal do mergulhador ou do supervisor, pedindo ajuda, o mergulhador de segurança entra em ação. Ele submerge para ajudar o colega dentro d'água, levando-lhe gás para respirar, comunicando-se em visibilidade zero, frequentemente sem o benefício da fala, localizando problemas que o colega não pode avistar, resolvendo-os e transportando o colega de volta à segurança. Os chefes de equipe mais inteligentes utilizam seus melhores mergulhadores nessa posição, apesar de ser quase sempre uma função ingrata.

Frank não tinha consciência disso enquanto lutava para se soltar da linha que o mantinha preso ao fundo. Estava imobilizado logo abaixo da superfície, a alguns metros do ar de que ele logo precisaria. Provavelmente Frank tentou alcançar sua faca, mas ela não estava ao seu alcance. Quando seu regulador começou a trabalhar com esforço e ele respirou pela última vez, pode ter pensado no suprimento reserva utilizado em todos os mergulhos, por mergulhadores de segurança pública prudentes e bem qualificados. Mas Frank não possuía todos os conhecimentos básicos, nem treinamento e equipamentos que poderiam ajudá-lo, e nunca obteria esses recursos, pois esse foi o seu último mergulho.

Apesar de ser uma sessão de treinamento e de haver no local vários membros da equipe de mergulho, assim como um supervisor de treinamento, muito tempo se passou antes que descobrissem o desaparecimento de Frank e seu corpo fosse localizado e resgatado. Uma autópsia revelou que Frank ficara sem ar e havia se afogado, a apenas centímetros da superfície.

Estratégias de sobrevivência

- ✓ **Receba o treinamento adequado.** O mergulho de segurança pública parece fácil, mas você jamais deve arriscar-se nesse tipo de mergulho, sem que tenha sido treinado e esteja preparado para fazê-lo com segurança — a não ser que pretenda se tornar o objeto a ser recuperado. O treinamento recreativo é inadequado para o mergulho de segurança pública, pois seus objetivos e métodos são bem diferentes dos exigidos pelo mergulho de segurança pública. Você precisa fazer um treinamento específico.
- ✓ **Equipe-se para sobreviver.** Orçamentos sempre causam preocupação. No entanto, isso não é pretexto para entrar na água com equipamentos

incompletos ou abaixo do padrão. O seu departamento pode querer comprar carros e caminhões velhos e usados, mas a ausência de cintos de segurança, *air bags* e sistemas modernos de freios, entre outros equipamentos, torna essa opção inaceitável. A água também é um ambiente perigoso, por que nela deveria se aplicar um critério diferente?

- **Tenha uma equipe de sobrevivência.** Falta de pessoal não é desculpa. Se não tiver apoio na superfície e mergulhadores de segurança, aguarde até eles chegarem ou peça apoio de outra equipe. Você pode morrer, se mergulhar sem eles.
- **Siga as diretrizes de mergulho de segurança pública.** Há uma série de normas criadas para aumentar as suas chances de sobrevivência. Nos Estados Unidos, a Administração de Segurança e Saúde Ocupacional (OSHA) e a Associação Nacional de Proteção ao Fogo (NFPA) são agências que oferecem diretrizes normativas a mergulhadores de segurança pública. Mesmo que você queira evitar a imposição, a observância é mais inteligente e pode salvar a sua vida.

O profissional inexperiente e um ego

> *Nate inala, mas não recebe ar. O terror o toma instantaneamente, enquanto analisa seus manômetros, percebendo que seu cilindro está seco e a superfície a mais de 30 metros de distância. Ele queima segundos preciosos procurando por seu parceiro, que não está em nenhum lugar à vista. Seus pulmões estão queimando, a pulsação martelando em sua cabeça. Batendo os pés, visando disparar do naufrágio para a superfície, ele dá de cara com Juan, o* **dive master**. *Freneticamente, ele retira o regulador da boca de Juan, sugando o ar vital. Mas essa crise está longe de acabar.*

Juan era um *dive master* de quase 30 anos, certificado há pouco tempo e com excelente saúde. A maior parte de sua experiência limitava-se aos lagos locais e a pedreiras de onde morava, apesar de ter feito algumas viagens curtas ao Caribe. Como a maioria dos novos profissionais de mergulho, Juan pertencia a um grupo razoavelmente grande de amigos de mergulho, acumulados com o passar dos anos. Esta equipe o havia encorajado a obter a certificação profissional. Naturalmente, quando a carteira de *dive master* de Juan acabara de ser plastificada, o grupo começou a pressioná-lo para organizar algumas viagens de baixo custo a lugares que sua loja de mergulho local não frequentava. A costa do Atlântico ficava a apenas algumas horas de carro e oferecia vários naufrágios interessantes, sobre os quais todos haviam lido. Apesar de Juan ter ouvido histórias terríveis sobre como os mergulhos em naufrágios podiam ser árduos, sentiu apenas uma ligeira apreensão diante da sugestão de uma viagem no fim de semana. Confiante em sua experiência e treinamento, organizou uma excursão de dois dias de mergulho em quatro dos naufrágios populares. Dando alguns telefonemas, Juan logo tinha seis mergulhadores inscritos para a viagem, um grupo unido que incluía Nate.

Nate era um mergulhador *Open Water* Avançado recém-certificado, que vinha mergulhando há menos de um ano. Conhecera Juan quando ele ajudara seu instrutor de *Open Water* em sessões na piscina. Os dois tinham mais ou menos a mesma idade, interesses parecidos e uma grande paixão pelo mergulho. Apesar de já ter obtido uma certificação avançada, a experiência de mergulho de Nate era limitada aos locais de água doce perto de sua casa, e ele estava entusiasmado com a ideia de colocar o equipamento recentemente adquirido em água salgada.

Mastro de um navio com seus novos habitantes.

O grupo de Juan foi preenchido com outros cinco mergulhadores, as idades variando de 20 e poucos a 30 e tantos anos. Eles apresentavam uma gama de experiências em mergulho, mas todos tinham ligeiramente mais vivência do que Nate. A maioria viajara várias vezes para destinos tropicais, como Flórida Keys e Bahamas. Mas para todos a costa do Médio Atlântico seria uma nova e emocionante aventura. Como Nate era o único no grupo iniciante em mergulho no oceano, submeteram-no a muitas provocações bem-humoradas nas semanas que antecederam o mergulho, em especial durante a longa viagem de carro até a costa. Quando, enfim, os mergulhadores chegaram ao seu destino, Nate estava determinado a provar para seus companheiros que podia acompanhar o grupo.

Às 6 horas da manhã do dia seguinte, o grupo de mergulhadores sonolentos chegou ao cais para pegar os cilindros e começar a montar seus equipamentos, planejando partir às 6h30. O barco era bem maior do que eles haviam previsto; ficaram surpresos ao verem outro grupo — quase o dobro do seu time — já acomodado a bordo, para a viagem até os naufrágios. Juan ficou impressionado com a atenção que a tripulação dava à segurança, sua eficiência e a manutenção do barco. No entanto, depois das primeiras instruções de mergulho, achou que eles eram cautelosos demais, exigindo perfis muito conservadores, e que as orientações eram demasiado negativas e pessimistas.

Dive masters

Quase todas as agências de treinamento exigem que um mergulhador tenha muita experiência e uma perícia demonstrável antes de se certificar como *dive master*. No entanto, as qualificações atribuídas pelas especializações são relativas. Apesar de um mergulhador ter registrado pelo menos sessenta mergulhos antes de iniciar o curso de *Dive Master*, quase sempre ainda há enormes buracos em sua experiência. Mergulhar em lagos de água doce é diferente de submergir nos trópicos, que por sua vez difere de mergulhar na costa do Pacífico ou sob o gelo, em climas mais frios. É impossível, para uma agência de treinamento, exigir experiência em todos os ambientes de mergulho, porque ninguém conseguiria preencher o pré-requisito. A praticidade exige, geralmente, que a experiência se limite ao *habitat* do próprio mergulhador ou ao ambiente para onde viaja com frequência. É por isso que todas as agências restringem os *dive masters* à supervisão de atividades em áreas nas quais demonstram ampla experiência.

A viagem de barco foi longa e três dos mergulhadores de Juan ficaram mareados, apenas minutos depois de deixarem a enseada. O próprio Juan sentiu-se um pouco enjoado durante a maior parte da viagem. Os mergulhadores surpreenderam-se ao saber que as ondulações suaves de 1,20 metro eram consideradas condições excelentes de mergulho para a região. Decepcionaram-se ao ouvirem o capitão recomendar um tempo máximo de submersão de 15 minutos no primeiro naufrágio, a mais de 30 metros de profundidade. Também acharam seu procedimento de reembarque diferente do que haviam aprendido; mais uma vez ele pareceu demasiadamente cauteloso.

Os mergulhadores de Juan dividiram-se em duplas de mergulho e mergulharam, descendo lentamente pelo cabo de ancoragem, rumo a um mergulho que parecia ser muito profundo. Nate mal havia chegado ao naufrágio, quando ficou atônito ao ver seu manômetro caindo abaixo de 1000 psi, apenas 8 minutos depois de iniciar o mergulho. Ele sabia que iam implicar com ele por ser o primeiro mergulhador de volta ao barco, em seu primeiro mergulho no oceano. Mas seguiu as regras, sinalizou para seu companheiro, subiu pelo cabo de ancoragem, completando sua parada de segurança e reembarcando no barco com apenas 300 psi de sobra em seu cilindro. O companheiro de Nate, desapontado, subiu a bordo com quase 1500 psi de ar não utilizado. Como esperado, Nate foi logo o alvo de vários comentários e piadas algumas bem-humoradas, outras nem tanto. O segundo mergulho do dia era em águas muito mais rasas, bem menos emocionante do que o primeiro.

Os mergulhadores voltaram ao cais, na manhã seguinte, para outra longa viagem de barco até um naufrágio. Este ficava a 36 metros de profundidade em uma área conhecida por apresentar correntes mais fortes. Nate continuou a ser objeto de provocações, por realizar os mergulhos mais curtos da História e por sugar ar como um aspirador de pó. Cada comentário fortalecia a determinação de Nate em se sair melhor no mergulho profundo que faria a seguir. Por volta das 10 horas da manhã, com o barco ancorado no local, os mergulhadores receberam as instruções do capitão, cautelosas como sempre. Em várias ocasiões, ele advertiu os mergulhadores a gerirem seus suprimentos de gás, para que pudessem iniciar a subida pelo cabo de ancoragem com muito ar e evitassem ser arrastados por uma corrente mais forte para longe da costa. Encorajado pelo sucesso do mergulho do dia anterior, Juan foi ainda mais crítico em relação à conduta do capitão, comentando com alguns de seus companheiros que as instruções tiravam a diversão do mergulho. O mar estava um pouco mais revolto do que na véspera, e os mergulhadores lutavam contra o enjoo, enquanto vestiam seus equipamentos. O companheiro de Nate do outro dia agora formava dupla com outro mergulhador menos experiente. Nate e seu novo parceiro seriam os últimos a entrar na água, já que "seu mergulho vai ser bem curto, de qualquer modo".

    Juan entrou na água com os primeiros dois mergulhadores e desceram imediatamente até o naufrágio. Nate e seu parceiro, consultando sua tabela, calcularam que poderiam fazer um mergulho de 20 minutos, se permanecessem acima do navio naufragado. Nate jurou a si mesmo que ficaria no fundo cada minuto que pudesse. Concentrou-se em relaxar, enquanto submergia, e controlou com cautela sua flutuabilidade, tentando evitar esforços. Chegando ao naufrágio, Nate e seu parceiro acharam tudo encantador. A embarcação achava-se repleta de corais moles, cardumes de barracudas, e avistaram até um tubarão-cinza, de médio porte, circulando ao longe. A visibilidade atingia mais de 30 metros e a água clara os distraía facilmente da força da corrente que passava. No naufrágio, os mergulhadores abandonaram o cabo de ancoragem, permitindo que a corrente os conduzisse por toda a extensão do gigantesco navio. Eles exploraram cada canto e recanto, nadando cada vez mais para o interior de alguns dos buracos e aberturas do navio, além do que deveriam. Cerca de 10 minutos após o início do mergulho, Nate ficou arrasado ao ver seu SPG caindo bem abaixo de 1500 psi. Seu novo companheiro de mergulho o fitava, sem acreditar, enquanto Nate sinalizava que eles precisavam retornar ao cabo de ancoragem. Relutante, ele concordou que estava na hora de concluir o mergulho e começou a se deslocar, devagar, na direção da linha de subida. Enquanto flutuavam rumo à proa do navio naufragado, o tubarão-cinza que avistaram ao longe passou a nadar bem ao lado deles. Fascinados, observavam a bela criatura nadar de um lado para outro, ao longo do naufrágio.

O parceiro de Nate, lembrando-se do seu baixo suprimento de ar, sinalizou que estava na hora de ir e começou a nadar na direção da proa. Nate, no entanto, não pareceu ver o sinal. Momentos depois, seu regulador começou a trabalhar com esforço e, duas respiradas depois, não lhe entregou mais nenhum ar. Nate virou-se, procurando freneticamente seu companheiro de mergulho, mas ele tinha se deslocado pela estrutura do naufrágio e estava fora de vista.

Juan estava pairando acima do convés, na superestrutura do naufrágio, quando reparou o comportamento errático de Nate. Notando que ele estava sozinho, nadou em sua direção, tentando localizar seu parceiro. Quando chegou ao nível dos olhos de Nate, este avançou e empurrou Juan para trás, arrancando o regulador de sua boca. Juan observara exatamente esse tipo de comportamento no treinamento, então apanhou com calma seu segundo estágio alternativo, respirou algumas vezes e tentou tranquilizar Nate. Nesse momento, Juan percebeu que seu próprio suprimento de ar achava-se perigosamente baixo, então instou o companheiro a nadar rumo ao cabo de ancoragem. Juan provavelmente considerou iniciar uma subida direta, mas com certeza achou que era melhor chegar à âncora. Os mergulhadores nadaram rápido, exaurindo-se no processo, acelerando, assim, a utilização do ar. Conseguiram chegar ao cabo de ancoragem e os mergulhadores acima notaram que os dois iniciavam uma subida veloz.

Alguns momentos depois, Alice, outra mergulhadora do grupo de Juan, percebeu que eles ainda não haviam chegado à parada de segurança e, surpresa por não avistá-los no cabo de ancoragem, olhou na direção do naufrágio. Apesar de poder observar toda a parte dianteira do naufrágio, quase 30 metros acima dele, Alice não viu qualquer sinal das inconfundíveis nadadeiras amarelas de Nate. Preocupada, após alguns segundos de deliberação, decidiu dispensar o restante de sua parada de segurança e pediu socorro à tripulação do barco. Em menos de um minuto, Alice comunicou ao imediato da embarcação que dois mergulhadores estavam compartilhando o ar na subida e, súbito, desapareceram em algum ponto entre o naufrágio e a superfície.

Um tubarão galha-branca-oceânico.

Na mesma hora, o imediato vestiu a máscara, nadadeiras e equipamento de mergulho, pulou direto da proa do barco e caiu como uma pedra no naufrágio. Ele circulou a estrutura duas vezes, antes de ter um vislumbre dos dois mergulhadores nas profundezas, além da popa do navio e bem abaixo do cabo de ancoragem. Ambos estavam inertes, não respiravam. O segundo estágio de Juan ainda estava firme em sua boca, mas a de Nate encontrava-se vazia e ele claramente havia inalado água salgada. O imediato sabia que seria incapaz de rebocar os dois mergulhadores, contra a forte corrente, de volta ao cabo de ancoragem. Deixando Nate, ele arrastou Juan na direção do naufrágio, subindo rumo ao cabo de ancoragem. Chegando à superfície, inflou o BCD de Juan e o passou para os mergulhadores no barco. Verificando seus manômetros, decidiu fazer uma descida livre para tentar resgatar Nate.

Emergindo por sobrevivência

Numa emergência de ausência de ar, a principal preocupação é obter o ar para respirar e, então, chegar à superfície. Em águas muito rasas, pode-se atingir melhor esse objetivo emergindo de forma direta e controlada. No entanto, na maioria dos casos, a melhor alternativa do mergulhador é compartilhar o ar, usando o segundo estágio de um companheiro ou sua própria fonte reserva de gás. Com muita frequência, partilhar o ar transforma um possível acidente em uma fatalidade dupla, pois os mergulhadores adiam a subida. Na melhor das circunstâncias, o suprimento de gás do doador é consumido duas vezes mais rápido do que o normal. A velocidade de consumo intensifica-se ainda mais, pois o mergulhador sem ar está completamente sem fôlego ao começar a sugar grandes quantidades de gás do cilindro de seu parceiro. Além disso, ambos encontram-se em um estado de alta ansiedade, esforçando-se muito para nadar, enquanto conectam-se através de uma mangueira curta. Assim, muitos mergulhadores superestimam a quantidade de tempo que possuem para chegar à superfície. A melhor estratégia para sobreviver a esse tipo de acidente, em primeiro lugar, é nunca ficar sem ar. Porém, se tiver que compartilhar o ar, deve seguir imediatamente para a superfície. Se emergir corrente abaixo, em relação ao barco, use seus dispositivos de sinalização e espere que a embarcação venha resgatá-lo.

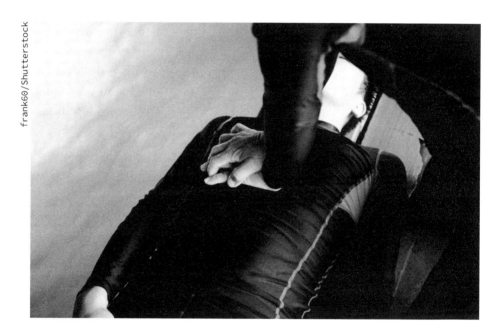

Tentando ressuscitar um mergulhador lesionado.

Os mergulhadores puxaram Juan a bordo e iniciaram a RCP, e o capitão notificou a estação mais próxima da Guarda Costeira. Enquanto isso, o imediato alcançou o corpo de Nate; a corrente continuava a distanciá-lo do naufrágio. Conseguiu puxá-lo de volta ao naufrágio, antes de perceber que ele próprio estava ficando com o ar perigosamente baixo. Notando que Nate estivera no fundo, sem respirar, por mais de 10 minutos, ele decidiu inflar o BCD do mergulhador e enviá-lo para a superfície, e então, ganhou impulso ao longo do naufrágio, chegou ao cabo de ancoragem e subiu em um ritmo lento e seguro. O corpo de Nate chegou à tona logo atrás do barco fretado. Um dos mergulhadores, rebocando um cabo do barco, nadou e apanhou-o antes que se afastasse demais. O mergulhador e o corpo de Nate foram içados a bordo com o cabo de reboque. Ao mesmo tempo, a Guarda Costeira determinou que uma retirada no mar provavelmente não seria bem-sucedida, e instruiu o capitão a continuar com a RCP, dirigindo-se o mais rápido possível para a estação da Guarda Costeira, onde uma ambulância os encontraria. Nem Nate nem Juan iriam sobreviver.

A maioria dos mergulhos fatais tem início muito antes do mergulhador entrar na água, com uma péssima decisão, um planejamento fraco ou alguma outra falta de preparação. Também é raro que uma única decisão ou um contratempo levem a um acidente grave. Em geral, ocorre um efeito em cascata. Nesse caso, dois mergulhadores diferentes, um deles um profissional certificado, porém inexperiente, tomaram uma série de decisões desfavoráveis.

Nate mergulhou com o ego ferido, o que o convenceu a prolongar seu mergulho além do que suas capacidades lhe permitiam. Mergulhadores iniciantes naturalmente não têm as habilidades aquáticas e o nível de conforto necessários para dominarem a preservação do ar. Cada mergulhador que provocou Nate também vivenciara uma utilização rápida de gás quando era novato, mas é claro que nenhum deles disse isso a ele. Nate estava determinado a lhes mostrar, a todo custo, que podia se sair melhor. Ele fora bem treinado na regra do terço, processo no qual o mergulhador usa um terço de seu suprimento de gás para descer e se afastar do cabo de ancoragem, um terço para voltar ao cabo, deixando assim um terço tanto para a subida, quanto para qualquer possível atraso. As instruções do capitão do barco reforçaram essa orientação, quando advertiu os mergulhadores a planejarem o início de suas emersões com cerca de 1000 psi de sobra em seus cilindros. Apesar de seu treinamento e do reforço, Nate optou por forçar os limites. Ou ele falhou no monitoramento de seu suprimento de gás, ou escolheu ignorar a regra, esperando até utilizar muito mais do que um terço de seu gás para iniciar o retorno ao cabo de ancoragem, apesar do nado envolver a luta contra uma forte corrente. Essa péssima decisão se agravou quando Nate e seu companheiro se permitiram distrair tanto pela vida marinha, retardando a volta para o cabo de ancoragem. É interessante notar que o tubarão que observavam estava nadando por quase toda a extensão do naufrágio e é provável que fosse avistado tão bem do cabo de ancoragem quanto de onde Nate e seu parceiro escolheram parar. A falha seguinte de Nate foi perder seu companheiro de vista. Obviamente, seu parceiro tem parte da culpa nisso. Quando sinalizou para Nate que precisavam continuar, ele devia ter se assegurado de que ele havia entendido e estava, de fato, seguindo-o. Nate também devia ter continuado a monitorar periodicamente a posição de seu parceiro. Essa série de deliberações colocou Nate em grandes apuros: sem ar, a 30 metros de profundidade e sem parceiro. É possível que tudo terminasse para Nate bem ali, se Juan, por acaso, não notasse seus movimentos errantes e percebesse que algo estava errado.

Possivelmente por conta de sua inexperiência, Juan também tomou uma série de resoluções erradas, com trágicas consequências. Ele tinha uma experiência de mergulhos profundos bem limitada — só realizara os três ou quatro mergulhos profundos exigidos na aquisição das certificações necessárias para se tornar um *dive master*, e apenas dois deles foram a 30 metros, ambos em águas tropicais calmas e claras. A experiência de Juan em mergulhos no oceano era limitada e num ambiente bem diferente de onde mergulhava naquele dia. Antes de liderar uma viagem, Juan deveria ter ido até o local, sozinho ou com um companheiro de mergulho, mergulhado algumas vezes, com um barco fretado, e ampliado sua experiência, sem a responsabilidade por outros mergulhadores. Em vez disso, deixou que o pressionassem a levar uma equipe a um local de mergulho que ele desconhecia, onde reconhecia poder haver algumas condições difíceis. Como alternativa, Juan poderia ter levado seu grupo até a área e contratado outro *dive master* para liderar a equipe, enquanto ele se tornava apenas mais um dos mergulhadores.

Juan também tinha um problema de ego. O capitão do barco tinha mais de trinta anos de experiência de mergulho naqueles naufrágios e mais de quinze anos no comando de barcos até as embarcações naufragadas. Ele era, portanto, um especialista nas condições de mergulho locais. Apesar de não estar mais lecionando, o capitão também tinha sido instrutor de mergulho, e seu imediato era um *dive master* certificado com vasta vivência local. Baseado em comentários de Juan a outros mergulhadores do grupo, pode-se dizer que ele desprezou o valor da experiência e acreditou que sua certificação lhe dava igual competência. Juan aparentemente também achava que instruções de mergulho deviam ser sempre positivas e animadoras, a ponto de ignorarem possíveis perigos. O capitão e seu imediato contrariaram a crença de Juan quando alertaram sobre cenários de ausência de ar nos mergulhos profundos e a respeito de procedimentos para evitar serem apanhados pela corrente e até seguirem adiante quando arrastados por ela. Então, estando em um contexto desfavorável e falhando na hora de seguir as orientações dos especialistas locais, Juan estava prestes a mergulhar de cabeça numa catástrofe.

Juan reconhecia que a corrente era um problema e entendia a necessidade de chegar ao cabo de ancoragem, a fim de emergir próximo ao barco. No entanto, ele não percebeu, nessa emergência, que a necessidade de uma emersão imediata superava a necessidade de seguir o cabo de ancoragem. Ele também não se equipou com dispositivos de sinalização visual ou auditiva (além do apito ineficaz que acompanhava seu BCD), exigidos de todos os supervisores de mergulho nesse tipo de ambiente, veementemente recomendados pela operadora do barco a todos os mergulhadores. Nunca vamos saber se essa falta de equipamento pesou na decisão de Juan em não emergir direto. No entanto, ele deve ter considerado a possibilidade de ficar à deriva, sozinho, no Atlântico, corrente abaixo do barco de mergulho, sem nenhum dispositivo eficaz para sinalizar com êxito ao pedir ajuda. Confrontado com um mergulhador sem gás, quase em pânico, Juan reconheceu que estava com um nível de ar muito baixo e teve que tomar uma decisão. Ele só fez a escolha errada. Foi capaz de arrastar Nate, que estava num estado de alta ansiedade e, portanto, apresentava uma respiração acelerada, acima de sua velocidade de consumo, já bem alta, a mais de 30 metros ao longo do naufrágio, e de fazer contato com o cabo de ancoragem. Com base nas observações dos outros mergulhadores do grupo, eles aparentemente fizeram um bom progresso na direção da superfície. Quando Juan também ficou sem ar, não ficou claro o que aconteceu. Em teoria, os mergulhadores deveriam ter conseguido subir, nadando da água mais rasa direto para a superfície ou mesmo seguindo pelo cabo até alcançarem os outros mergulhadores, os quais tinham o ar necessário e completavam suas paradas de segurança. No entanto, eles não adotaram nenhuma dessas opções; parece que o pânico dominou Nate e Juan. Não conseguiram se apoiar no cabo de ancoragem e flutuaram à deriva, até o naufrágio, enquanto se afogavam. A distância total que cobriram, do começo ao fim dessa crise, foi maior do que a profundidade, comprovando que poderiam ter realizado, inicialmente, uma subida direta, emergido atrás do barco, sinalizado — com esperanças de que o apito de Juan fosse adequado — e esperado pelo resgate, mesmo que a corrente fosse forte demais para nadarem até o barco. Juan também esqueceu uma das regras principais da supervisão de mergulhos: duas fatalidades jamais valem mais do que uma.

Planejamento de mergulho

O primeiro passo de um plano de mergulho é programar a duração do seu mergulho. Por exemplo, digamos que um mergulhador avançado queira nadar em torno da circunferência de um navio naufragado de 115 metros, a 30 metros de profundidade. Se sua velocidade média de nado for de 6,5 metros por minuto, então ele levará 18 minutos para realizar seu mergulho. Agora, o mergulhador concluiu o primeiro passo de seu plano de mergulho.

Suas tabelas de não descompressão revelam que ele deve ser capaz de nadar por 20 minutos, a 30 metros. Portanto, o planejamento está dentro dos limites da tabela, apresentando uma margem de erro de 2 minutos. O mergulhador, nesse instante, completou a segunda parte de seu plano de mergulho.

Se ele também foi treinado para calcular seu consumo de gás, então poderá determinar o tamanho do cilindro que lhe permitirá mergulhar com uma reserva segura de ar, no caso de atrasos e emergências; portanto, ele deve ter um plano de mergulho completo.

Para calcular seu consumo de gás, escolha uma profundidade reta, relativamente rasa, localizada em uma profundeza contínua. Registre com cuidado a quantidade de gás no seu cilindro, enquanto ajoelha-se no fundo, e então nade em linha reta, ou num padrão circular, por 10 minutos, em um ritmo moderado. Depois, anote a pressão final do seu cilindro. Após o mergulho, subtraia a pressão final da inicial, para determinar a pressão utilizada. Por exemplo: 3000 psi (início) – 2000 psi (final) = 1000 psi. Para mergulhadores métricos: 200 bar (início) – 144 bar (final) = 66 bar.

Agora, converta a profundidade do seu mergulho de pés ou metros, para uma pressão de superfície em atmosferas absolutas (ATA), apanhando a profundidade em pés, dividindo-a por 33 e acrescentando uma atmosfera à pressão da superfície. Por exemplo, se o seu mergulho foi a 33 pés: 33/33 + 1 = = 2 ATA. Para o sistema métrico, pegue a profundidade em metros, divida por 10 e acrescente uma atmosfera à pressão da superfície. Para um mergulho a 10 metros: 10/10 + 1 = 2 ATA. Para os nossos propósitos, 1 ATA equivale aproximadamente a um bar de pressão.

Como todo mergulhador deveria saber, a 2 ATA cada respiração contém duas vezes mais ar do que na superfície, por conta dos efeitos da Lei de Boyle — a qual afirma que o volume de um gás, em temperatura constante, varia inversamente à pressão exercida sobre ele. Então, se você utilizou 1000 psi ou 66 bar, a 33 pés, divida esses números por duas atmosferas, determinando assim quanto ar teria usado na superfície: 1000/2 = 500 psi, ou 66/2 = = 33 bar. Esse cálculo resulta na quantidade total de gás empregado, mas você ainda precisa saber o quanto utilizou por minuto. Para obter esse valor, simplesmente divida os resultados acima por 10 minutos, o tempo que levou para nadar: 500/10 = 50 psi por minuto, ou 33/10 = 3,3 bar por minuto. Agora você sabe a quantidade de gás (medida em psi) que consumiu para cada minuto em que, na superfície, utilizou o equipamento de mergulho. Essa grandeza é conhecida como "taxa de consumo na superfície" (SCR).

Essa informação é essencial para planejar seu consumo de gás em um mergulho, desde que você use cilindros do mesmo tamanho. Por exemplo, se você quiser completar um mergulho a 99 pés, ou 30 metros, apenas converta a profundidade para pressões em atmosferas e multiplique o resultado pela SCR, para calcular quanto gás precisará para cada minuto nas profundezas: 99 (pés)/33 + 1 = 4 ATA, ou 30 (metros)/10 + 1 = 4 ATA. Então, multiplique esse valor pela SCR: 50 psi x 4 = 200 psi por minuto; no sistema métrico, 3,3 bar x 4 = 13,2 bar por minuto. Portanto, observando-se a informação acessível, você pode descobrir a pressão de gás disponível em um cilindro e, dessa forma, estabelecer quanto tempo pode durar um mergulho seguro. Nesse caso, usando um cilindro de 3000 psi, você sabe que pode empregar com segurança dois terços, ou 2000 psi, do seu cilindro, para manter 1000 psi de reserva (2000 psi/200 = 10 minutos). Assim, você pode mergulhar por aproximadamente 10 minutos nessa profundidade, com um cilindro desse porte. A conversão métrica atua da mesma maneira. Usando um cilindro de 200 bar, você teria aproximadamente 133 bar de gás para uso em segurança: 200/3 = 66,6 x 2 = 133 bar; 133 bar/13,2 = 10, então você teria cerca de 10 minutos de suprimento de gás útil.

Felizmente, hoje em dia, encontra-se disponível uma ampla diversidade de dimensões de cilindros. Portanto, você não está mais restrito ao tradicional *alumínio-80* (um cilindro de alumínio com capacidade de aproximadamente 80 pés cúbicos de gás). No entanto, quando você modifica o tamanho do cilindro, os cálculos acima tornam-se insuficientes para o planejamento do mergulho. Como as proporções de pressão e volume variam muito, a única forma adequada de planejar um mergulho com cilindros de tamanhos variáveis é converter o seu SCR de pressão para volume. Ao calcularmos o volume de gás usado por minuto, a taxa de consumo passa a ser conhecida como "volume-minuto respiratório" (RMV).

Para mergulhadores que usam cilindros do sistema imperial (nos Estados Unidos), o primeiro passo para calcular o RMV a partir do SCR é obter um fator de conversão igual ao número de pés cúbicos em cada psi de gás consumido. Lembre-se que, no exemplo acima, você empregou um *alumínio-80* padrão, que contém aproximadamente 80 pés cúbicos de gás quando pressurizado a 3000 psi. Vamos calcular nosso fator de conversão usando volumes e pressões dos cilindros, ignorando quaisquer variações na pressão de abastecimento. Primeiro, divida o número de pés cúbicos pelo psi (80/3000 = 0,027). Isso revela que, cada vez que o manômetro em um *alumínio-80* cai 1 psi, 0,027 pé cúbico de gás abandona o cilindro. Esse valor é o seu fator de conversão. Se você está usando 50 psi por minuto, multiplique-o pelo fator de conversão, para obter o RMV (0,027 x 50 = 1,35 pé cúbico por minuto). Agora, você tem a informação mais adequada, podendo escolher o tamanho certo de cilindro para seu mergulho. Por exemplo, no mergulho acima, a 99 pés, se você quisesse permanecer submerso por 15 minutos, poderia determinar exatamente o tamanho do cilindro de que precisaria. Primeiro, calcule o RMV em profundidade (i.e., 1,35 x 4 ATA = = 5,4 pés cúbicos por minuto). Então, 15 minutos x 5,4 ATA = 81, significando que você precisaria de 81 pés cúbicos de gás. No entanto, você só pode usar dois terços do seu suprimento de gás, mantendo um terço de reserva para emersão e emergências. Então, para obter o volume total necessário, você pode multiplicar 81 x 1,5 ≅ 122 pés cúbicos. Há cilindros tanto de 100, quanto de 120 pés cúbicos; assim, você pode selecionar o cilindro certo para seu plano de mergulho, em vez de limitar seu plano ao disponível.

Para mergulhadores que utilizam cilindros métricos, o processo é ainda mais simples. Cilindros métricos não baseiam a capacidade de abastecimento na taxa de pressão. Ao contrário, eles usam o que se conhece como volume de água, igual à quantidade de ar que o cilindro contém quando exposto à pressão ambiente, no nível do mar. Esses cilindros também possuem uma taxa de pressão máxima, a qual indica o limite seguro à pressão interna em bar. Para cada bar que o cilindro é pressurizado, aumenta proporcionalmente o volume de ar nele. Portanto, um cilindro de 10 litros cheio, apresentando até 200 bar, conteria 2000 litros de ar (10 x 200 = 2000). Com esse cilindro, no exemplo acima, você encontraria o RMV multiplicando 10 litros x 3,3 = 33 litros por minuto. Leve seu RMV às profundezas, multiplicando-o pelas atmosferas absolutas de pressão na profundidade planejada: 4 ATA x 33 = 132 litros por minuto. Para um mergulho de 15 minutos, você multiplicaria por 15, obtendo 1 980 litros; então, multiplique por 1,5 para obter o fator de reserva; você vai precisar de um cilindro que contenha 2 970 litros, quando estiver cheio. Se utilizava um cilindro de 200 bar, agora vai precisar de um de 14,8 litros (2 970/200 = 14,8). Mais uma vez, cilindros de 15 litros são facilmente encontrados.

Até certo ponto, os mergulhadores atualmente são vítimas de uma mentalidade de gratificação imediata. Essa maneira de pensar levou ou, diriam alguns, forçou as agências de certificação a tornar os cursos de certificação mais curtos e fáceis, em detrimento das competências aquáticas, do conteúdo acadêmico ou de ambos. O planejamento detalhado do mergulho é uma das vítimas desse desdobramento. É irônico que, atualmente, a disponibilidade e a variedade de equipamentos permitam que os mergulhadores planejem mais opções seguras de mergulho. A maioria dos mergulhadores aprende a pular dentro da água, nadar por ali até ficar com pouco ar e, então, emergir. Em contrapartida, mergulhadores avançados, de mais ou menos uma década atrás, aprendiam a planejar previamente seu consumo de gás e, depois, com esses cálculos, escolher locais de mergulho e objetivos consistentes. Mergulhadores técnicos ainda agem dessa forma. Se Nate e Juan tivessem elaborado um plano de mergulho minucioso e seguido as restrições desse planejamento, nunca teriam enfrentado a situação que provocou sua morte.

Estratégias de sobrevivência

- ✓ **Seja supervisionado quando der o próximo passo.** As certificações existem para que você mergulhe dentro da sua zona de experiência. Se você está expandindo as suas vivências, é uma boa ideia fazê-lo sob a orientação de um profissional de mergulho certificado e experiente.
- ✓ **Ganhe experiência antes de supervisionar outros.** A certificação de nível profissional não concede poderes mágicos, nem substitui a necessidade de ter a mesma experiência que se exige dos outros mergulhadores. Antes de supervisionar mergulhadores em um ambiente novo ou desafiador, obtenha a experiência adequada.
- ✓ **Você precisa de ar ou algum outro gás para viver.** As regras de gerenciamento de gás são invioláveis e devem ser rigidamente seguidas. Afinal, depois que você se afogar, nenhuma das outras regras importará.
- ✓ **Respeite os que detêm experiência e conhecimento local.** Mergulhadores a bordo de uma embarcação fretada em geral acham que estão pagando por uma viagem de barco. Na realidade, o pagamento também inclui orientações especializadas. O capitão e sua tripulação são especialistas e você está remunerando seus serviços. É estúpido e potencialmente perigoso ignorar seus conselhos.
- ✓ **Equipe-se de modo adequado.** A falta do equipamento correto frequentemente leva a escolhas desfavoráveis. Verifique e utilize o equipamento necessário para seus mergulhos. Assim, em uma emergência, você contará com o benefício de todas as opções disponíveis.

- **Desinfle o ego.** Ao lado do pânico, o ego é provavelmente a doença mais letal dos mergulhadores. É melhor deixar o seu no bagageiro do carro, antes de entrar no barco de mergulho.
- **Respeite os outros profissionais, principalmente aqueles que possuem conhecimento local.** Mesmo que você discorde, lembre-se de que os conselhos locais baseiam-se em experiências que você pode não deter. Quando estiver em dúvida, o conselho mais conservador sempre ganha. Como diz um velho ditado, "há mergulhadores velhos e há mergulhadores ousados, mas há muito poucos mergulhadores velhos e ousados".

O mergulho "confie em mim"

"Confie em mim." As palavras não paravam de soar nos ouvidos de Eugene. O regulador está trabalhando com esforço agora ou ele está só imaginando? O manômetro do segundo cilindro mostra 500 psi. A linha-guia deveria prosseguir; suas setas indicam que a superfície está bem ao alcance. A luz do dia está logo adiante, se ao menos conseguisse encontrar a linha certa. Ele luta para avançar, batendo com força na parede da caverna, enquanto se concentra intensamente em seu SPG.

Eugene era um mergulhador relativamente experiente, de 30 e poucos anos, apresentando excelente saúde. Começara a mergulhar havia poucos anos; desde então, o morador da Flórida completara vários cursos e tinha acumulado várias certificações. Sempre que seu cronograma apertado de trabalho lhe permitia, ele fazia questão de se juntar a grupos de viagens de mergulho. Logo descobriu os encantos do sistema de cavernas subaquáticas de seu estado. A conveniência dessas cavernas locais tornou reais, para o ávido mergulhador, as viagens frequentes de um dia. Infelizmente, a duração dos cursos de treinamento e a quantidade de equipamentos necessários o impediram de buscar uma certificação de mergulhador de cavernas. Ele conseguiu, no entanto, fazer o curso recreativo, o qual confere o alicerce para um futuro treinamento em caverna, que lhe permitiria obter o certificado de mergulhador de grutas.

Pouco tempo depois do treinamento, Eugene incluiu em suas excursões mergulhos frequentes em cavernas. Foi em uma dessas viagens de fim de semana que seu parceiro de mergulho o apresentou a Larry, instrutor recreativo e mergulhador de cavernas certificado. Larry convidou Eugene a acompanhá-lo em alguns mergulhos mais duradouros em cavernas. Larry sabia que Eugene não fora treinado adequadamente e não tinha o equipamento certo para mergulhos mais avançados. No entanto, Eugene acreditava que podia confiar em Larry para cuidar dele nos mergulhos. No léxico dos mergulhadores avançados, um mergulho "confie em mim" significa que um dos mergulhadores, o que "confia", não tem treinamento, competência ou equipamento adequado para o mergulho. Esse mergulhador é encorajado a dispensar o treinamento e a experiência necessários e a crer naquele em quem "confia". Foi em um mergulho como esse que Eugene entrou em apuros.

Mergulho em cavernas

O mergulho em cavernas é uma disciplina especializada. Além de todos os riscos normais do mergulho em águas calmas e abertas, o mergulhador de caverna enfrenta inúmeros perigos singulares e possivelmente mortais. Treinam-se mergulhadores recreativos com uma mentalidade de superfície à superfície. Ou seja, sempre que um mergulhador encontra um problema sério, ele é orientado a subir para a superfície, onde se depara com um suprimento ilimitado de gás para respirar, e a lidar com ele. Em ambientes confinados, como cavernas, o mergulhador primeiro tem que nadar distâncias lineares, as quais variam de poucos metros a dezenas de metros, antes de chegar à água aberta e ter, assim, condições de emergir. Mergulhadores em cavernas também encontram vários perigos que podem dificultar ainda mais o acesso à superfície. Eles nadam através de passagens estreitas e restritas, quase sempre repletas de sedimentos. Uma única batida de pés ou a posição da mão pode transformar a água clara em lama marrom aparentemente impenetrável, em questão de segundos, roubando a visão do mergulhador. Conforme os mergulhadores nadam mais para o interior de uma caverna, aparecem passagens que não vão a lugar nenhum, outras mudam ou se fecham, e a erosão pode produzir estruturas instáveis. O resultado é, muitas vezes, um labirinto complexo de passagens. Portanto, o mergulhador, ao entrar em um sistema de cavernas e nadar para baixo, por um túnel, pode ficar surpreso ao se virar e encontrar três aberturas atrás de si. Infelizmente, na maioria dos casos, só uma levará à superfície.

Mergulhadores também precisam se preparar para várias possibilidades: seus sistemas de fornecimento de ar podem falhar; anéis de vedação, lacres de alta pressão ou mangueiras podem apresentar vazamentos; ou o próprio planejamento fraco ou o mau gerenciamento do suprimento de gás é capaz de deixá-los sem ar. Os mergulhadores preparam-se para essas e outras eventualidades ao carregar um equipamento reserva. O mergulhador de cavernas transporta dois cilindros, conectados por um *manifold*, e cada válvula de cilindro tem seu próprio sistema de fornecimento de gás, no caso de um sistema falhar. O *manifold* é composto de válvulas que conectam dois cilindros e dois reguladores ao sistema, de forma que cada regulador ou cilindro possa ser vedado, para economizar ar, se ocorrer um erro em qualquer parte do sistema. O mergulhador carrega três luzes, para que um defeito não o lance na escuridão total, comum nas cavernas subterrâneas.

Futuros mergulhadores de cavernas passam por um processo de treinamento especializado, no qual aprendem a modificar técnicas de *open water*, como nadar com suas nadadeiras em posições aparentemente desajeitadas, para minimizar a perturbação dos sedimentos ao redor e controle de flutuação preciso (ver páginas 67-71). O equipamento torna-se cada vez mais complexo, conforme o mergulhador faz a transição de cilindro único, utilizado pelo mergulhador recreativo, para o sistema de cilindros duplos usado em cavernas, bem mais complexo. Para muitos mergulhadores, esse processo é tão complicado quanto aprender a mergulhar de novo. Assim, o treinamento precisa ser dividido em três fases, cada uma expandindo gradualmente a complexidade das configurações do equipamento e o nível de competência do mergulhador.

A primeira fase é a do Mergulho em Grutas. Esse curso dá aos mergulhadores uma pequena amostra da experiência em cavernas, restringindo-os à área da furna onde a luz do sol ainda é claramente visível. Como estão limitados a distâncias razoavelmente próximas da água aberta, os mergulhadores podem usar seu equipamento recreativo padrão, com apenas algumas modificações e acréscimos. É apenas no nível seguinte que o mergulhador tem acesso a suprimentos maiores de gás e a sistemas reservas de fornecimento de ar.

No nível seguinte, Introdução ao Mergulho em Cavernas, o mergulhador começa realmente a entranhar-se em cavernas, movendo-se dezenas de metros para longe da água aberta e usando equipamentos mais complexos, como cilindros únicos maiores e reguladores reservas. Quando o mergulhador já dominou essas competências e adquiriu alguma experiência com seu novo equipamento, ele pode entrar no curso de Mergulhador de Cavernas, frequentemente chamado, na indústria, de "Caverna Completo". Nesse curso, ele aprende cada detalhe da complexa navegação em cavernas, como lidar com emergências quando a superfície está a centenas de metros de distância, e as competências aquáticas avançadas necessárias para nadar em ambientes restritos, carregando bem mais de 50 quilos de equipamento. Em todos esses cursos, os mergulhadores aprendem a premissa básica, usar uma linha-guia contínua que os levará de volta à água aberta.

Identificar as áreas seguras de uma caverna é mais complicado do que parece.

Mergulhadores de caverna comparando o uso de gás.

Larry e um mergulhador de cavernas certificado planejaram fazer uma incursão em caverna bem difícil, na Flórida, em um local de água doce muito popular. O mergulho seria relativamente profundo, a mais de 45 metros, com uma penetração de mais de 300 metros. Reconhecendo que o cilindro único de 120 pés cúbicos de Eugene não forneceria gás adequado para o mergulho, os dois mergulhadores mais experientes teceram um plano. Os três mergulhadores carregariam um cilindro adicional, que poderia ser montado — processo que envolve passar um cilindro debaixo do braço e prendê-lo ao equipamento do mergulhador. Então, esse cilindro é carregado ao longo do mergulho ou deixado em um local seguro, para ser resgatado quando os mergulhadores retornarem. Além desse equipamento, cada um dos mergulhadores em caverna também usaria cilindros duplos presos às costas, deixando o mergulhador menos experiente e sem certificação com o menor suprimento de gás. Com a definição desse plano de mergulho, o trio então se preparou.

Era uma manhã relativamente fria. Os mergulhadores vestiram-se e trilharam o terreno arborizado, até a bacia da nascente que marcava a entrada da caverna. Os mergulhadores entraram na bacia e concluíram as verificações de segurança do equipamento, antes de amarrarem a linha e partirem rumo ao ambiente confinado. Eles prenderam suas linhas e carretilhas à linha-guia permanente, a qual marcava a caverna. A uma distância curta, no interior da caverna, os mergulhadores chegaram a um espaço restrito, ou seja, uma área estreita demais para permitir que os mergulhadores atravessassem nadando lado a lado. Nesse caso, a restrição exigia que o grupo praticamente se arrastasse com seus cilindros e corpos espremidos entre duas camadas de pedra. Comprimindo-se para deslocarem-se, os mergulhadores nadaram até pouco mais adiante, onde encontraram uma passagem lateral proeminente, aparentemente não sinalizada por uma linha-guia permanente. Logo antes de atingirem essa passagem, Eugene e o terceiro mergulhador decidiram largar seus cilindros montados para nadar com maior facilidade através da passagem estreita. Larry continuou transportando o seu. Os mergulhadores continuaram a entrar no sistema de cavernas, até chegarem ao elemento geológico proeminente que marcava seu destino. Eles pararam por um curto período, antes de iniciarem o retorno, com Eugene na dianteira.

Pouco depois de os mergulhadores saírem, Eugene virou-se e sinalizou desesperadamente que estava sem ar. Larry estava atrás de todos; porém, reconhecendo que era o mais experiente, pulou por cima do segundo mergulhador e ofereceu a Eugene seu segundo estágio alternativo. Com a emergência imediata resolvida, Larry entregou seu cilindro montado a Eugene, para que ele pudesse partir e os dois mergulhadores não tivessem que nadar através das passagens estreitas, compartilhando do mesmo conjunto de cilindros.

Mergulhadores de caverna compartilhando gás numa saída às cegas, "sem luz".

O esgotamento do cilindro principal de Eugene violava várias regras, além do fraco planejamento de equipamentos. Como os outros mergulhadores, os de cavernas devem usar a regra do terço. No mergulho em cavernas, isso significa que um mergulhador deve usar apenas um terço de seu suprimento de gás enquanto nada para dentro de um sistema de cavernas, guardar um terço para deixar o sistema e preservar o terço restante para emergências ou atrasos que possam ocorrer durante a saída. Quando os mergulhadores utilizam dois cilindros simples independentes, eles devem mudar de um cilindro para outro com algumas centenas de psi de intervalo, para que cada um dos cilindros jamais fique com menos de dois terços de capacidade durante a penetração, ou um terço ao longo da saída. Esse procedimento sempre garante que o mergulhador tenha um suprimento reserva de gás, caso uma falha no equipamento torne o gás de qualquer um dos cilindros inacessível. No momento em que Eugene descartou seu cilindro extra, ele perdeu sua autonomia, tornando-se dependente de seus companheiros. Eugene complicou ainda mais a situação ao não administrar o gás no cilindro simples que ainda usava. Quando, finalmente, recebeu o cilindro extra de Larry, ele já havia consumido todo o gás de seu cilindro principal — mais de 60% de seu suprimento de gás disponível — e não tinha provisão extra de ar para a possibilidade de uma falha. Mas os problemas de Eugene estavam só começando.

Enquanto os mergulhadores continuavam a sair, a visibilidade tornou-se péssima. Eugene, que era inexperiente e não conhecia bem o sistema, guiava a equipe para fora. Infelizmente, por falta de treinamento ou por um simples erro, ele não dispôs de tempo para examinar as passagens atrás de si, enquanto entrava no sistema. Essa falha comum quase sempre tem resultados mortais. Nesse caso, havia dois caminhos para o interior do sistema: o que os mergulhadores tinham escolhido e a passagem lateral saliente, aparentemente não assinalada quando entraram. Na verdade, essa passagem era marcada com uma linha permanente de navegação, a qual apresentava uma interrupção planejada. Lacunas de curta distância são muito comuns nas linhas-guia permanentes, usadas em sistemas de cavernas populares. Elas são dispostas em áreas onde a configuração da caverna ou os padrões do tráfego de mergulhadores tornam inconveniente traçar uma rota contínua com a linha-guia permanente. Aqui a linha se estendia ininterruptamente, através da passagem principal, e havia uma lacuna com cerca de 2,5 metros entre a linha principal e a da passagem lateral. A intenção era evitar que os mergulhadores, ao saírem da passagem principal com visibilidade precária, escolhessem acidentalmente a rota alternativa; infelizmente, foi o que Eugene acabou fazendo.

Depois de passar seu cilindro extra para Eugene, Larry virou-se para verificar as condições do outro mergulhador da equipe, assegurando-se de que ele compreendera a necessidade de uma rápida saída. Nesse momento, eles perderam Eugene de vista. Realizando uma breve busca, Larry e o outro mergulhador presumiram que Eugene continuaria a nadar na direção da saída, já que estava com pouco gás. Então, continuaram a seguir para o exterior, esperando alcançá-lo.

Eugene estava confuso. A passagem não lhe parecia familiar. A visibilidade achava-se ainda mais restrita, levando-o a crer que essa era a razão de sua desorientação. Eugene estava ansioso. O ritmo de sua respiração acelerou. Nadar com um cilindro montado era desconfortável e bem diferente, modificava sua flutuação e transformava cada movimento adiante num esforço maior, aumentando seu nível de exaustão e sua utilização do gás. Seu manômetro entrava perigosamente no vermelho, intensificando sua ansiedade. A linha *tinha* que estar ali, pensou; lembrava-se claramente dela. No entanto, ela terminava inexplicavelmente bem no meio da passagem.

Transpondo a lacuna

Mergulhadores em caverna experientes sabem que uma caverna vai parecer, quase sempre, bem diferente quando eles vêm da direção oposta. Por isso, eles levam algum tempo para se familiarizarem com essa perspectiva, para poderem reconhecer o caminho correto, caso percam a linha.

Quando uma equipe de mergulho encontra uma lacuna numa linha-guia e deseja utilizá-la, ela emprega um *gap reel*, que apresenta uma linha relativamente curta, para conectar as duas seções permanentes da linha-guia. Essa técnica demonstra uma das principais regras do mergulho em cavernas: mantenha sempre uma linha-guia contínua até a superfície. Nos espaços onde as lacunas são curtas e a visibilidade é excelente, mergulhadores habituados ao risco podem escolher uma técnica não indicada, a de deixar uma lacuna visual. Esse método funciona quando cada ponta das duas linhas-guia permanentes é claramente visível, os mergulhadores não têm nenhuma falha de iluminação e onde não há nenhum sedimento na passagem. Obviamente, esse procedimento é repleto de possibilidades de falha.

Enquanto isso, os dois mergulhadores já haviam passado do ponto onde deixaram os outros cilindros. Larry estava mais preocupado; Eugene não apanhara seu cilindro, como Larry presumiu que ele faria. Eles moveram-se mais rápido e, conforme se aproximavam da água aberta, ainda não viam sinal algum de Eugene. Dispensando a descompressão, Larry nadou bem depressa rumo à bacia da nascente, procurando por qualquer vestígio de que Eugene já saíra da água. Ele ficou muito apreensivo quando não encontrou nenhum sinal do mergulhador desaparecido. Seu próprio cilindro estava perigosamente baixo, mas ele optou por voltar para o interior do sistema de cavernas, na esperança de resgatar Eugene.

A ponta final da linha-guia na passagem lateral terminava perto da área onde Eugene ficou sem ar. Ele confundiu essa linha com a que eles haviam seguido para dentro da caverna e a seguiu de volta até a interrupção — agora uma lacuna visual, já que os mergulhadores não haviam usado essa rota e nenhuma linha fora inserida nesse ponto. Eugene estava desorientado, pois marcadores na linha indicavam claramente que a saída ficava na direção que ele estava seguindo. Ele tentou refletir, ao som do ar exalado correndo por seus ouvidos e amplificando sua ansiedade. Ele não compreendia o posicionamento das setas na linha, mas raciocinou que devia ter saído da linha-guia principal por acidente, então virou-se e nadou de volta para dentro da caverna, distanciando-se da saída. Ele estava mais calmo agora, enquanto procurava uma provável solução. De repente, o terror o dominou novamente, quando ele puxou seu regulador com força e recebeu apenas uma quantidade ínfima de ar. Desesperado, procurou a passagem à frente, em vão. Seus companheiros de mergulho não estavam em lugar nenhum. A ânsia de respirar era avassaladora, mas ele sabia que a saída devia estar próxima. Continuou indo em frente, até bater com força na parede da caverna.

Devido ao treinamento incompleto, Eugene nunca fora exposto a circuitos, lacunas nas linhas e outros sistemas complexos de linhas que o teriam ajudado a entender o propósito da linha que encontrou. Ele também não tinha capacitação suficiente para fazer uma busca sistemática pela outra parte da linha, apesar de provavelmente ter reconhecido que todos os indicadores apontavam que a linha deveria levá-lo à saída.

Larry nadou algumas dezenas de metros para dentro da caverna e, seguindo um impulso, logo localizou o corpo sem vida de Eugene, caído no fundo da passagem lateral, não muito longe da linha-guia permanente. Esse corredor impedira Eugene de ser localizado pelo companheiro de mergulho em quem confiou; quando ele o encontrou, era tarde demais. Esse desvio também o privou do ar adicional de seu cilindro extra. Percebendo que também estava com o gás muito baixo, Larry optou por prender o corpo de Eugene à linha e deixar que uma equipe de resgate, mais equipada para a tarefa, o resgatasse. Mais tarde, naquele dia, recuperaram o corpo de Eugene. Todo seu equipamento estava funcionando adequadamente, mas cada um de seus cilindros estava vazio. Eugene havia se afogado, vítima da confiança, do treinamento inadequado e da confusão.

Estratégias de sobrevivência

- ✓ **Não confie em ninguém além de você mesmo.** Outros mergulhadores, independentemente de seu nível de competência ou treinamento, não são muletas. Nunca realize um mergulho se você não tem competência para concluí-lo.
- ✓ **As regras de gerenciamento de gás** devem ser consideradas invioláveis em ambientes confinados. Elas foram desenvolvidas a partir de estatísticas de fatalidades; não se transforme numa das estatísticas que as reforçam. Essa norma orienta até mesmo mergulhadores de águas abertas. Planeje emergir com 1000 psi de reserva para a subida e as paradas de segurança.
- ✓ **Se escolher** mergulhar com um companheiro, permaneça ao lado dele. Mergulhadores que guiam uma equipe devem verificar visualmente, a cada poucas batidas de pé, se todos ainda estão logo atrás.
- ✓ **O mergulho seguro é uma atividade que depende muito de treinamento.** Como em qualquer esporte de aventura, atalhos — como não receber treinamento adequado — são frequentemente o caminho mais curto até o médico legista. Siga as regras ao pé da letra.
- ✓ **Nada, nem mesmo o treinamento adequado, substitui a experiência.** Depois que estiver qualificado para uma atividade avançada, como mergulho em cavernas, você deve obter uma vasta experiência no mundo real, antes de se arriscar em áreas especialmente perigosas, por exemplo, em cavernas muito profundas.

Arrogância assassina

Phillip olha para seus manômetros, verifica mais uma vez seu status na linha. Sorri para si mesmo. Ele conseguiu! Centenas de metros dentro da caverna, bateu seu recorde anterior de profundidade. Seus cálculos de tempo e gás foram exatos. Só o que precisa fazer, agora, é seguir a linha para fora. Phillip está exultante. Puxando um marcador de seu BCD, ele o pendura na linha, faz uma volta rápida com a nadadeira e inicia o que acredita ser uma nadada relaxante de volta às águas abertas e, então, à superfície. É mais ou menos na segunda curva que ele se alarma. É desconcertante, mas a visibilidade caiu para zero. Ele olha para a esquerda, onde a linha deveria estar, porém não consegue ver nada além de lama marrom. Ele para e retrocede alguns metros, esperando entrar em águas claras, mas só o que consegue avistar é o lodo opaco em torno de si. Ele estaca novamente e tenta checar seus manômetros, mas até eles são difíceis de visualizar. Há mais urgência em seus movimentos quando ele começa a cavar a argila à sua esquerda, procurando em vão pela linha que devia estar ali. Ele sabe que a linha é a sua única saída em segurança da caverna. O medo começa a dominá-lo — ele fica desesperado, esquadrinhando ferozmente os sedimentos, obscurecendo ainda mais a água, sugando mais rápido seu suprimento de ar. Enfim, seus dedos roçam em algo. Uma linha! Será que é a sua linha?

Phillip era um engenheiro que tinha muito orgulho de suas habilidades matemáticas e de sua forma analítica de ver o mundo. Era de sua natureza questionar tudo. Acreditava que regras eram para serem testadas, conceitos deveriam ser investigados, e ele gostava demais de praticar essas crenças. Phillip já era um profissional estabelecido, aproximando-se do seu quadragésimo aniversário, quando começou a mergulhar. Ele adorava o desafio físico que o esporte subaquático lhe oferecia e, é claro, amava a física e a matemática que integravam o planejamento de cada mergulho. Passou com facilidade pelo treinamento *Open Water* e Avançado, colecionando várias outras certificações pelo caminho. Mas logo ficou entediado com a monotonia do mergulho recreativo tradicional e procurou atividades mais desafiadoras. Sua busca o levou ao mergulho em cavernas.

No entanto, conforme Phillip tornava-se ativo na comunidade de cavernas, ele conheceu um grupo de mergulhadores lentos e metódicos; todos pareciam sofrer de um caso crônico de paranoia, em vez de embarcar no clima emocionante de "viver na beira do precipício". Cada mergulho em caverna era um exercício constante de monotonia. O equipamento era verificado; aí montado e averiguado novamente; então, verificado de novo assim que os mergulhadores entravam na água; e muitos mergulhadores continuavam a fazer averiguações durante todo o mergulho. Phillip achava que eles não confiavam em suas habilidades de planejamento de mergulho. Cada mergulhador projetava seu próprio perfil, verificando-o uma, duas e até três vezes, antes de cruzar os dados com o perfil de seu parceiro. Phillip, por outro lado, era confiante, talvez até demais. Sua habilidade para ler tabelas era perfeita e sua aptidão matemática inigualável — pelo menos era o que pensava.

Mas até mesmo Phillip a princípio era analítico, tirando um tempo para examinar cada faceta dos mergulhos que planejava e completava. Ele logo percebeu que seus mergulhos, em geral, eram limitados pelo consumo de gás de seu companheiro, não pelo seu próprio. Também notou que as regras de gerenciamento de gás eram extremamente conservadoras. Na verdade, ele terminava quase todos os mergulhos com bem mais da metade de seu suprimento de gás inicial. Depois de registrar dezenas de mergulhos em cavernas, Phillip tinha chegado ao limite. Ele começou a debater com mergulhadores de caverna experientes, instrutores e qualquer outra pessoa a respeito de modificações nas regras, as quais poderiam, segundo ele, aumentar com segurança a duração de seus mergulhos. A história sobre as ideias "novas" de Phillip espalhou-se rápido pela pequena comunidade de mergulhadores de caverna. O mais desconcertante era seu desejo de evitar usar uma das normas mais sagradas do mergulho em cavernas, a regra do terço.

A falta teórica da necessidade de compartilhar ar foi uma das justificativas que Phillip usou para desafiar essa regra. Ele articulava vários outros motivos para qualquer um que ouvisse. Ele acreditava, por exemplo, que como nadava contra a corrente ao pé da entrada, na maioria dos mergulhos em cavernas, e podia usar a corrente para ajudá-lo na saída, ele precisaria de menos ar para sair. Independentemente das justificativas, Phillip decidiu que suas metodologias eram superiores aos procedimentos padrões usados por mergulhadores no mundo inteiro, e decidiu conscientemente usar pouco menos da metade de seu suprimento na entrada, guardando apenas metade, cerca de 200 psi, para a saída.

Phillip também tomou uma decisão um tanto controversa, mergulhar sozinho. Mergulhadores solo não são muito comuns na comunidade de mergulho recreativo; na verdade, eram bem raros, até alguns anos atrás. No entanto, nos grupos de alcance prolongado e técnico, mergulhadores solo são razoavelmente habituais. Para submergir sozinho em segurança, um mergulhador precisa de experiência extensa no mergulho com um parceiro, treinamento mais avançado do que o mergulhador recreativo típico detém, um sistema de gás reserva, para uso em emergências, e algumas peças adicionais que permitem ao mergulhador resolver de forma independente crises comuns. Tudo isso é também exigido nos mergulhos de alcance prolongado. Portanto, faz sentido que muitos mergulhadores escolham submergir sozinhos nos mergulhos de alcance prolongado. Além disso, passagens especialmente pequenas em cavernas, ou num submarino naufragado, podem ser mais seguras para um mergulhador desacompanhado, permitindo-lhe evitar a aglomeração ou o emaranhamento que um segundo mergulhador pode provocar. Um mergulhador solo deve tomar algumas medidas de segurança, como carregar um cilindro extra ou um suprimento adicional de gás, além do suprimento normalmente exigido para o mergulho. No caso do mergulhador de caverna, isso significaria três cilindros, em vez dos dois habituais. Phillip entendia essas regras, mas escolheu ignorá-las ou presumiu que elas só se aplicassem a mergulhadores menos talentosos.

Regras de mergulho em cavernas para seguir à risca

Os mergulhadores em cavernas são considerados os audaciosos do universo do mergulho, os que assumem riscos e não têm medo de desafiar a morte em busca da exploração. Essa imagem é perpetuada pelos documentários, pela mídia, por livros sobre o assunto.

Mas mergulhadores em cavernas sobrevivem seguindo várias regras. Cinco delas são consideradas invioláveis. Alguns até as tratariam como sagradas, porque elas decorrem de décadas de análises de acidentes, do trabalho acumulado de várias autópsias, assim como de diversos quase acidentes. Pelos padrões da comunidade de cavernas, o número de corpos que originou essas regras foi alto demais. Para piorar, várias vítimas eram muito respeitadas e, em alguns casos, até mesmo ícones da comunidade.

As cinco regras são:

1. Nunca mergulhe em cavernas sem o treinamento apropriado.
2. Sempre mantenha uma linha-guia contínua até a água aberta.
3. Invariavelmente use no mínimo três fontes de luz confiáveis.
4. Nada de mergulhos profundos (abaixo de 130 FSW) com ar em cavernas.
5. Treine constantemente o gerenciamento adequado de gás.

Placa de advertência comum em cavernas. Elas localizam-se, quase sempre, onde as regiões de caverna chegam ao fim. (Traduzindo: Por favor, pare, a não ser que tenha treinamento em cavernas. Nós nos importamos! Pare. Evite sua morte, não vá adiante.)

Dois elementos comuns caracterizam muitas das fatalidades ocorridas nos mergulhos em cavernas. A maioria dos mergulhadores que morrem em cavernas subaquáticas não possui nenhum treinamento formal para mergulhos em cavernas, e um número significativo de mergulhadores certificados que morreram estava mergulhando fora do padrão de seu treinamento, ou deixando de usar os procedimentos prescritos nos cursos.

Cavernas subaquáticas podem tornar-se labirintos complexos, com múltiplas passagens que, na saída, não parecem as mesmas encontradas na entrada. Mesmo em cavernas lineares muito simples, uma batida errante com a nadadeira, a perda temporária do controle da flutuação e até as bolhas que saem do regulador do mergulhador podem deslocar sedimentos ou outros detritos, transformando água transparente em lama impenetrável, em poucos segundos. Por esse motivo, mergulhadores em cavernas aprendem, logo no início, que uma linha-guia contínua para levá-los de volta à água aberta é uma exigência absoluta, em qualquer mergulho significativo.

A maioria das luzes usada pelos mergulhadores tem componentes tanto mecânicos quanto eletrônicos. Apesar de hoje serem bem mais confiáveis, as luzes usadas pelos primeiros mergulhadores em cavernas eram suscetíveis a falhas, daí a importância do excedente ter sido logo reconhecida. Mesmo agora, falhas de luz são relativamente comuns. Lâmpadas explodem, baterias morrem antes do tempo e mergulhadores não fazem a manutenção adequada de suas luzes. Todos esses fatores combinam-se para fazer da regra das três luzes um procedimento de segurança essencial, para que o mergulhador não precise nadar em uma caverna subaquática na total escuridão, durante o retorno.

Quando a regra de não fazer mergulhos profundos em cavernas foi concebida, o ar era a única opção disponível para mergulhadores dessa modalidade, desafiando os limites da narcose. No transcorrer das décadas, a narcose foi um fator que provavelmente contribuiu muito para diversas fatalidades. Então, modernizaram essa regra, visando especificar "qual ar", porque o mergulhador atual tem uma variedade de opções de gases, incluindo misturas com base de hélio que diminuem significativamente os danos em mergulhos mais profundos do que 40 metros. Na verdade, essas misturas estão sendo usadas para aumentar a capacidade fisiológica dos mergulhadores, com o objetivo de que eles possam nadar em profundidades maiores. Elas reduzem o conteúdo de oxigênio para prevenir sua absorção e tornar o ambiente em que o mergulhador respira mais tênue, de forma que os reguladores possam continuar a suprir o gás adequadamente, mesmo em profundidades extremas, onde as densidades gasosas aumentam consideravelmente.

A norma mais violada, em muitas fatalidades, é nossa velha amiga, a regra do terço. Nos primeiros tempos do esporte, ficou claro que nadar de volta nem sempre é tão tranquilo quanto iniciar o mergulho. Linhas deslocadas formam armadilhas ou áreas onde os mergulhadores não podem segui-las; os movimentos dos mergulhadores e as bolhas exaladas podem obscurecer a visibilidade; as luzes principais falham, forçando os mergulhadores a usarem luzes reservas menos intensas e, portanto, a saírem com menor visibilidade. Qualquer um desses fatores e dezenas de outros podem retardar o mergulhador na saída de uma caverna.

Pequena restrição em um sistema de cavernas, na Flórida.

Infelizmente, os mergulhadores são condicionados a equiparar "emergência" à falta de gás, então muitos novatos presumem erradamente que o terço de gás de emergência é para compartilhar com um parceiro, no caso de uma perda catastrófica de ar. Na realidade, um exame de vários perfis e acidentes de mergulho revela que é mais provável um mergulhador utilizar seu próprio suprimento reserva, do que doá-lo a um parceiro. Se um mergulhador presumir que não vai precisar partilhar seu gás e usá-lo, vai encontrar-se em sérias dificuldades quando surgirem outros problemas.

Phillip havia usado esses procedimentos com sucesso algumas vezes, viajando sozinho para cavernas na Flórida ou, ocasionalmente, levando sua esposa para relaxar ao sol e ler um livro na superfície, enquanto ele aproveitava a tarde para realizar uma excursão a alguma caverna. Foi em uma dessas incursões vespertinas que Phillip encontrou dois indivíduos ilustres no mergulho em cavernas. Ambos tinham exercido vários cargos nas duas agências de treinamento em cavernas existentes naquela época. Um deles chegara a cumprir vários mandatos como diretor de treinamento na maior das duas agências. Enquanto planejavam mergulhar em uma caverna popular, Phillip saiu da água com apenas algumas centenas de psi em seu cilindro. Percebendo isso, um deles perguntou se ele havia encontrado dificuldades na saída. Phillip respondeu que não havia nenhum problema, o mergulho fora ótimo, a visibilidade excelente. Os dois especialistas logo receberam uma breve dissertação sobre as regras de gerenciamento de gás que Phillip modificara. Ambos ficaram extremamente preocupados com a forma como Phillip desprezava os perigos apresentados por seus procedimentos; tentaram em vão convencê-lo do erro de sua conduta. Por fim, abandonaram aquela empreitada e só pediram a confirmação de que fora, sem dúvida, adequadamente treinado. Exigiram também o reconhecimento de que seus procedimentos estavam fora dos padrões de segurança aceitos no esporte. Phillip fez o que lhe pediam, mas continuou convencido de que sua abordagem era segura e de que as regras serviam apenas para os novatos.

Poucas semanas depois, Phillip estava de volta ao mesmo local, mas desta vez com dificuldades para achar a linha-guia, numa visibilidade zero. Mais uma vez planejara um mergulho sem reserva de ar, gabando-se para outros mergulhadores sobre sua intenção de penetrar na caverna mais fundo do que jamais o fizera. É possível que Phillip tenha perdido o controle de seu uso de gás e utilizado mais da metade de seu suprimento, antes de se virar para sair. Isso é comum entre mergulhadores que estão mais focados no objetivo do que no plano de mergulho. Não podemos saber com certeza se Phillip encheu a caverna de sedimentos e, assim, perdeu sua linha, ou se a dispersão dos sedimentos resultou de sua procura pela linha. Também ignoramos por quanto tempo ele procurou a linha ou a quantidade de suprimento de ar consumido no processo. É possível que, após Phillip encontrar a linha, ele não tenha conseguido se reorientar e possa ter nadado uma boa distância, antes de perceber que estava seguindo na direção errada. Independentemente do cenário, o que sabemos é isto: Phillip localizou a linha e começou a nadar na direção da saída; rapidamente chegou a águas mais transparentes, apesar do fluxo da corrente levar, com o mergulhador, um rastro de sedimentos. Após nadar algumas dezenas de metros, Phillip inalou, sugando ar de um conjunto de cilindros que se esvaziava muito rápido. Ele avançou com dificuldade, tentando alcançar a entrada da caverna e a água aberta, enquanto exauria o cilindro. Continuou lutando para avançar, sem ar para respirar. Em algum momento, ele descartou seu regulador, incapaz de resistir ao ímpeto de respirar, e inalou água.

Enquanto isso, na superfície, a esposa de Phillip foi ficando preocupada. Seu marido estava muito atrasado e, apesar de não compreender o esporte, ela sabia que a situação dele podia ser grave. Entretanto, não sabia o que fazer, então continuou a esperar, vasculhando ansiosamente a água da bacia da nascente, procurando pelas bolhas que sinalizariam o retorno de Phillip.

Algumas horas depois, o ex-diretor de treinamento que advertira Phillip veementemente sobre seus procedimentos arriscados, recebeu uma ligação. Era um telefonema que os experientes mergulhadores de cavernas da Flórida temem receber, mas que aprenderam a esperar, já que são requisitados para resgatar corpos nas grutas da região. Ele não ficou nem um pouco surpreso ao saber que o mergulhador atrasado era Phillip. Enquanto isso, a esposa do mergulhador estava inconsolável. Ela havia esperado durante horas, sabendo, mas ainda não aceitando, que seu marido provavelmente estava morto, em algum lugar na escuridão da caverna. O corpo de Phillip foi recuperado naquela noite. Seus cilindros estavam completamente vazios e ele havia retirado a máscara e outras partes de seu equipamento, em pânico, enquanto se afogava. No momento de seu resgate, ainda era possível perceber sinais de seu esforço e áreas de baixa visibilidade, evidências suficientes dos eventos que tiraram sua vida.

Entrada da caverna, em Ginnie Springs, Flórida.

Phillip foi vítima de sua própria arrogância. Sua relativa inexperiência o levou a cometer um erro fatal: ele presumiu que todos os mergulhos sairiam como planejado. Afinal de contas, ele nunca mergulhara sem que tudo saísse, em grande parte, como projetara. Essa falta de conhecimento dos problemas que podem ocorrer durante os mergulhos permitiu que ele se convencesse de que as regras eram conservadoras demais, meros procedimentos concebidos "por advogados" para "não iniciados", em vez de serem projetados por mergulhadores familiarizados com a realidade do mergulho. Sua arrogância o levou a confiar em soluções que, no papel, eram matematicamente demonstráveis, mas que não levavam em conta variáveis do mundo real, que podem alterar um plano de mergulho. Phillip encontrava-se tão convencido de que estava correto em suas suposições que se recusou a aceitar os conselhos de mergulhadores de cavernas mais experientes e qualificados. Vários deles o haviam advertido repetidas vezes a respeito das falhas em sua lógica. Mas ele sabia que era mais inteligente ou pelo menos presumiu que suas recomendações eram apenas uma tentativa de se protegerem, ou de preservarem as agências que representavam. Finalmente, Phillip omitiu uma parte vital do planejamento, a qual deveria constar de qualquer tentativa de mergulhar fora das normas: ele descartou o impacto de suas decisões "inovadoras" e falhou com sua família. Mergulhadores técnicos e de cavernas aceitam certos riscos inerentes aos estilos mais avançados de mergulho. A grande maioria também se assegura de que os membros de suas famílias entendam esses riscos. Então, eles tomam todas as precauções, aprendendo com cada erro anterior, tanto os seus próprios, quanto os dos outros, para minimizarem os riscos. A esposa de Phillip sabia que ele estava modificando as regras. No entanto, ela desconhecia as graves consequências que isso poderia acarretar. A arrogância de Phillip mudou para sempre a vida de seus entes queridos.

Estratégias de sobrevivência

- ✓ **Siga os procedimentos aceitos.** Os procedimentos usados no mergulho são desenvolvidos através da análise cuidadosa de acidentes de mergulho e suas causas. Respeite-os. Se você se sente qualificado para mergulhar fora das normas, faça-o apenas com as precauções adequadas, após obter experiência suficiente. Garanta que seu mergulho não se torne uma estatística.
- ✓ **Sempre obedeça às regras de gerenciamento de gás.** A regra do terço é uma norma conservadora excelente para qualquer mergulho, uma

exigência mínima para qualquer mergulho em ambiente confinado ou com outros fatores de risco significativos.
- ✓ **Acate a experiência dos outros.** Ao contrário da crença popular, profissionais de mergulho não se sentam no bar, nas noites de sábado, inventando maneiras de restringir certas atividades de mergulho. Na realidade, a maioria dos instrutores leciona porque ama partilhar as emoções de seu esporte. Quando um profissional de mergulho qualificado lhe der conselhos de segurança, você fará bem em segui-los.
- ✓ **Leve em conta os desdobramentos dos seus atos.** Quando um mergulhador decide assumir riscos imprudentes, ele deve levar em conta as consequências desse perigo para sua família.
- ✓ **Selecione seu parceiro com cuidado.** Há outro motivo pelo qual alguns mergulhadores submergem sozinhos: poucos querem mergulhar com eles, porque reconhecem que os riscos assumidos por um mergulhador em busca de emoções podem roubar não só suas próprias vidas, mas também a de seus parceiros.

Um atalho assassino

Andrew bate suas nadadeiras de leve, deslocando-se um pouco para a frente. Seus movimentos são lentos e deliberados. O peixe-palhaço está perfeitamente emoldurado em seu visor. O único som que ele consegue escutar, além do silêncio, é o de sua própria respiração entrando e saindo do bocal e das mangueiras do **rebreather***. Ele tira uma foto, aí mais algumas para garantir, mas está confiante de que a primeira foto ficará perfeita. Ele afasta-se e nada para o alto, por cima do recife, batendo os pés com força, rumo ao próximo destino que deseja fotografar. Sente-se sereno e em paz, sem perceber que seu campo de visão escurece, enquanto mergulha na inconsciência.*

Andrew era um mergulhador ativo e um fotógrafo subaquático relativamente bem-sucedido. Ele mergulhava há vários anos e obtivera um número impressionante de certificações de mergulho recreativo. Também conquistara vasta experiência em mergulhos pelo mundo todo, sempre arrastando uma ou mais câmeras consigo, tirando fotos subaquáticas em qualquer oportunidade. Tinha quase 30 anos, excelente condição física, ativo tanto sob a água quanto na superfície. Quanto à fotografia, Andrew era um perfeccionista, às vezes assumindo o que outros consideravam riscos desnecessários, só para conseguir a foto perfeita.

Mergulhador usando um *rebreather* de circuito semifechado, para tirar fotos em *close* da vida marinha.

Foi essa busca pela perfeição que levou Andrew a um destino tropical conhecido por sua vida marinha vibrante. Essa ilha também o atraiu por sediar um centro que lhe ofereceria treinamento e acesso a uma tecnologia relativamente nova de mergulho recreativo, um *rebreather* de circuito semifechado. Esse instrumento resumia-se a um aparato de respiração pequeno, mais ou menos leve, com durabilidade maior embaixo d'água; empregava suprimentos de ar reduzidos e, mais importante, prometia produzir poucas bolhas. Andrew experimentara muitas vezes a decepção de perder a foto perfeita, quando as bolhas assustavam os animais marinhos. Portanto, estava entusiasmado ante a promessa dessa nova tecnologia, quase silenciosa.

Mesmo antes de Andrew concluir a organização de sua viagem, já reservara uma vaga em um curso de treinamento em *rebreather*, o qual consumiria os três primeiros dias de uma excursão que duraria uma semana. Também solicitou antecipadamente o aluguel de um *rebreather* pelo resto de suas férias. Andrew completou seu treinamento com nota máxima, sem dificuldades diante da física e da fisiologia um pouco mais avançadas, do planejamento das exposições ao oxigênio ou das competências aquáticas necessárias para o uso do aparato. Andrew achou que o *rebreather* cumpria mesmo suas promessas e até superava suas expectativas, em alguns quesitos. Na verdade, Andrew achou os mergulhos de treinamento tão simples que conseguiu tirar suas primeiras fotos enquanto cumpria sua certificação.

No primeiro dia após completar o treinamento, Andrew realizou quatro mergulhos impecáveis, concluindo-os com apenas um cilindro pequeno, de 28 pés cúbicos de *nitrox*. Mesmo com esse suprimento limitado, ele encerrou seus mergulhos porque ficou sem filme, não porque lhe faltou gás. Depois de usar o *rebreather* por vários dias, Andrew desenvolvera inclusive alguns atalhos para sua limpeza pós-mergulho. Como a bolsa de inalação continha somente gás novo, ele acreditou não ser necessário desinfetá-la, então removia o cartucho depurador, a bolsa de exalação e as mangueiras de respiração, lavando-os como prescrito. Depois, usava uma mangueira para lavar as partes restantes do aparato, incluindo a bolsa de inalação e seu orifício de fluxo dosado. Enquanto o instrumento secava, Andrew passou uma noite relaxante em um restaurante na praia, antes de se recolher, na expectativa do mergulho do dia seguinte.

Rebreathers

A tecnologia do *rebreather*, na verdade, precede a tecnologia padrão do Scuba em cerca de cinquenta anos. No entanto, tornou-se disponível para mergulhadores recreativos há pouco mais de uma década. Uma unidade padrão de Scuba atua no chamado princípio de circuito aberto, no qual o gás comprimido no cilindro é reduzido a uma pressão utilizada por um regulador. Nesse sistema, o mergulhador inala o gás através do regulador e o exala na água. Apesar desse mecanismo ser eficaz, enquanto meio de suporte vital ele é ineficiente. O ar contém 79% de nitrogênio e 21% de oxigênio, mas o mergulhador, na realidade, só consome cerca de 4% desse ar (apenas oxigênio), exalando dos pulmões o oxigênio restante, todo o nitrogênio e o dióxido de carbono. Essa ineficiência se multiplica a cada atmosfera de pressão. A 10 metros, ou duas atmosferas, qualquer respiração contém duas vezes mais gás do que na superfície, porque a pressão cortou pela metade o volume do gás. No entanto, metabolicamente, o mergulhador ainda usa mais ou menos a mesma quantidade de oxigênio. A 30 metros, ou quatro atmosferas de pressão, o mergulhador, ao respirar, consome quatro vezes mais gás do que na superfície.

A tecnologia do *rebreather* procura reciclar esse gás descartado, ampliando de forma drástica o tempo dos mergulhos, sem comprometer a vida do mergulhador nem exigir cilindros proporcionalmente maiores. A tecnologia básica envolve um bocal ligado a um circuito fechado ou semifechado. O circuito consiste de uma mangueira contendo válvulas de fluxo numa só direção, de forma que o gás exalado se afasta do mergulhador e o inalado vem do lado "limpo". Quando o mergulhador exala, todo gás expelido de seus pulmões é retido no circuito. Ele passa através de uma mangueira para uma bolsa de exalação ou para um cartucho depurador, dependendo do design do equipamento. Em qualquer dos designs, o gás exalado passa por um depurador químico que remove dióxido de carbono, unindo-o quimicamente ao material do depurador. O gás, então, sai do cartucho e entra no que é conhecido como bolsa de exalação, a qual realiza duas funções vitais. Primeiro, ela pressuriza o gás que o mergulhador respira. Como o mergulhador está submerso e a pressão da água comprime seu corpo, é necessário aumentar a pressão dentro do sistema respiratório, para simplificar a respiração. Como a bolsa de exalação é flexível, a pressão ambiente da água comprime o ar em seu interior, dilatando a pressão interna do circuito, igualando-a ao nível da água em seu entorno. Esse processo também desinfla a bolsa de exalação quando a pressão ambiente aumenta muito rápido, como quando o mergulhador desce ou a pressão interna é drasticamente reduzida, ou o mergulhador exala pelo nariz para limpar a máscara. A maioria dos sistemas, portanto, apresenta uma válvula de demanda automática na bolsa de exalação. Assim, quando a bolsa de exalação desinflar, o cilindro de gás comprimido impulsionará uma dose adicional de gás para o interior do pulmão, preservando o volume da bolsa. Sem essa assistência mecânica, respirar em apenas alguns metros de água seria como sugar ar através de um longo canudo, e mergulhar a cerca de 10 metros seria provavelmente impossível. Esse princípio também se aplica a reguladores de circuito aberto (primeiro e segundo estágios), compensando a pressão dilatada ao fornecer para o mergulhador um fluxo pressurizado de gás.

A segunda função da bolsa de exalação é aprovisionar um dispositivo de injeção de gás. Conforme o mergulhador respira no circuito, o conteúdo de oxigênio diminui a cada ciclo; portanto, alguma forma de dispositivo de injeção deve substituir o oxigênio utilizado.

No caso de um *rebreather de circuito semifechado*, esse dispositivo normalmente é um orifício dosado que fornece um fluxo de *nitrox* constante e lento (mistura de nitrogênio com oxigênio, na qual o conteúdo de oxigênio é maior do que os 21% presentes no ar normal). A porcentagem de oxigênio é ajustada de acordo com a profundidade, a duração do mergulho e as especificações do design do aparato. O gás limpo e enriquecido da bolsa de exalação desloca-se e entra na mangueira de inalação, daí retornando ao mergulhador, no momento em que ele inala. Com esse sistema, depois que o mergulhador chega a uma profundidade estática, ele emprega bem pouco gás, pois sua expiração mantém o volume do circuito respiratório e garante a maior parte de sua próxima inspiração. Com a tecnologia semifechada, o fluxo de gás de reposição flui em um ritmo constante, porém lento, para dentro da bolsa de exalação. Isso acaba preenchendo todo o circuito, na forma de bolhas. Esse fluxo de bolhas normalmente é liberado através de uma válvula de purga, em quantidades pequenas e comedidas, gerando pouco ruído ou distração para a vida marinha.

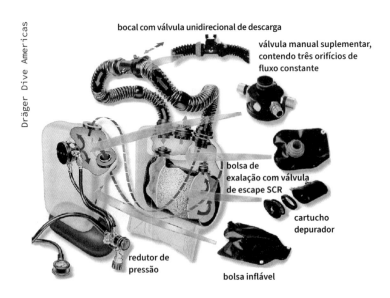

Visão expandida de um *rebreather* de circuito semifechado.

O sistema de *rebreather* de circuito semifechado tem muitos benefícios, mas também possui suas desvantagens. Quando um equipamento de circuito aberto apresenta uma falha, o mergulhador percebe imediatamente que inala e não recebe ar nenhum ou tem um fluxo de ar descontrolado e constante. Qualquer um desses contextos o alerta da presença de um problema que exige solução imediata. Portanto, mergulhadores com equipamento de circuito aberto podem conduzir verificações de segurança mínimas na superfície e, assim, realizar a maioria dos mergulhos em segurança. Para o mergulhador com *rebreather*, no entanto, é diferente. Se o cartucho depurador deixar de funcionar de forma adequada, o mergulhador ainda pode respirar, mas será rapidamente envenenado pelo dióxido de carbono que não está sendo eliminado. Se o redutor de pressão ou o orifício de injeção falhar, o mergulhador continua a respirar. No entanto, o gás no circuito será privado de mais oxigênio a cada respiração, provocando hipoxia e morte. Na verdade, qualquer tipo de falha, com exceção de uma inundação total do sistema, não impedirá o mergulhador de inalar o gás. No entanto, este pode apresentar um perigoso teor de dióxido de carbono ou uma brusca redução de oxigênio. Se o conteúdo de dióxido de carbono for alto demais, a maioria dos mergulhadores manifestará alguns sintomas fisiológicos, incluindo dor de cabeça intensa e respiração curta; isso os alertará de que há algo errado. Mas se o teor do oxigênio for muito baixo, os mergulhadores terão uma sensação de euforia e relaxamento geral, que progredirá para uma sonolência profunda. No final, eles vão perder a consciência, entrar em coma e morrer, se não se afogarem primeiro, e provavelmente nunca vão saber o que aconteceu.

Portanto, os mergulhadores com *rebreather* devem inspecionar diligentemente o funcionamento de suas unidades, antes de cada mergulho. Eles também precisam limpar as peças de forma meticulosa, depois de mergulharem, para evitar o crescimento de bactérias dentro do circuito respiratório.

Além do sistema semifechado, há dois tipos de *rebreathers* de circuito fechado, aqueles que não liberam nenhuma porção do gás contido no circuito, durante a operação normal (todos eles têm que liberar o gás do circuito quando o mergulhador emerge, para não romper as bolsas de exalação ou outros componentes, pois o gás dentro do circuito expande, quando a pressão em volta diminui). O primeiro tipo de *rebreather* de circuito fechado, o mais simples, é o circuito fechado de oxigênio, e o segundo é o circuito totalmente fechado de mistura gasosa.

O modelo mais descomplicado é o *rebreather* de circuito fechado de oxigênio. Como o circuito respiratório contém apenas um gás — oxigênio puro — é mais fácil regular a inserção do gás dentro do circuito. Conforme o mergulhador consome o oxigênio, ele não se preocupa com o acúmulo de gases inertes, os quais lhe permitiriam continuar a respirar em um estado hipóxico. Assim, o *rebreather* só precisa fornecer oxigênio adicional quando o volume da bolsa de exalação cai e consequentemente a bolsa murcha. O sistema operacional desse *rebreather* consiste do circuito respiratório e de uma válvula redutora de pressão, conectada a uma válvula de demanda simples que funciona exatamente como o segundo estágio de um regulador de circuito aberto. Não há necessidade de um sistema adicional de injeção, porque, conforme o mergulhador utiliza o oxigênio, o volume da bolsa diminui e a pressão da água desinfla a bolsa, ativando a válvula de demanda e reabastecendo o suprimento. Infelizmente, esses *rebreathers* têm várias desvantagens, destacando-se a profundidade muito restrita. O oxigênio puro torna-se tóxico para o corpo humano quando absorvido a pressões elevadas, mesmo por breves períodos de tempo. Desencadeia, assim, a toxicidade do sistema nervoso central, provocando sintomas que incluem convulsões e perda de consciência, o que pode levar ao afogamento. Assim, mergulhadores que usam qualquer espécie de mistura gasosa que contenha oxigênio devem restringir sua profundidade máxima. Ao mergulhar com oxigênio puro, alcança-se essa pressão crítica a uma profundidade pouco maior do que 6 metros. Por isso, esses *rebreathers* são bastante limitados ao uso de mergulhadores militares e da polícia, cujo único objetivo é descer pouco abaixo da superfície e nadar até um alvo, sem serem detectados.

Essa restrição de profundidade também é um problema para os mergulhadores de circuito semifechado porque eles usam o *nitrox*. No entanto, com sistemas semifechados, o mergulhador pode variar a porcentagem de oxigênio na mistura, antes do mergulho, e assim expandir o alcance de operação do *rebreather* para profundidades maiores do que 130 pés ou 40 metros.

Rebreathers de circuito totalmente fechado de misturas gasosas são a tecnologia de ponta. Esses aparatos geralmente empregam um sistema eletrônico sofisticado, visando monitorar e ajustar o teor de gás dentro do circuito respiratório. Um sistema operacional típico possui um analisador de oxigênio que mede a porcentagem desse gás no interior do circuito respiratório. Esses sensores são ligados a um computador, o qual usa a pressão ambiente e a concentração de oxigênio para calcular a pressão desse gás dentro do circuito. Se a pressão está alta demais, o computador ativa uma pequena válvula elétrica que libera gás de um dos dois cilindros conectados ao *rebreather* — nesse caso, do que contém um gás com bem pouco ou nenhum conteúdo de oxigênio. Em geral, esse gás resume-se ao ar, hélio ou alguma combinação de oxigênio, nitrogênio e hélio. Se o conteúdo de oxigênio no circuito estiver muito baixo, o computador direciona a liberação de gás do outro cilindro ligado ao *rebreather*, o qual contém oxigênio puro. Obviamente, manter um equipamento eletrônico dessa complexidade em água salgada pode ser difícil e, se ocorrer alguma falha, os resultados podem representar uma ameaça à vida. Portanto, *rebreathers* desse tipo possuem um sistema de *backup* excedente — um computador, *displays* de monitoramento e sensores no interior do circuito. *Rebreathers* eletrônicos de circuito fechado são, de longe, o sistema disponível mais eficaz para respirar sob a água. No entanto, eles também apresentam algumas desvantagens. A primeira é o custo: uma unidade dessas pode valer mais de US$ 7 mil. Além disso, a parte eletrônica requer muita manutenção, a um custo proibitivo para a maioria dos mergulhadores recreativos. Ademais, essa manutenção é também muito exaustiva, pelas mesmas razões citadas para os circuitos semifechados. Além desses procedimentos de segurança, de importância vital, o mergulhador também deve realizar um exame pormenorizado de todo o sistema eletrônico do *rebreather*.

Ao amanhecer, Andrew despertou em um dia perfeito para mergulhar. A água do mar parecia um vidro. Uma brisa bem leve amenizava o calor sufocante, a água era tão clara que era possível avistar, da superfície, quase todas as fissuras do recife, 18 metros abaixo. Andrew montou rapidamente seu *rebreather*, verificando se o circuito respiratório estava apertado e se não apresentava vazamentos. Analisou o gás no cilindro e calculou seu perfil de mergulho. Posicionando o cilindro no equipamento, ele subiu a bordo, para uma curta viagem até o recife. Andrew prestou pouca atenção às instruções de mergulho do capitão, já que estivera ali no dia anterior. Cumprimentou superficialmente seu parceiro, outro mergulhador experiente que também utilizava um *rebreather* de circuito semifechado. O capitão aproveitou para revisar as verificações de segurança com os quatro mergulhadores presentes em seu barco, todos equipados com *rebreathers*. Andrew quase nem ouviu as advertências pois, a essa altura, em seu quinto dia de mergulho com *rebreather*, estava tão confiante que considerava as informações redundantes.

Caminhando até a popa do barco com seu parceiro, ele abriu seu gás, apertou o botão de purga como exigido e entrou na água. Fazendo uma pausa perto da plataforma, tempo suficiente apenas para pegar sua câmera com o imediato, ele desceu bem rápido, levando seu parceiro a ter dificuldades para alcançá-lo. No entanto, após chegaram ao recife, o lento progresso de Andrew tornou-se muito entediante para o outro mergulhador, que não tinha qualquer interesse em fotografia. Em algumas ocasiões, ele pediu que Andrew acelerasse o ritmo. Depois do terceiro pedido, Andrew sinalizou que seu parceiro seguisse em frente, pois depois ele o alcançaria. Mas quando o parceiro olhou para trás, um instante depois, Andrew não estava mais lá. Suspirando, ele voltou e começou a procurar Andrew ao longo do recife. A ausência de um fluxo de bolhas acentuado tornava a busca difícil. Após alguns minutos, ele simplesmente emergiu, advertindo a tripulação do barco. Para salvar Andrew, a equipe teria que reagir bem rápido.

Naquele dia, o instrutor de *rebreather* de Andrew estava no mesmo barco. Ele ficou chocado ao encontrar Andrew imóvel, no fundo, perto de uma fenda no recife. Observou por um momento, para se assegurar de que Andrew não estava só esperando para tirar uma foto, aí nadou até lá e o sacudiu, e viu que ele não reagia. Ele agarrou Andrew e o arrastou para a superfície, então o virou, para liberar suas vias respiratórias. Enquanto rebocava Andrew para o barco, o instrutor posicionou-se, visando iniciar a respiração boca a boca. No entanto, Andrew começou a respirar sozinho, enquanto ainda estava na água, apesar de permanecer inconsciente e inerte. A tripulação o colocou imediatamente no oxigênio e o transportou até um hospital local. Andrew acabou recobrando a consciência, mas teria problemas neurológicos permanentes, devido ao acidente, e não tem lembrança alguma do que lhe aconteceu.

Como é regra em acidentes de mergulho, o equipamento de Andrew foi apreendido e inspecionado pelas autoridades locais. Uma revisão inicial revelou que seu cilindro ainda continha *nitrox*, seu BCD inflava adequadamente e seu circuito respiratório encontrava-se adequadamente vedado. O cartucho depurador de Andrew não estava vazio e restava muito tempo de mergulho no material de depuração. Nenhuma dessas descobertas era surpreendente, já que Andrew checara esses sistemas antes do mergulho. No entanto, as inspeções também revelaram que a válvula de fluxo dosado do *rebreather* estava fornecendo um suprimento inadequado de gás, sendo incapaz de manter níveis seguros de oxigênio. Atribuiu-se essa falha a cristais de sal que bloqueavam a entrada do orifício de injeção de gás. Isso só podia ocorrer se Andrew permitisse que a água do mar secasse dentro da válvula. Quando o *rebreather* é operado da forma correta, essa área é vedada, impossibilitando que a água do mar entre em contato com o interior do sistema de fornecimento de ar.

Andrew não consegue se lembrar do acidente, então só podemos especular, de forma bem conclusiva, sobre o que provocou a falha. Aparentemente, o atalho de Andrew para limpar seu aparato envolvia desconectar as mangueiras da válvula de controle de fluxo e deixá-las presas ao cilindro, o qual permanecia dentro do *rebreather*, quando este era lavado e secado. O *rebreather* contém várias áreas formadas por tecido, as quais detêm a água. É provável que a água do mar, presa na placa traseira de tecido ou em alguma outra superfície do *rebreather*, tenha pingado na válvula de controle de fluxo durante a desmontagem e a limpeza. Conforme a água evaporou, deixou para trás os cristais de sal. Mais tarde, quando a válvula de controle de fluxo foi de novo fixada a uma fonte de gás de alta pressão, esses cristais foram deslocados para o interior do orifício de entrada, permitindo que apenas um fluxo parcial de gás fluísse para dentro dele. Infelizmente, a fluência de gás era lenta demais para reabastecer o oxigênio utilizado por Andrew durante seu mergulho. Conforme ele continuou nadando e absorvendo o ar do circuito, o conteúdo de oxigênio diminuiu, até não poder mais mantê-lo consciente. Assim, ele desmaiou e, em algum momento, parou de respirar. Não fazemos ideia de quanto tempo Andrew sobreviveu sem o oxigênio adequado, mas levando em conta os danos permanentes que ele sofreu, provavelmente foram vários minutos.

Fundamentados em dois fatores, suspeitamos que Andrew não tenha concluído todas as verificações de segurança exigidas numa configuração normal de *rebreather*. Apesar de ter montado seu *rebreather* no cais, na presença de outros mergulhadores, ninguém se recorda de tê-lo visto completar a verificação do fluxo de gás, nem ele solicitar o medidor de taxa de fluxo, empregado para esse propósito. Por outro lado, eles se lembram de avistá-lo testando o circuito respiratório e analisando sua mistura de gás. A evidência mais forte, no entanto, é a de que ele não detectou o problema do fluxo antes de iniciar o mergulho. Seria impossível água salgada entrar na montagem da mangueira ou do injetor durante o mergulho, porque esses componentes são hermeticamente vedados quando montados, e depois são saturados com mais de 200 psi de gás pressurizado, quando o cilindro é aberto. Portanto, o problema já devia estar presente antes do mergulho começar. Uma verificação de velocidade de fluxo leva menos de 15 segundos e teria identificado facilmente o defeito do *rebreather*. Na verdade, foi essa inspeção que identificou o problema, após o acidente.

O outro erro quase fatal que Andrew cometeu foi se separar de seu companheiro de mergulho. Apesar de mergulhadores qualificados realizarem mergulhos solo com frequência, exigem experiência substancial com o equipamento utilizado. Andrew tinha empreendido muitos mergulhos desacompanhado; apesar de não ser adequadamente certificado para mergulhos solo, seu histórico de segurança parece indicar que tinha experiência suficiente para realizá-los, empregando equipamento de circuito aberto. Infelizmente, ele não considerou a complexidade da mudança de mergulho com circuito aberto para mergulho com circuito semifechado. Sem falar na importância de obter experiência adequada com esse conjunto de equipamentos radicalmente diferente, antes de mergulhar sozinho. Também é notável que ele tenha ignorado por completo sua responsabilidade pela segurança de seu parceiro, quando lhe sinalizou para ir em frente.

Estratégias de sobrevivência

- ✓ **Inspecione o seu equipamento minuciosamente toda vez que mergulhar.** Os fabricantes não estabelecem a manutenção e as verificações de segurança, antes do mergulho, só para causar inconvenientes aos seus clientes. Você deve sempre realizar todas as verificações de segurança recomendadas ou exigidas pelo fabricante, antes de usar, num mergulho, qualquer peça de suporte vital.
- ✓ **Não use atalhos.** Peças de equipamento complexas ou tecnicamente mais avançadas exigem maiores cuidados na manutenção e na montagem. De modo geral, quando se trata de aparatos de suporte vital, atalhos na realização de qualquer desses procedimentos, sem dúvida, tornam mais rápida a viagem para a sala do médico legista.
- ✓ **Seja um parceiro responsável.** Se você está mergulhando com um parceiro, permaneça ao lado dele, e verifique frequentemente se ele ou ela ainda estão ali, e se estão bem.
- ✓ **Não há fotografia pela qual valha a pena morrer.** Andrew era conhecido por se concentrar tão intensamente em sua busca por fotos, que perdia a noção do que o cercava e do *status* de seu equipamento. Apesar de ser difícil determinar se esse fator pesou em seu acidente, é possível que, se Andrew estivesse prestando mais atenção, tanto em seu equipamento quanto em seu corpo, este acidente jamais tivesse acontecido.

Perigos para a navegação

> *Susie e Jeanie estavam à deriva, rio abaixo, pouco à frente de seu grupo. Susie olha para a frente, ouve as hélices de um barco serem ligadas, depois avista uma ampla sombra bloquear o sol. Jeanie vê sua amiga nadar desesperadamente rumo ao fundo da água, bem rasa. Ela escuta o som alto do casco do barco batendo no cilindro de Susie, antes mesmo de perceber que ali há uma embarcação que, naquele momento, está vindo em sua direção.*

Susie e Jeanie eram profissionais ativas, de 30 e poucos anos. Elas partilhavam muitos *hobbies*, incluindo sua última empreitada, mergulho com cilindro. Ambas eram entusiastas da vida ao ar livre e abraçavam qualquer atividade nova com paixão; o mergulho não era exceção. Em apenas poucos meses, haviam obtido certificações *Open Water* e Avançada, registrado mais de cinquenta mergulhos cada uma. Além disso, estavam elaborando uma lista de cursos especiais, com a intenção de obter a certificação de *Master Diver* de sua agência de treinamento. Seus mergulhos incluíram tanto destinos quentes e tropicais, quanto as águas frias e escuras de uma pedreira, nos arredores de onde moravam. Então, quando a loja de mergulho local ofereceu uma oportunidade de mergulhar nas águas claras e um tanto quentes de um dos rios de nascente da Flórida, elas agarraram essa oportunidade. Quando descobriram que também podiam obter a carteira especial de mergulhador de correnteza na mesma viagem, ficaram ansiosas para participar.

Elas encontraram o grupo na rampa do barco, no horário exato, em uma manhã ensolarada de sábado, para as instruções pré-mergulho. O procedimento era muito simples. Os mergulhadores montariam seu equipamento e depositariam tudo na pequena barca, para a viagem rio acima. Não podiam deixar nenhum equipamento extra no barco, então os mergulhadores só tinham permissão para transportar o que iriam usar no mergulho. O barco subiria o rio, aproximadamente 3 quilômetros, deixaria o grupo com todo seu aparato em águas rasas e partiria. O grupo de doze mergulhadores iria se dividir em dois grupos, cada um com um líder, e depois submergiria à deriva. Enquanto os mergulhadores navegavam, o capitão do barco descreveu as atrações ao longo da rota. Mostrou todas as nascentes de água doce, os pontos interessantes de vida subaquática, e áreas perigosas, de vegetação subaquática e águas muito rasas. Ele também advertiu sobre o grande número de barcos que transitava no rio. O tráfego ia de caiaques e canoas a barcas e outras pequenas embarcações motorizadas. Ele avisou os mergulhadores, várias vezes, que permanecessem perto de sua bandeira de mergulho e longe do meio do rio, apesar dos barcos serem obrigados a se mover em marcha lenta.

Quando os mergulhadores se aproximaram de uma área próxima à nascente do rio, o barco parou e os deixou em água rasa, até os joelhos. Cada um dos dois instrutores apanhou uma bandeira de sinalização com uma pequena boia e uma carretilha, a qual eles puxariam com os demais mergulhadores, enquanto desciam o rio. Os instrutores deram orientações mais detalhadas, explicando quão rápido podia ser o fluxo da correnteza em áreas onde o rio era restrito, observando que os mergulhadores teriam menos habilidade para manobrar nessas regiões. O grupo dividiu-se em dois, cada instrutor responsável por três duplas de mergulhadores. O primeiro grupo ficou ligeiramente para trás, sempre no máximo a 15 metros de sua bandeira de mergulho, enquanto o segundo deveria ficar ao lado ou pouco à frente de sua bandeira. Orientaram os dois grupos a se deixar levar pela correnteza, nadando apenas para evitar obstruções.

Área de embarque para barcos de mergulho, em um rio da Flórida.

Partilhando a água com os barcos

Nos Estados Unidos e na maioria dos outros países, assim como em águas internacionais, comandantes de embarcações têm que cumprir um conjunto de regras, genericamente conhecidas como "regras da estrada", que controlam as interações entre os barcos, assim como entre outras pessoas que estão usando as vias fluviais. O objetivo é tornar essas relações o mais previsíveis e seguras quanto possível.

Capitães de barcos têm várias preocupações no que se refere a evitar acidentes. Entre elas, a visibilidade restrita do fundo do mar — o comandante quase sempre é incapaz de ver o que está diretamente sob sua embarcação. Através de um sonar, ele pode determinar a profundidade e, a partir daí, talvez tirar conclusões sobre que objetos estão abaixo. Porém, quando enfim é capaz de processar essa informação, o objeto no visor de seu sonar costuma estar atrás do barco. A segunda maior inquietação do navegante é que ele não pode parar de repente. "Pisar no freio" significa impulsionar o motor para dar ré, esperar a hélice apanhar a água e criar impulso, e depois esperar que a impulsão para a frente imobilize a embarcação. Esse processo é bem mais lento e requer muito mais tempo de reação, por exemplo, do que parar um carro; ainda assim, o barco não para de verdade, só interrompe o movimento. Na realidade, a não ser que sejam amarrados a um cais, os barcos nunca estacam por completo — eles sempre se movem, reagindo a correntezas, marés e ventos. Mesmo ancorado, um barco fica à deriva, ao sabor dessas forças. Com efeito, um barco à deriva é muito mais perigoso do que uma embarcação navegando, porque é literalmente incontrolável.

As forças da água conduzem as embarcações, as quais se movem sobre as superfícies do leme. Isso requer que um barco se mova mais rápido do que a água, para que ela possa fluir por cima dessas superfícies e, assim, criar as forças que transportam a embarcação. Essa velocidade mínima é conhecida como *propulsão mínima*. Os barcos também são limitados pela via fluvial na qual flutuam. Em áreas onde há tráfego de barcos em mãos opostas, eles têm que permanecer de um lado ou dentro de um canal de separação. Nas regiões onde barcos correm o risco de encalhar, eles possuem direitos especiais ao interior do canal, a fim de evitarem esse acidente. Em pontos onde grassam conflitos, o barco maior normalmente tem preferência (Lei de Arqueação Bruta).

Devido à lenta reação e à inabilidade para realmente parar suas embarcações, os operadores usam um sistema sofisticado de luzes, bandeiras e sinais esculpidos, conhecidos como configurações diurnas, para se comunicarem com outros marinheiros. Há vários desses símbolos, mas apenas dois são de interesse imediato para os mergulhadores. A Bandeira Alfa, um retângulo branco com duas flâmulas azuis, é um símbolo internacional, exibido por embarcações com restrições na habilidade de se mover, devido a operações subaquáticas em andamento. Isso pode incluir mergulhadores dentro d'água. Para comunicar com mais clareza que mergulhadores estão sob a água, a indústria do mergulho adotou uma bandeira própria, a bandeira de mergulho ou bandeira de mergulho submerso. Ela possui um quadrado ou retângulo vermelho, com uma listra branca diagonal. Esta bandeira não é aceita por todas as jurisdições dos Estados Unidos nem em alguns outros países. No entanto, mesmo nessas regiões, a maioria dos barcos exibirá a bandeira, além da Alfa, porque ela é facilmente reconhecida. Barqueiros que encontrem qualquer uma dessas bandeiras têm que se manter afastados, a uma determinada distância, a qual varia de uma jurisdição para outra e conforme o tipo de água. Por exemplo, em mar aberto, a distância segura pode ser de 150 metros ou mais, mas em canais restritos reduz-se para 15 metros ou menos.

Apesar dessas bandeiras oferecerem certa proteção aos mergulhadores, elas também demandam determinadas responsabilidades. Os mergulhadores têm que permanecer a alguns metros das bandeiras. A distância varia, dependendo do estado da via fluvial e de como essas condições dificultam a navegação do barco, mas permanece sempre dentro do círculo de segurança que os barcos devem evitar. Tanto nas águas do interior da Flórida, quanto nas costeiras, quando os mergulhadores saem desse perímetro, eles devem marcar sua posição na água com bandeiras presas a pequenas boias e a carretilhas de linha que possam rebocar. Essas bandeiras notificam as embarcações que por lá transitam que há mergulhadores abaixo da superfície, mesmo que não haja barcos fretados por perto e, portanto, elas devem, tanto legal quanto eticamente, ficar distantes, para evitar um acidente.

Susie e Jeanie integravam o primeiro grupo. Os mergulhadores fizeram checagens rápidas no equipamento e verificaram o lastro, antes de se deslocarem para o meio do rio, deixando-se levar, sem rumo. As garotas levaram alguns momentos para controlar a flutuação e o equilíbrio, depois ficaram fascinadas pelas criaturas de água doce que povoavam o rio histórico. Logo ignoraram as instruções do orientador, disparando de um lado para o outro, observando os arredores. Seu mergulho foi repleto de descobertas: viram pela primeira vez o raro peixe-agulha da Flórida, em seguida o primeiro vislumbre do perturbador peixe-agulha-jacaré, pairando ao longe. A água era transparente e a correnteza as levava sem esforço.

Apenas algumas dezenas de metros de onde elas se encontravam à deriva, uma barca fretada trazia outro grupo, rio acima, para uma excursão de mergulho com *snorkel*. O capitão fazia seu discurso de sempre, destacando os detalhes mais pitorescos do rio. Em todas as curvas, ele diminuía a velocidade, procurando por bandeiras de mergulho e, onde possível, bolhas, antes de completar a curva. O sol do início da manhã provocava um intenso reflexo na superfície do rio; portanto, o capitão esforçava-se para avistar qualquer coisa abaixo da superfície. Enquanto se aproximava de uma das restrições mais perigosas do rio, localizada em uma curva razoavelmente rasa, ele reduziu a velocidade, procurando cuidadosamente por bandeiras de mergulho. Podia ver duas ao longe, mas sua embarcação passaria com facilidade pela restrição. Ele avançou devagar, fazendo a curva.

O raro peixe-agulha-jacaré da Flórida.

Susie e Jeanie tinham perdido seu grupo de vista, bem como a posição de sua bandeira de mergulho. Na verdade, elas não haviam nem pensado na bandeira, enquanto disparavam de uma cena emocionante para outra, ao longo do fundo do rio. Conforme se aproximavam da restrição do rio, a correnteza aumentou e os contornos do fundo produziram, bruscamente, um ângulo na direção da superfície. As mergulhadoras rumaram para a parte mais profunda do rio, que nesta área ia de 1,20 a 1,80 metro, numa tentativa de permanecerem submersas na forte correnteza. Apesar de ser uma ideia sensata, elas seriam incapazes de segui-la até o fim.

O barco fretado acabara de entrar na parte mais estreita da curva, quando a nadadeira amarela brilhante de Susie rompeu a superfície, bem na frente da embarcação. As garotas estavam sendo conduzidas pela correnteza, impotentes, e o capitão não tinha como se mover para qualquer dos lados. Abaixo da superfície, Susie detectou uma ampla sombra passando logo acima de seu corpo. Só então ouviu as hélices do barco girarem e o motor pulsar. Ela olhou adiante bem a tempo de ver a grande barca, a apenas alguns metros de sua cabeça desprotegida, e o medo a dominou. Já estava lutando para permanecer submersa, mas afundou com mais força ainda, visando chegar ao fundo, único refúgio disponível contra o barco que se aproximava muito rápido. Infelizmente, enquanto Susie era levada para águas mais rasas, ela falhou na hora de soltar o ar expansível do BCD. Agora, esse ar a forçava de volta, na direção da superfície. Susie abaixou-se e cobriu a cabeça, enquanto seu cilindro de alumínio batia na barca. Debaixo d'água, o som era ensurdecedor. Ao ouvir o impacto, Jeanie percebeu o que acontecia apenas alguns metros à sua frente. Ela nadou para o fundo, abraçando o calcário arenoso, enquanto o barco passava acima.

Enquanto isso, na superfície, as reações do capitão do barco eram testadas ao limite. Ele já havia desligado o motor. Quando o cilindro de Susie bateu contra o barco, ele virou-se e puxou a hélice, que ainda girava, para fora da água, virando o motor para a frente. O cilindro de Susie quicou na balsa, empurrando-a para cima, na direção do centro do barco. Então, ela roçou o estibordo da barca, antes de emergir sob o barco, bem onde estivera o motor. A reação rápida do capitão a poupara de ferimentos sérios e, provavelmente, salvara sua vida, já que ela teria passado exatamente pela hélice do motor de popa. As duas mergulhadoras emergiram atrás do barco, muito abaladas, mas, por milagre, os únicos ferimentos de Susie resumiram-se a alguns hematomas e um ego bastante machucado. O capitão manobrou o barco para o lado do rio e parou, assegurando-se de que as mergulhadoras estavam bem. Ele esperou até o instrutor alcançá-las.

Dupla de mergulhadores fazendo um mergulho em uma correnteza, no rio Rainbow, Flórida.

Susie e Jeanie não ficaram perto o suficiente de sua bandeira de mergulho, apesar de serem advertidas várias vezes sobre os riscos que correriam. Na verdade, elas não permaneceram com seu grupo, nem sabiam em que parte do rio estavam, no momento do acidente. Infelizmente, elas também não tinham consciência dos perigos que as cercavam. De acordo com todos os relatos, Susie e Jeanie eram, em geral, mergulhadoras prudentes e alertas, sempre seguiam as regras. Nesse caso, as águas calmas, limitadas e transparentes do rio e suas muitas distrações as levaram a uma falsa sensação de segurança e as tornaram menos conscientes de seu entorno. Felizmente, o capitão do barco estava prestando atenção. Suas reações, aliadas a uma grande sorte, salvaram Susie e Jeanie de um acidente bem mais grave.

Estratégias de sobrevivência

- ✓ **Mergulhos simples são frequentemente os que mais matam.** Mergulhadores quase sempre se machucam em acidentes sem sentido, nos mergulhos considerados muito fáceis. A falta de desafios não justifica a complacência.
- ✓ **Esteja sempre consciente do seu entorno.** Lagos, rios e oceanos são cheios de perigos potenciais ocultos, de corais-de-fogo a águas-vivas e hélices de barcos. Sempre olhe em volta e acima, enquanto se desloca pela água, a fim de evitar essas ameaças.
- ✓ **Siga as regras.** É impressionante quantas fatalidades resultam de simples infrações das regras de segurança. A maioria dessas normas é desenvolvida apenas para proteger os mergulhadores e outras pessoas que usam as vias fluviais públicas. Tire vantagem dessa proteção.
- ✓ **Use sempre uma bandeira de mergulho** e fique o mais próximo possível dela. Além de não ser multado, você ainda não correrá o risco de colidir com um barco, então minimize o perigo.

Um simples mergulho comercial

Jason agarra-se com força ao eixo da hélice. Mais uma vez, o casco sobe acima da água, caindo em cima dele com furor. Sua máscara sai do lugar. Engasgando com a água, ele a limpa de novo. Esforça-se para cortar a linha monofilamento, mas ela não se rompe. Com sua faca, ele tenta desenrolar a linha da hélice. O mar, que se avoluma progressivamente, arremessa o barco para fora da água outra vez, levando-o de novo a bater com força na água. O corpo de Jason está dormente, por causa do impacto. Respirando com dificuldade, ele luta para desenrolar a linha, tentando entender por que ela é tão difícil de cortar. Frustrado, ele a puxa para baixo com força, sem avistar o gancho farpado até ele já ter penetrado o outro lado de sua mão. A dor é intensa, rompendo a dormência provocada pelas pancadas em seu corpo, nos últimos minutos. O medo o domina. Ele não tem como cortar o cabo, o gancho farpado não vai sair de sua mão facilmente. Além disso, Jason sabe que deve estar com pouco ar.

Jason era um instrutor de mergulho novato, entusiasmado e invencível — ou pelo menos era isso que ele acreditava. Conquistara a maior parte de sua experiência mergulhando de um barco local. Então, depois de sua certificação, o capitão achou uma ideia lógica convidá-lo para integrar a tripulação, preenchendo uma das posições mais necessárias, a de imediato. O comandante também sabia que era um bom negócio porque, como membro da tripulação, Jason sempre traria seus alunos para o barco, em vez de levá-los para os concorrentes. O acordo comercial funcionava bem para os dois lados; Jason e o capitão logo se tornaram sócios e amigos íntimos.

O plano de mergulho em um fim de semana, no começo de agosto, começou como muitos outros. Na verdade, melhor do que alguns. As condições do mar, pela manhã, eram calmas, apesar da previsão meteorológica indicar uma calmaria antes da tempestade — prescrevia ventos cada vez mais fortes e tempestades com raios à tarde. O planejamento consistia em uma viagem curta, de apenas 12 quilômetros, para mergulhar num naufrágio em águas relativamente rasas, perto da costa. Como de hábito, o projeto foi cumprido sem problemas. O grupo usufruiu de dois mergulhos de 45 minutos, em profundidades de 12 a 18 metros. Durante os intervalos na superfície, os mergulhadores questionaram sobre os barcos de pesca que circundavam o naufrágio. Suas perguntas foram bem-vindas e o capitão Mike lhes contou toda a história do naufrágio, começando por sua imersão como um recife artificial, alguns anos antes. Ele falou sobre os estágios do crescimento da flora marinha no naufrágio, como ele atraía cada vez mais vida marinha, a cada estação. Também descreveu o relacionamento, de certo modo combativo, existente, às vezes, entre os pescadores e os mergulhadores; além disso, explicou como o recife era importante tanto para o ecossistema quanto para os fretes locais. Depois do segundo mergulho, sem maiores incidentes, Jason soltou a âncora, emergiu e subiu a bordo para a curta viagem de volta. Os mergulhos terminaram bem a tempo; o vento começava a se intensificar, soprando do nordeste, e o mar começava a ficar bem agitado. O capitão Mike observou: "para variar, o cara do tempo estava certo".

Hélice que Jason tinha que liberar.

O capitão Mike ligou os motores e virou o barco de 42 pés para o norte, na direção da enseada e da segurança do cais. Eles haviam percorrido apenas algumas centenas de metros quando Jason viu o capitão mexendo nas alavancas do motor. O barco parecia estar indo para bombordo. Após alguns instantes, o capitão Mike parou os motores e pediu a Jason para ir até o comando superior. Então, disse a Jason que parecia haver algo preso na hélice, a bombordo, e que precisavam soltá-la bem rápido, já que o mar estava ficando pior a cada minuto. Um motor a menos poderia gerar uma situação séria para o barco e seus passageiros. Após um breve debate, Jason vestiu sua máscara, nadadeiras e *snorkel*, depois mergulhou da popa do barco para dar uma rápida olhada. Respirando fundo várias vezes, segurou firme na plataforma de mergulho da embarcação e submergiu, logo abaixo da embarcação, dando pinotes para inspecionar o eixo do motor. Jason descobriu um bolo de linha monofilamento muito pesado, enrolado na hélice e apertado em volta do eixo do motor, perto do curso de colisão. O problema, obviamente, não podia ser resolvido tão depressa quanto eles esperavam.

De volta ao comando superior, o capitão e Jason discutiram suas opções. Eles podiam tentar voltar para casa com um motor só, uma viagem longa e potencialmente perigosa, num clima que piorava cada vez mais. Devido ao tamanho do barco e às características do casco, os dois sabiam que precisariam de dois motores para manter o curso. Também pensaram em contatar uma companhia profissional de reboque, para arrastar a embarcação de volta, pelo menos até a enseada, onde poderiam manobrá-la em segurança com um único motor. Mas essa opção não era nem um pouco atraente, por conta do atraso e das despesas. Além disso, se as condições do mar continuassem a se agravar, o processo de reboque poderia ser perigoso tanto para o barco, quanto para os passageiros. No final, conceberam um novo plano. O capitão ia soltar uma âncora de areia, enquanto Jason preparava seu equipamento para descer e, literalmente, serrar a linha, para retirá-la do motor. Jason verificou vários cilindros até encontrar um no qual sobrara cerca de 1000 psi. Ele inseriu seu BCD recreativo e um único regulador no cilindro. Enquanto a âncora se acomodava e o barco se sacudia na corrente, Jason percebeu que ela aumentara demais. Então, antes de vestir seu equipamento, decidiu desenrolar da popa o cabo de arrasto do barco, para o caso de a corrente arrastá-lo para trás da embarcação. Com a âncora presa, o movimento do barco tornou-se menos violento. Naquele momento, as ondas estavam se aproximando de 1,5 metro, com uma alta oscilação, e o vento soprava mais forte. Jason estava ficando cada vez mais inquieto a respeito do mergulho, mas Mike garantiu que seria moleza. Jason mergulhou, então, para o interior da forte corrente. Apesar de entrar bem ao lado do cabo de arrasto, ele deslocou-se mais ou menos 9 metros, antes de conseguir agarrá-lo. Impelindo-se com uma mão em cima da outra, Jason mais uma vez conseguiu segurar-se com firmeza à plataforma, retirou todo o ar de seu BCD e submergiu sob o barco oscilante.

O primeiro dilema de Jason foi chegar perto o suficiente do motor e do casco, sem que sua cabeça fosse esmurrada, conforme o barco de 18 toneladas subia e descia no mar revolto. Segurando-se na plataforma de mergulho, com o braço esticado, ele logo começou a ter problemas para manter a máscara no lugar e, ao mesmo tempo, permanecer em posição vertical sob o barco. Percebeu que, nessas condições, não podia alcançar o meio das lâminas da hélice para cortar a linha do eixo, então dirigiu-se mais para o fundo. Descendo bem abaixo do casco, ele nadou por entre os motores gêmeos e emergiu devagar, agarrando o eixo do motor a bombordo, enquanto o barco chegava ao fundo de uma vala. Novamente, ele agarrou-se com todas as forças, porém foi incapaz de trabalhar. O movimento do barco e a intensidade da corrente não cessavam de tirar sua máscara do lugar e impossibilitavam até a remoção de uma das mãos do eixo, para lidar com a obstrução. Após alguns minutos, Jason modificou seu plano. Esperando que o barco descesse em uma vala, passou rápido uma perna por cima do eixo e também girou seu ombro esquerdo acima dele, inserindo-se dentro do espaço minúsculo entre o casco e o eixo do motor. Enfim pôde usar a mão e a perna esquerdas para apoiar-se no barco, conforme usava a mão direita e a faca de mergulho para tentar soltar a hélice.

A hélice estava um caos. A fricção do eixo giratório havia derretido a linha monofilamento, transformando-a em uma bola sólida. Enquanto ele serrava, somente um fio se soltou, para que ele tentasse desenrolá-lo. A massa de plástico era resistente e difícil de cortar, mesmo com a faca afiada e bem cuidada de Jason. Quanto mais perto do eixo ele cortava, mais o plástico grudava e mais difícil o corte se tornava. A tarefa foi complicada pelo movimento crescente do barco. Jason tinha que parar com frequência para limpar a máscara e verificar sua posição no eixo do motor. Além disso, levantar demais a cabeça resultava em um impacto dolorido contra o casco, toda vez que o barco subia e descia em uma onda. Jason verificou seu suprimento de gás. O ponteiro estava entrando perigosamente no vermelho. Ele se exauria com o esforço de se agarrar à embarcação, ao mesmo tempo em que arrancava a linha derretida do eixo. Finalmente chegou a um fio maior, mas sua faca não o rompia. Ele reembainhou a faca e tentou seguir o fio até o fim, para começar a desenrolá-lo. Alguns dos rolos soltaram-se do eixo. Jason agarrou uma das laçadas e a puxou na sua direção. Estava quase a ponto de desistir, começando a achar a tarefa impossível. Então, fez uma última tentativa, apanhando duas das laçadas na linha e puxando com toda a força restante. A linha soltou-se. Jason continuou a puxar, deixando uma ponta da linha deslizar por sua mão, enquanto arrancava a laçada, que se mantinha tensa. Em nenhum momento viu o gancho usado para pescar peixes grandes até ele perfurar sua mão. Provocando uma dor ardente, o gancho atravessou a carne até o outro lado, passando entre dois ossos da mão de Jason.

Ele teve que reavaliar a situação. Estava preso ao eixo do motor do barco e sabia que não podia empurrar o gancho de volta, através de sua mão. Mais uma vez avaliou a linha que prendia o gancho. Aos poucos, percebeu que ele estava preso a um cabo-guia de aço inoxidável, motivo pelo qual os fios não haviam grudado na linha monofilamento. Passando a outra mão em volta, pegou sua faca e tentou várias vezes serrar o cabo. Mais frenético, ele tentou soltar o cabo do eixo com puxões, cada esforço rasgando mais a sua mão. O SPG de Jason estava abaixo de 100 psi. Ele sabia que, em breve, seria difícil respirar através do regulador. Estava preso sob apenas 1 metro de água, sem ter como alcançar a superfície para uma única respirada. Tomando coragem, abandonou seus esforços para remover o fio da hélice e arrancou o gancho da mão. Esperando o barco submergir até uma vala, ele impeliu-se para baixo e distante dele; então, emergiu vários metros atrás da embarcação, erguendo no ar a mão ferida. Jason agarrou o cabo de arrasto, pedindo ajuda à embarcação. Estava exausto demais para nadar, portanto segurou o cabo com a mão boa, enquanto mergulhadores do barco o arrastavam para a plataforma. Evitando a escada, ele esperou que o barco chegasse ao fundo de uma valeta e lançou-se em cima do topo da plataforma, segurando-se, enquanto o barco subia de novo. Mike e os mergulhadores o agarraram imediatamente e o puxaram para dentro da embarcação.

Jason estava tão exausto, que mal conseguia ficar de pé. Sua mão sangrava com intensidade e o capitão preocupou-se que ele tivesse sofrido uma embolia ou uma DD, devido ao esforço intenso depois de dois mergulhos relativamente longos. Jason reclamou que seu corpo estava dormente. Com alguma ajuda, ele enfaixou a mão e começou a aspirar oxigênio, enquanto dois dos mergulhadores ajudavam o capitão a levantar âncora. Mike iniciou a difícil tarefa de guiar o barco através do mar revolto, com apenas um motor em funcionamento. A viagem, que costumava levar 40 minutos, prolongou-se por bem mais de uma hora e meia, pois ele toda hora virava o barco para evitar as ondas de frente. Apesar de Jason ter se recuperado um pouco, quando o barco finalmente chegou ao cais, seus companheiros não conseguiam determinar se sua dor e dormência resultavam da surra que tomara sob o barco ou dos sintomas de uma possível lesão hiperbárica. Jason foi transportado para o hospital local, onde o mantiveram no oxigênio, monitorado por várias horas, à medida que sua mão era tratada adequadamente e o examinavam, observando se ele quebrara algum osso.

Mergulho comercial

Mergulhar para recuperar equipamentos ou fazer reparos mecânicos (entre outras atividades) é conhecido como mergulho comercial. Mergulhadores comerciais passam por um processo de treinamento muito diferente dos recreativos ou dos de segurança pública. Também usam muitos procedimentos e vários equipamento diferentes. Em geral, utilizam sistemas de abastecimento de gás na superfície, dando-lhes um suprimento praticamente ilimitado para lidar com problemas comuns nos mergulhos comerciais, como aprisionamento, emaranhamento e até ferimentos de pouca gravidade. Um mergulhador comercial nunca entra na água sem um plano de segurança detalhado, um parceiro de segurança e algum método de comunicação com a superfície, normalmente por voz, através de tecnologia eletrônica. Aprender a praticar esses procedimentos e a usar o equipamento especializado requer várias semanas de treinamento intenso, em uma academia para mergulhadores comerciais. Nenhum outro treinamento hoje disponível (com exceção do treinamento de mergulhador militar de recuperação, muito similar ao de mergulhador comercial) pode substituir o treinamento comercial de forma segura.

Jason teve muita sorte, aliada a uma personalidade forte e obstinada. Nunca havia liberado um motor de barco antes e não fazia ideia do que o processo envolveria. Realizar uma tarefa como essa, pela primeira vez, em mar aberto e revolto, foi apenas o primeiro de vários erros de julgamento. Após cometer esse erro, ele o agravou com várias outras decisões péssimas. Para começar, não estava equipado de forma adequada para o mergulho. Qualquer mergulhador comercial ou de recuperação experiente insistiria em ter uma ferramenta de corte capaz de cortar o fio provavelmente presente na linha emaranhada na hélice. O barco, na verdade, era equipado com alicates e tesouras de paramédico, porém Jason não pensou em levar nenhum desses instrumentos em seu mergulho.

Em seguida, Jason decidiu entrar na água com um cilindro que continha apenas cerca de um terço do suprimento de gás. Alguns mergulhadores comerciais diriam que até um cilindro cheio seria inadequado para esse trabalho, naquelas condições, mas todos certamente concordariam que o cilindro deveria, pelo menos, estar cheio.

Por fim, o plano de mergulho de Jason não incluía nem um parceiro de mergulho nem qualquer meio de comunicação com a superfície. Não estabeleceram nenhum limite de tempo para o mergulho e não elaboraram nenhum planejamento para suprir gás extra ou verificar a segurança de Jason. Se ele escorregasse do eixo do motor e fosse atingido pelo barco, provavelmente teria ficado inconsciente, depois afundaria e seria arrastado pela corrente. Outro cenário possível é que o equipamento de Jason poderia ter sido danificado, em especial seu primeiro estágio, uma válvula do cilindro ou uma mangueira do regulador, provocando uma catastrófica perda de ar. Sem um suprimento de ar excedente, ele poderia ter se afogado, antes de se afastar do barco e chegar à superfície. Qualquer desses cenários ocorreria sem que os mergulhadores do barco tivessem a mínima consciência. Uma operação correta dessa natureza incluiria comunicação eletrônica ou uma linha de amarração, ligando Jason a um observador posicionado na popa do barco. Obviamente, mesmo que Jason fosse capaz de se comunicar, ninguém no barco estava preparado para ajudar numa emergência. Operações comerciais exigem um mergulhador de segurança que esteja pronto para responder em segundos a qualquer crise. Todo mergulhador, no final, é responsável por sua própria segurança; no entanto, esta análise não estaria completa se eu não mencionasse que o capitão Mike era de longe, nesse caso, o indivíduo mais qualificado para tomar decisões de segurança. Apesar de não ter mais conhecimento sobre mergulho comercial do que Jason, ele tinha vasta experiência em operações de navegação e deveria ter reconhecido os problemas de forma mais clara. De qualquer modo, ele deveria saber que Jason não possuía as qualificações necessárias para completar essa tarefa com segurança; portanto, jamais deveria ter recomendado que ele tentasse cumprir essa missão.

Todas as atitudes de Jason e do capitão da embarcação poderiam resultar num acidente. O único motivo para Jason sobreviver é que ele era teimoso demais para desistir. Ele jamais soltou a hélice do barco, mesmo com a dor extrema que sentiu quando o gancho penetrou sua mão e quando o puxou para fora. Também não entrou em pânico, reconhecendo que essa é a maior causa de morte de mergulhadores em condições adversas. No fim, ele foi capaz de superar suas péssimas decisões ao ficar calmo e reagir metodicamente à situação.

Estratégias de sobrevivência

- **Não faça mergulhos comerciais** sem o treinamento adequado. Trabalhos de recuperação e consertos estão fora do universo do mergulho recreativo, e até *dive masters* e instrutores recreativos estão longe de ser qualificados para operações comerciais. Todos os mergulhos dessa natureza exigem treinamento especializado extenso, competências e equipamentos. Não seja tolo o suficiente para tentar ser um mergulhador comercial sem obter esse treinamento e os aparatos necessários.
- **Não faça isso sozinho.** Mergulhos solo também requerem treinamento, qualificações e equipamentos especializados. Mergulhe com um parceiro ou obtenha o treino e os aparatos adequados, antes de mergulhar sozinho.
- **Nunca inicie** um mergulho complexo ou árduo com menos de um cilindro de ar cheio. Se estiver mergulhando sozinho, também deve transportar um sistema reserva de fornecimento de ar, o qual permitirá que você volte à superfície, mesmo na pior hipótese.
- **Sempre estabeleça um plano.** Até nas melhores condições você sempre deve estabelecer um plano de mergulho com os que vão permanecer no barco, o qual inclua uma duração máxima para a operação. Nesse caso, um plano teria indicado às pessoas a bordo que Jason estava em perigo.
- **Procure ajuda profissional, se necessário.** O custo foi a preocupação principal na hora de rebocar ou não a embarcação de volta para o cais. Nenhum valor financeiro vale arriscar a vida de um mergulhador. Então, quando determinaram a magnitude do problema, o capitão deveria ter solicitado ajuda profissional. Alguns mergulhadores comerciais adequadamente treinados teriam se recusado a mergulhar nessas condições.

Falha no plano de mergulho

A narcose é para todos

Keith está atordoado. Enquanto ele paira a cerca de 30 metros, tudo parece surreal, fazendo-o lembrar de uma noite com muita tequila. Seu computador pisca "pare", mas seu SPG está perigosamente baixo. A confusão engloba tudo, então ele fica ali, apenas olhando para seus manômetros.

Keith era um instrutor de mergulho e *dive master*; ele trabalhava para uma loja popular de mergulho, nos trópicos. Como a maioria dos estabelecimentos daquela região, ela oferecia alguma instrução, mas se concentrava em transportar dúzias de turistas, algumas vezes por dia, até os recifes, em águas rasas. Como os outros instrutores e *dive masters*, as principais tarefas de Keith eram acomodar o equipamento no barco e ser imediato. É claro que ele mergulhava nos lugares populares com frequência e, mesmo quando atuava como imediato, sempre se encontrava dentro d'água, apesar de nessas ocasiões estar quase sempre ajudando um mergulhador que tivera algum problema pequeno. Keith estava ansioso pelo próximo trabalho. Durante os cinco dias seguintes, ele exerceria sua função de imediato para um grupo de apenas dez mergulhadores, incluindo três autoridades famosas no campo do mergulho técnico. Os mergulhos seriam bem abaixo de sua experiência, e os mergulhadores especificaram que Keith não deveria tocar em seus equipamentos. Além de içar a âncora e baixá-la, ele não teria nada para fazer. Essas viagens deveriam ser rotineiras e ele estava louco para passar algum tempo ao sol.

Os mergulhadores planejavam uma série de mergulhos, vários deles em um naufrágio histórico e popular, a 76 metros de profundidade. Os primeiros dias seriam de mergulhos de ajuste em um naufrágio que repousava na areia, a apenas 58 metros. Infelizmente, o primeiro dia teve que ser descartado, devido às más condições do mar. No segundo dia, o mar estava calmo, porém as correntes encontravam-se ainda um tanto fortes. Mesmo assim, os mergulhadores decidiram tentar. Após transportar o grupo até o local, o capitão manobrou um pouco o barco, corrente acima do naufrágio, e Keith conseguiu liberar com facilidade uma âncora estilo gancho na superestrutura do naufrágio, 33 metros abaixo. Uma instrução detalhada abordou preocupações a respeito da corrente, a qual parecia ter pouco mais de um nó na superfície.

Os mergulhadores submergiram de dois em dois, porém bem rápido, para descerem em equipe. Concluíram o mergulho sem incidentes, com a exceção de que quatro mergulhadores foram conduzidos pela corrente para longe do cabo de descida. Mas eles seguiram procedimentos de segurança ao pé da letra, inflando marcadores de superfície, enviando-os à tona em carretilhas de linha e rebobinando os cabos, conforme subiam. Depois de embarcar os mergulhadores restantes, o barco só desceria a corrente e apanharia os mergulhadores que flutuavam.

Imediatos *versus dive masters*

Os deveres de um *dive master* já foram discutidos aqui e observamos que eles frequentemente podem atuar como imediatos a bordo de barcos de mergulho fretados. "Imediato" é um termo marítimo que se refere a uma posição oficial no rol da tripulação de um navio. Grandes embarcações podem ter mais de um imediato, classificados por números: primeiro imediato a terceiro imediato, por exemplo. Em embarcações de frete menores, os chamados barcos de passeio de um dia, é raro haver mais de um imediato. Cada capitão designa as tarefas que esse tripulante deve realizar — ajudar com os procedimentos de atracar e de ancorar a embarcação no local do mergulho ou operar o barco, se o capitão confiar na capacidade do imediato para lidar com o barco. Ele também auxilia os mergulhadores com seus equipamentos e os ajuda a entrar e a sair do barco, tanto no cais quanto no local do mergulho. Por esse motivo, a maioria dos capitães de barcos de mergulho prefere ter um imediato qualificado na supervisão de mergulhadores e, geralmente, contrata *dive masters* ou instrutores que vão trabalhar como *dive masters* e imediatos.

É importante frisar, no entanto, que os deveres de supervisão dos mergulhadores — como passar as instruções de mergulho, fazer as verificações de segurança dos equipamentos dos mergulhadores antes de cada submersão e estar preparado para resgates, no caso de um acidente ou potencial incidente, enquanto os mergulhadores estão na água — diferenciam-se totalmente das responsabilidades náuticas básicas de um imediato, não integrando suas funções. Na verdade, alguns capitães afirmam que seu *dive master* é só um imediato enquanto o barco está navegando, ancorando ou atracando, e torna-se um *dive master* assim que a embarcação começa a liberar os mergulhadores para uma imersão.

Como alguns estavam à deriva, o capitão relutou em solicitar que um mergulhador descesse e soltasse a âncora da superestrutura do naufrágio. Considerando que o grupo planejava mergulhar no mesmo ponto no dia seguinte, ele optou por amarrar uma boia no cabo, desamarrar este do barco e deixar a âncora no naufrágio. Isso lhe daria mais tempo para pegar os mergulhadores à deriva e também para ancorar, da próxima vez. Os mergulhadores foram resgatados e receberam altas doses de chacotas bem-humoradas do resto do grupo.

Na manhã posterior, os mergulhadores retornaram ao cais, subiram a bordo e embarcaram no que seria um dia de mergulho mais agitado. Chegando ao local, tanto o capitão quanto o imediato ficaram surpresos ao ver que a boia desaparecera. Ou algo havia danificado a boia ou alguém com más intenções cortara o cabo. O capitão, a tripulação e os líderes do grupo fizeram uma rápida reunião e decidiram que Keith levaria uma bolsa inflável pequena até 33 metros, onde a âncora estava presa a um mastro sobre o naufrágio. Ele deveria localizá-la, amarrar a ponta solta do cabo e então enviá-lo para a superfície, com a bolsa inflável. Em nenhuma circunstância ele deveria descer mais do que 36 metros. Como instrutor recreativo, Keith era qualificado para mergulhar a essa profundidade moderada e, presumivelmente, disciplinado o suficiente para não exceder a profundidade máxima planejada.

DD e narcose por nitrogênio

Como já vimos, conforme um mergulhador submerge, a pressão aumenta em volta de seu corpo. A pressão exercida a 33 pés (10 metros) de profundidade do mar é duas vezes a da superfície. A 99 pés (30 metros), o mergulhador enfrenta uma pressão ambiente aproximadamente quatro vezes maior do que a sentida na superfície. Essa pressão adicional dissolve os gases que o mergulhador respira em sua corrente sanguínea e nos tecidos. Em termos simples, é semelhante ao processo usado para criar bebidas gaseificadas. Se você expuser o líquido a um gás de alta pressão, uma certa porcentagem dele se dissolverá dentro do líquido. À medida que você aumenta a pressão, mais o líquido absorve o gás e em maior velocidade ele se dissolve. Esse processo não provoca problemas para o mergulhador, até ele começar a subir. Conforme a pressão ambiente em volta dele diminui, os gases dissolvidos não mais se contêm em seus tecidos e na corrente sanguínea e começam a formar bolhas. Se o mergulhador não for fundo demais nem permanecer fundo por muito tempo, e se emergir devagar o suficiente, essas bolhas são liberadas como partículas microscópicas, ficam presas nos pulmões e são exaladas, sem criar nenhum problema para o mergulhador. Por outro lado, se ele subir rápido demais, seu corpo age como uma bebida gaseificada sacudida de forma violenta e rapidamente aberta. Bolhas maiores formam-se na corrente sanguínea, interferindo no fluxo sanguíneo e causando danos onde quer que passem. Esse processo é conhecido como doença de descompressão (DD).

Há duas espécies de DD. O Tipo I, menos grave, costuma afetar os músculos, as articulações e a pele, caracterizando-se por dores, irritação e sensibilidade. O Tipo II acomete o sistema nervoso central, o coração ou os pulmões e apresenta uma vasta gama de sintomas, incluindo falta de ar, circulação comprometida, paralisia, mudanças de personalidade, perda de controle da bexiga e do intestino. Pode levar ao coma e à morte. Os dois tipos exigem administração de oxigênio assim que aparecem os primeiros sintomas, ou antes. Fundamentalmente, o mergulhador deve ser tratado em uma câmara de recompressão, onde receberá oxigenoterapia hiperbárica, para ajudar a remover do corpo qualquer nitrogênio residual (através do processo de difusão, discutido logo abaixo) e oxigenar tecidos privados de oxigênio.

Mergulhadores recreativos ou que submergem dentro dos limites normais do mergulho esportivo praticam o chamado mergulho de não descompressão. Ou seja, eles usam perfis (limites de profundidade e tempo) que lhes permitem emergir em um ritmo lento, direto para a superfície, a qualquer momento do mergulho. Consideram-se perfis como esses dentro dos limites de não descompressão. Quanto mais fundo um mergulhador submerge, mais rápido ele alcança o limite de não descompressão. Por exemplo, a 10 metros um mergulhador pode permanecer até 5 horas. A 20 metros, o limite de tempo reduz-se a apenas 1 hora; a 40 metros, o mergulhador tem apenas 13 minutos (esses números dependem da tabela de mergulho utilizada).

Se os mergulhadores excederem os limites de não descompressão, eles vão conduzir tanto nitrogênio em seus tecidos que não poderão emergir devagar o suficiente para eliminá-lo. (O nitrogênio constitui cerca de 79% do ar que respiramos, incluindo o ar padrão comprimido dentro do cilindro de um mergulhador, e é metabolicamente não reativo ou inerte. Como o oxigênio dissolvido é, em geral, usado pelo nosso corpo, é com o nitrogênio que mais nos preocupamos quando abordamos a DD.) Esses mergulhadores precisam realizar a descompressão em etapas. Primeiro, eles sobem até uma profundidade onde a pressão é reduzida, levando-os à beira de criar bolhas clínicas — que desencadeiam sinais de DD — ou sintomas de DD. Eles fazem uma pausa nesse nível, até o corpo eliminar gás suficiente para que seja seguro subir até a próxima parada, normalmente 3 metros mais rasa. Essas paradas são chamadas de etapas. Mergulhadores que realizam uma parada escalonada também podem usar outros gases para facilitar a eliminação do nitrogênio. Por exemplo, se um mergulhador absorver uma concentração elevada de oxigênio em sua mistura, o princípio da difusão (deslocamento de uma substância química de uma área de concentração maior de líquidos para outra de concentração menor) vai acelerar a eliminação do nitrogênio, através de seus pulmões. Procedimentos como esses — descompressão escalonada e troca de gases, conhecidos como mergulho de alcance prolongado ou mergulho técnico — estão além do alcance do mergulhador esportivo típico.

Tanto tabelas quanto computadores podem ser empregados para prever profundidades seguras, limites de tempo e velocidade de subida. Computadores de mergulho são dispositivos eletrônicos à prova d'água, com sensores de pressão e cronômetros que monitoram o perfil do mergulhador e prevêem quanto tempo mais ele pode permanecer em dada profundidade, antes de ter que emergir ou exceder os limites de não descompressão. A maioria dos computadores é projetada para operar ao alcance do mergulho esportivo tradicional, restringindo os mergulhadores a submergir dentro dos limites de não descompressão. Esses computadores transmitem informações básicas, incluindo o período que se permanece no fundo, a profundidade atual, a profundeza máxima do mergulho e o tempo restante, antes de o mergulhador ter que emergir. Computadores programados para mergulhadores de alcance prolongado fornecem maiores informações, como o tempo total de subida, a profundidade das paradas em etapas necessárias durante a emersão e a duração dessas paradas, as quais integram esse tempo total de subida. Essa profusão de dados pode ser confusa para mergulhadores que não usam os computadores com frequência e, portanto, não têm a compreensão absoluta dos princípios envolvidos.

A maioria dos computadores recreativos tem uma função de emergência, ativada quando o limite de não descompressão é excedido. Nesse modo, em sua tela só pisca a palavra "pare", com um limite de profundidade. Apesar de inadequado para planejar um mergulho, porque não indica a duração da parada, em uma emergência um mergulhador pode se beneficiar desse recurso, dirigindo-se à profundidade assinalada e lá permanecendo até o indicador de profundidade apontar para um nível mais raso ou a palavra "pare" desaparecer. É importante para os mergulhadores que usam esses computadores estarem cientes dessas funções de emergência e de como elas operam no caso de uma emergência.

Outra dificuldade enfrentada por mergulhadores de grandes profundidades que empregam gases com base de nitrogênio é o efeito narcótico desse gás quando ele é dissolvido no corpo. Apesar de variarem de mergulhador para mergulhador, os efeitos da narcose por nitrogênio são comumente comparados aos da intoxicação alcoólica ou por óxido nítrico (gás hilariante). Antes de passarem a usar o "politicamente correto", os livros técnicos de mergulho ensinavam a lei do martini — a cada 15 metros que desce, um mergulhador é afetado da mesma maneira que o seria se consumisse um martini ou cerca de 120 mililitros de álcool destilado. Em geral, mergulhadores afetados pela narcose perdem inibições que, de outra forma, os manteria seguros. Também tendem a ter um foco estreito, o que os torna menos conscientes de seu entorno, e experimentam dificuldades para tomar decisões racionais ou resolver problemas. Esses efeitos, em um mergulhador não treinado, são a principal preocupação em mergulhos profundos, especialmente os que excedem 30 metros. Treinados, os mergulhadores podem submergir bem além desse nível, com quantidade adequada de ar, mas mergulhadores recreativos não treinados nunca devem ultrapassar profundidades de cerca de 40 metros, empregando ar apropriado. Aliás, mergulhos entre 30 e 40 metros deveriam se restringir a mergulhadores recreativos muito experientes, com certificação avançada.

O líder do grupo informou Keith que o convés principal do naufrágio ficava a uma profundidade pouco maior do que 45 metros e a areia achava-se por volta de 58 metros. Advertiram Keith a limitar o mergulho a não mais de 10 minutos, mantendo um controle atento de sua profundidade e flutuação. Ele vestiu um equipamento de mergulho recreativo, incluindo um cilindro de 24 metros cúbicos e um BCD padrão. Seu console continha tanto um manômetro quanto um computador de mergulho recreativo, projetado para mergulhos de não descompressão.

Preocupações a respeito de DD e narcose fizeram os líderes do grupo hesitarem quanto ao plano do capitão. No entanto, acreditaram que, como Keith era instrutor recreativo, ele tinha experiência suficiente para evitar esses problemas.

Uma equipe de mergulho com *trimix*, no USS Curb.

O mar estava relativamente calmo enquanto Keith mergulhava. Havia uma corrente moderada, mas o capitão o deixara mais ou menos corrente acima, de forma que ele pudesse flutuar sem esforço para dentro da estrutura do naufrágio. Ele localizou depressa a âncora e puxou a ponta do cabo em sua direção, para prender a bolsa e, depois, enviá-lo para a superfície. No entanto, o cabo estava esticado por todo o comprimento do naufrágio e resistiu aos seus esforços. Keith ficou logo cansado e reconheceu que estava respirando rápido demais para permanecer seguro naquela profundidade. Fazendo uma pausa, verificou seus manômetros e tomou a decisão de nadar ao longo do convés, visando liberar o cabo e despachá-lo para a superfície a partir dali. Infelizmente, o convés ficava a 45 metros, bem além do limite de profundidade para o qual Keith fora treinado. A seguir, não está claro o que aconteceu. O que sabemos é que Keith não conseguiu soltar o cabo ou mandá-lo para a superfície, e que ele excedeu o tempo estabelecido para o mergulho.

Felizmente, o líder do grupo não apostara demais no treinamento, na experiência e na disciplina de Keith. Mesmo antes de Keith submergir, os três instrutores técnicos a bordo haviam desenvolvido um plano para lidar com qualquer potencial emergência. Como ele fora instruído a emergir em 10 minutos e, no oitavo minuto, a bolsa inflável não chegara à superfície, um dos instrutores mais experientes vestiu um equipamento da embarcação, com um cilindro, e preparou-se para mergulhar. Outro mergulhador permaneceu no comando superior, buscando as bolhas de Keith, enquanto instruíam o capitão a posicionar a popa do barco corrente acima dessas bolhas. No décimo minuto, o instrutor, Joe, entrou na água. Joe seguiu rápido o rastro das bolhas de Keith e o encontrou à deriva, vários metros abaixo do naufrágio, numa profundidade de cerca de 30 metros. Keith estava atordoado e confuso. Observava seu computador, mas nele só piscavam duas telas alternadas: "pare" e "3". Isso indicava que ele devia subir até 3 metros; a partir desse nível, o computador o liberaria para emergir até a superfície. Mas Keith estava confuso e não conseguia compreender a situação. Além disso, ele não se familiarizara com as funções de emergência do computador e, portanto, não fazia ideia do significado das telas. Em seu estado de desorientação, decidira que a resposta apropriada era parar, até o computador lhe autorizar a subir, mesmo estando em uma profundidade na qual seu organismo ainda absorvia nitrogênio e houvesse menos de 300 psi em seu cilindro de 3000 psi.

Joe agarrou o mergulhador aturdido e tentou se comunicar com gestos, mas Keith não reagiu. Joe subiu com ele até 6 metros, onde fez uma pausa, na esperança de que Keith o entendesse e eles pudessem avaliar sua obrigação de descompressão. Keith permanecia desorientado. Então, Joe decidiu que, como Keith estava com muito pouco ar, eles deveriam ignorar a descompressão e colocá-lo no oxigênio assim que chegassem à superfície.

O resto da subida ocorreu sem incidentes. A bordo, Keith foi examinado por um médico avançado de mergulho e técnico hiperbárico e por um enfermeiro registrado, com experiência em medicina hiperbárica. Keith escolhera o grupo perfeito para sofrer um acidente. Retiraram seu equipamento, ele foi envolto em toalhas e passou por um exame neurológico. Colocaram-no imediatamente no oxigênio, em uma tentativa de compensar a exclusão da parada de descompressão. Pouco tempo depois, ele já estava alerta, orientado e parecia não apresentar qualquer sintoma.

Enquanto o grupo debatia sobre como cumprir o plano do dia, a situação de Keith deteriorou. Ele começou a se queixar de dormência e fraqueza na perna esquerda — sinais indicativos de um ataque de DD Tipo II. Quando ele apresentou esses sintomas, só restava uma opção. O capitão notificou a Guarda Costeira e Keith foi transportado para o cais, direto para uma ambulância de prontidão. Foi levado às pressas para a instalação hiperbárica local, onde foi tratado pelas 6 horas seguintes. A reação e o tratamento rápido salvaram a vida de Keith. Ele encontrava-se na câmara menos de 45 minutos depois que seus primeiros sintomas apareceram, apenas 1 hora e 10 minutos após ter emergido. Assim, seu tratamento foi bem-sucedido, e ele não ficou com sequela alguma.

Keith cometeu dois erros. O primeiro foi não respeitar os limites do mergulho. Como nunca mergulhara em grandes profundidades, ele não reconheceu que diferença fariam mais 6 ou 10 metros em sua capacidade de percepção. Ele também não se lembrou de que, em seu treinamento, aprendera que o esforço de puxar um cabo aumentaria suas chances de sofrer narcose e DD. Em segundo, Keith estava operando com a informação incorreta que recebera em seu primeiro treinamento. Depois do mergulho, ele pensou que, se subisse apenas alguns metros, a narcose desapareceria imediatamente. Na verdade, em geral os mergulhadores têm que subir bem mais do que alguns metros antes de os sintomas da narcose diminuírem e, mesmo então, leva algum tempo para o nível de nitrogênio dissolvido se reduzir.

Estratégias de sobrevivência

- ✓ **Conheça seu equipamento**, especialmente os dispositivos mais avançados, como computadores de mergulho. Se o seu computador tem um modo de emergência, estude bem o manual, para saber como operá-lo, antes de precisar recorrer a ele.
- ✓ **Prepare-se para o pior.** Emergências nunca ocorrem com aviso prévio, do contrário não seriam emergências. Treine para lidar com as situações que podem acontecer nos mergulhos que planeja realizar. Se você é um mergulhador de profundidade, obtenha o treinamento acadêmico e o de procedimentos necessários para esses mergulhos.
- ✓ **Siga seu plano de mergulho.** Independentemente do mergulho ser profundo ou raso, simples ou complexo, muitos acidentes começam com uma péssima decisão: a de violar os parâmetros do planejamento de mergulho. Em alguns casos, a pior decisão é não ter um plano.
- ✓ **Você não pode derrotar a física.** Na luta entre o homem e a física, a física sempre vence. Keith, mais tarde, contaria que violara a descompressão antes, sem problema algum. Seu sucesso ao driblar a física deveu-se, provavelmente, à natureza conservadora da maioria das tabelas e computadores, de sua juventude e da ausência de fatores de risco. No entanto, daquela vez, seu computador não foi conservador o suficiente e a física ganhou.

Uma roupa de mergulho justa demais

O coração de Steve está batendo mais rápido. Sua ansiedade é tão forte que ele mal consegue combater o pânico. Sabe que está hiperventilando, mas não parece capaz de parar. Nada com força, tentando alcançar seu parceiro, mas ele continua a se distanciar. Quanto mais forte bate os pés, mais sente o ar faltar, seu coração bate com intensidade e ele fica à beira do pânico. Steve não consegue entender sua situação. Não há corrente, a visibilidade é relativamente boa e ele está a apenas 10 metros de água. Todas as condições encontram-se dentro do universo de sua experiência de mergulho; ainda assim, ele não consegue recuperar o fôlego.

Steve era um mergulhador mais ou menos experiente que, além de gostar de mergulhar, ainda usava suas habilidades para servir sua comunidade, integrando uma equipe de mergulho de segurança pública. Passara inúmeras horas treinando e, conforme sua equipe se sofisticava, percebia que seus equipamentos recreativos e procedimentos eram inadequados para operações de mergulho de segurança pública. Trabalharam com um bom instrutor recreativo por vários anos, mas o alcance de sua experiência era limitado; portanto, o progresso da equipe estagnara. Mas não faltavam entusiasmo e dedicação a Steve e ao seu grupo, então eles conduziram sua própria pesquisa sobre essa modalidade de mergulho. Debateram suas descobertas e, quando acharam apropriado, implementaram novos procedimentos, adquirindo novos equipamentos, de forma diligente e metódica, embora nem sempre de maneira correta. Esse processo foi o responsável por Steve vivenciar essa experiência com um equipamento que trajava pela primeira vez.

Inicialmente, a equipe começou a pesquisar roupas secas, num esforço para obter melhor proteção térmica em mergulhos nos meses mais frios. Mas logo descobriram que, quando confeccionadas com material adequado, e usadas com máscaras de rosto inteiro ou, melhor ainda, capacetes que recebem ar através de mangueiras presas a cilindros ou a compressores na superfície, as roupas de mergulho ofereciam mais benefícios do que apenas a proteção do frio. Perceberam também que as roupas os isolariam dos perigos químicos e biológicos, predominantes em locais de mergulho de segurança pública. Mesmo o mais banal dos incidentes apresenta riscos enormes para o mergulhador desse estilo. Acidentes de automóvel ou de barco, dentro ou perto da água, quase sempre expõem o mergulhador a elementos petroquímicos prejudiciais, como a gasolina. Vários venenos podem contaminar pontos de mergulho em áreas industriais. Regiões agrícolas podem ser ainda piores, apresentando escoamento de pesticidas, fertilizantes e até dejetos biológicos. Acrescente à mistura um corpo em decomposição e conclui-se que é um tributo ao sistema imunológico humano que todo mergulho de segurança pública não resulte em doenças graves ou em morte. Portanto, Steve e sua equipe logo decidiram que roupas secas eram a solução, em clima quente ou frio, no verão ou no inverno. Apesar do manual do proprietário afirmar que o uso das roupas exigia treinamento e de eles saberem que havia cursos de mergulho com roupa seca, os membros da equipe acharam que suas experiências diversificadas seriam suficientes para que dominassem seu uso.

Mergulhador de segurança pública, com roupa seca
e máscara de rosto inteiro, prepara-se para mergulhar.

Steve e alguns amigos decidiram ir até uma pedreira próxima, frequentada por mergulhadores recreativos, para experimentar seu primeiro mergulho "seco". O local, na verdade, era ideal para o objetivo. A maior parte da pedreira não tinha mais do que 12 metros de profundidade e o nível máximo, em uma vala pequena e estreita, era de apenas 21 metros. A visibilidade oscilava entre 6 e 7,5 metros. A quase 25 °C, a água da superfície estava um pouco quente para um mergulho com roupa seca, mas depois dos 6 metros a água esfriava bastante. Eles escolheram um dia quente para seu teste, com uma temperatura sufocante de quase 32 °C. Completando as preparações para o mergulho, os membros da equipe de Steve conseguiram três roupas secas emprestadas, que caberiam relativamente bem em alguns membros da equipe.

O primeiro mergulho desenrolou-se mais ou menos bem; dois membros do grupo mergulharam com roupas secas e outros dois com suas roupas normais. As descidas curtas, a uma profundidade máxima de 9 metros, foram uma boa oportunidade de aprendizado. Na medida em que perdiam o controle de sua flutuação, os mergulhadores ficavam em posições estranhas debaixo d'água e até experimentaram algumas subidas incontroláveis. No entanto, as pequenas profundidades e o breve tempo de mergulho os protegeram, nesses incidentes, de quaisquer consequências sérias.

Para o segundo mergulho do dia, Steve e seus companheiros decidiram revezar as roupas secas, para que todos tivessem oportunidade de experimentar o novo traje. Após uma discussão sobre os problemas do mergulho anterior, Steve começou a vestir com cuidado uma roupa seca, que ele achou um pouco apertada demais. Vestir essa roupa e, depois, seu BCD provou ser um desafio e tanto, especialmente no calor de 32 °C. Deslocando-se o mais rápido possível até a água, ele ficou sem fôlego e sentiu uma sensação de sufocamento, mesmo na superfície. Comentou isso com seu parceiro, que usara a mesma roupa no mergulho anterior. Inexperiente, seu companheiro opinou que ele só não estava habituado àquela roupa, que a vedação hermética dava mesmo uma sensação estranha e que iria melhorar debaixo d'água. Com essas garantias, Steve vestiu sua máscara, colocou um regulador na boca e desceu logo atrás de seu parceiro de mergulho.

Enquanto descia até 7,5 metros, Steve esperou pacientemente sentir-se mais confortável. Logo após atingir essa profundidade, ele sentiu um aperto em seu corpo, só então lembrou que precisava inflar um pouco a roupa, para compensar a descida. Acrescentou algumas doses de ar — que acabaram sendo excessivas, já que o impediram de emergir depressa para a superfície. Retirando o ar de sua roupa, desceu de novo e sinalizou para seu parceiro, visivelmente preocupado, que estava bem. Desta vez, adicionou um pouco menos de ar à roupa e eles nadaram pela pedreira. No entanto, por mais que tentasse, Steve não conseguia se livrar da ansiedade. Ele ainda se sentia sem ar e podia literalmente ouvir seu coração bater em seus ouvidos, apesar de nadar em um ritmo bem lento, em condições tranquilas. Sua ansiedade aumentava e ele lutou para evitar o pânico. Então, uma onda de tontura o atingiu, numa vertigem incontrolável. Naquele momento, Steve estava sentindo dores no peito. Ele esforçou-se para nadar adiante, tentando chamar a atenção de seu parceiro, percebendo que estava prestes a perder a consciência. De repente, mudou de ideia e bateu os pés na direção da superfície, enquanto se atrapalhava para inflar seu BCD. Inflá-lo, no entanto, não era necessário: os gases que se expandiam no traje apressaram a chegada de Steve à tona.

Roupas secas de mergulho

Roupas secas eliminam a água de dentro da roupa, então mantêm o mergulhador seco. Elas são confeccionadas com uma variedade de materiais, que vão de laminados sintéticos de alta tecnologia à borracha de neoprene padrão, usada em roupas de mergulho. À exceção dos trajes de neoprene, as roupas secas, apesar de serem à prova d'água, não oferecem muito em termos de proteção térmica, portanto para ficar aquecido o mergulhador deve usar vestimentas por baixo dessa roupa. Como os casacos usados na superfície, as vestimentas prendem o ar, que é aquecido até quase atingir a temperatura do corpo; assim, é usado como uma barreira isolante, separando o mergulhador da água fria que o cerca.

As roupas secas são ajustáveis e, portanto, sujeitas à compressão, como acontece com todos os contêineres flexíveis quando submersos e expostos a uma pressão maior da água. Se permitirem que a roupa comprima para baixo, perto da pele do mergulhador, ela perde sua capacidade isolante. Para contornar esse problema, a roupa seca utiliza um zíper hermético, capaz de vedar gás dentro e fora da água. No entanto, a cabeça e as mãos do mergulhador devem sair da roupa, então lacres flexíveis de neoprene ou látex são usados para formar barreiras herméticas no pescoço, e em cada um dos pulsos. Finalmente, uma válvula de demanda é inserida no traje e presa ao suprimento de gás do mergulhador, permitindo que o ar ou algum outro gás seja adicionado à roupa, conforme o mergulhador submerge. Ao ampliar a quantidade de ar na roupa, um mergulhador pode manter o volume dela e, portanto, preservar o espaço de isolamento que o envolve. Como você pode adivinhar, essa solução apresenta problemas.

O mergulhador com roupa seca está, na realidade, nadando dentro de uma bolha de ar gigante, sempre num estado de estabilidade questionável. Via de regra, a flutuação e o controle de equilíbrio do mergulhador mantêm a estabilidade da bolha. Erros de movimento podem ter consequências interessantes. Por exemplo, se a cabeça do mergulhador ficar muito abaixo de seus pés enquanto ele nada com o rosto para baixo, um grande volume do ar no interior da roupa correrá para seus pés e tornozelos, inchando as pernas da vestimenta, em alguns casos, de três a quatro vezes seu tamanho normal. O mergulhador, então, oscila impotente, abaixo dessas duas bexigas flutuantes, as quais, apenas alguns instantes atrás, eram sua principal fonte de propulsão. Pode-se corrigir o problema com acrobacias relativamente simples, mas a maioria dos mergulhadores precisa de treinamento para aprender a realizá-las.

As leis da física têm outro efeito no mergulhador com roupa seca. Depois da roupa voltar ao volume normal, em profundidade, o mergulhador adiciona mais ar à roupa do que ela pode conter na superfície. A 10 metros, por exemplo, o mergulhador está exposto a duas atmosferas de pressão e o ar em sua roupa tem duas vezes a densidade que teria à tona, significando que seu volume dobraria se fosse transportado de volta para a superfície. A 20 metros, o ar tem três vezes a densidade e seu volume triplicaria na superfície, e assim por diante. Se esse gás permanecer na roupa enquanto o mergulhador sobe, isso terá duas consequências. Primeiro, a roupa vai explodir, criando algo com aparência semelhante à do Boneco da Michelin, que limita a habilidade do mergulhador de se mover, nadar, reagir a obstáculos, e assim por diante. Em um estágio mais crítico, no entanto, a roupa expandida aumentará seu potencial de flutuação; então, o mergulhador vai disparar feito um foguete até a superfície. Isso pode, é claro, desencadear várias doenças de mergulho, entre elas a DD, a embolia arterial gasosa e várias lesões de superpressurização dos pulmões.

Para resolver o problema da expansão de gases, a maioria das roupas secas tem uma válvula de descompressão de alta tecnologia. Essas válvulas podem ser descarregadas manualmente, apenas com uma compressão. Nas roupas secas modernas, podem ser soltas com uma simples rotação, para expelir gás quando a pressão interna exceder a do lado externo da roupa. Para que elas funcionem, têm que ser posicionadas na parte superior da roupa, porque o ar sempre se move para cima quando se está sob a água. Como os mergulhadores estão, em geral, com a cabeça para cima, a maioria dos fabricantes opta por colocar a válvula da roupa seca na área superior do braço do traje. Com uma válvula automática, o mergulhador pode descarregar o gás da roupa simplesmente erguendo o braço; com a manual, ele deve erguer o braço e apertar o botão. Infelizmente, um mergulhador que, por acaso, esteja pendurado de cabeça para baixo, enquanto flutua rumo à superfície, vai descobrir que a válvula não funciona, já que seus braços estão, nesse caso, na parte de baixo da roupa. Isso impede o "mergulhador invertido" de usar a válvula para controlar o ritmo de sua emersão.

Além de sua constituição geral e da capacidade de liberar gás, as roupas secas possuem outros três elementos críticos: a vedação em volta do pescoço e dos pulsos. Pela forma como foram projetadas, elas não se moldam ao corpo como as roupas de mergulho molhadas, portanto não há porque se preocupar com uma possível restrição da respiração ou com a mobilidade. No entanto, essas três vedações são uma questão preocupante. Para funcionarem adequadamente, o fabricante e o vendedor têm que projetar e ajustar um lacre que seja comprimido o suficiente para manter o ar dentro da roupa e a água do lado de fora, mas não tão apertado que restrinja a circulação ou a respiração.

O sangue que flui da cabeça e para ela tem que passar pelo pescoço, onde também se encontra a traqueia. E então, o ajuste da vedação do pescoço de uma roupa seca é extremamente importante. Restringir o fluxo sanguíneo nas veias ou artérias do pescoço pode ter consequências terríveis. Por essa razão, o corpo possui um sofisticado sistema de sensor, o reflexo do seio carotídeo, que tem um papel importante na regulação do ritmo cardíaco, da pressão sanguínea e de outras funções cardiopulmonares. Se a vedação do pescoço for justa demais, ela interfere nessa função e pode causar falta de ar, ritmo cardíaco acelerado e sensação de ansiedade generalizada. Se a compressão for muito intensa, pode produzir problemas fisiológicos que acometem o coração e os pulmões. Se o fluxo sanguíneo rumo ao cérebro for realmente prejudicado, pode resultar em sintomas neurológicos como tontura, desorientação e perda da consciência.

Segundos depois, o parceiro de Steve olhou para trás, procurando por ele. Sem encontrá-lo, parou e esperou por alguns segundos, para ver se Steve o alcançaria, e então, nadou de volta, cobrindo alguns metros antes de decidir subir. Quando chegou à superfície, deparou-se com um dos piores pesadelos de todo mergulhador — Steve flutuava de rosto para cima, na água, inconsciente. Seu regulador estava fora da boca e ele não respirava. Outros mergulhadores do grupo, que o viram emergir, já estavam socorrendo Steve, mas seu parceiro empurrou-os para o lado, agarrou Steve e o arrastou rapidamente para a praia da pedreira.

Equipe de resgate iniciando esforços de ressuscitação em um mergulhador lesionado.

Ele começou a gritar para que os outros mergulhadores chamassem ajuda. Chegando à praia, os mergulhadores retiraram o equipamento de mergulho de Steve. As veias em seu pescoço estavam dilatadas, ele não respirava, nem tinha batimentos cardíacos. Um instrutor que acompanhava outro grupo percebeu que a vedação da roupa estava literalmente cortando o pescoço dilatado de Steve. Pegando um par de tesouras, ele cortou o lacre do pescoço dele e os mergulhadores iniciaram uma RCP em Steve, ao mesmo tempo em que lhe aplicavam 100% de oxigênio, do *kit* de primeiros socorros de um dos mergulhadores. Em minutos chegou uma ambulância e os paramédicos assumiram os esforços de ressuscitação, enquanto transferiam Steve para um centro médico próximo. No entanto, pouco depois da chegada ao hospital, Steve foi declarado morto. Uma autópsia revelou que ele tivera uma embolia, provavelmente secundária ao dano que seu coração sobrecarregado sofrera. Diagnosticaram um ataque cardíaco como causa principal da morte. O legista também citou restrição em volta do pescoço de Steve e a resultante compressão dos vasos sanguíneos dessa região como possível fator que contribuiu para a fatalidade. Na realidade, Steve deve ter sido estrangulado por uma roupa seca do tamanho errado.

    Se ele tivesse feito um curso de certificação sobre uso de roupas secas, teria aprendido sobre a importância do ajuste da vedação do pescoço. Se esse mergulho seco inicial tivesse ocorrido durante um curso de treinamento, ou sob a supervisão de um profissional qualificado e experiente em mergulhos com roupa seca, seu traje teria sido ajustado corretamente e essa tragédia poderia ter sido evitada. Steve morreu por usar um equipamento sem treinamento e supervisão adequados.

Estratégias de sobrevivência

- ✓ **Não use equipamentos com os quais não esteja familiarizado.** Nunca use equipamento quando não for totalmente instruído sobre seu uso, a não ser que esteja sob a supervisão de um líder qualificado de mergulho. Mesmo peças que parecem inócuas podem causar problemas para os não iniciados.
- ✓ **Obtenha treinamento adequado, antes de usar equipamentos avançados.** Qualquer equipamento que modifique significativamente sua habilidade de nadar, sua flutuação ou outros aspectos significativos do mergulho exige treinamento formal. Como boa regra geral, se as agências de treinamento oferecem cursos de certificação para a utilização do equipamento, você deve considerar o treinamento obrigatório.
- ✓ **Assegure-se de que sua roupa se ajusta corretamente ao seu corpo.** Só use itens de proteção, especialmente roupas secas, depois de avaliados por um profissional de mergulho com treinamento especializado, e pelo fabricante da roupa, para garantir o ajuste e o funcionamento adequados.
- ✓ **Comece na piscina.** Seus mergulhos iniciais, com equipamentos desse tipo, devem ser conduzidos sob a supervisão atenta de um profissional de mergulho, em uma piscina ou em outra área confinada.
- ✓ **Não tente** ser um mergulhador de segurança pública sem o treinamento certo. Além da utilização de equipamento especializado, essa modalidade de mergulho exige competências especiais e uma compreensão mais profunda da física e da fisiologia do mergulho do que o mergulho recreativo. Mergulhadores recreativos que tentam realizar funções de segurança pública frequentemente se transformam em estatísticas, em vez de serem valiosos para a comunidade. Se você não tem o treinamento nem o equipamento, não tente realizar esses mergulhos.

Os pequenos detalhes pegam você

Don continua nadando para a frente, mas sua sensação de inquietação se intensifica. Eles estão a apenas 10 metros, mas, há alguns minutos, a profundeza era um deserto estéril de areia branca. Sua mente volta às instruções de mergulho no barco. O capitão falou algo sobre permanecer na estrutura do recife. Ele queria ter prestado mais atenção, mas os detalhes lhe fogem. Ele e sua parceira de mergulho, Tammy, concordaram que ela deveria liderar o mergulho e Don segui-la. Afinal, era a vez dela na bem definida rotina da dupla de mergulho. Olhando adiante, ele observa Tammy fitar intensamente sua bússola, enquanto segue em frente. Ela parece saber onde está indo, apesar de nadar um pouco mais rápido. Mas Tammy não dá sinais de hesitação ou incerteza. Verificando seus manômetros, Don percebe que se aproximam dos 45 minutos de tempo de mergulho que planejaram. Lançando a luz de sua lanterna em volta, ainda não consegue visualizar nada na escuridão cerrada, além da areia branca brilhante. Desejaria ter uma lanterna com um facho mais amplo e brilhante, enquanto aceita a inutilidade de sua busca e observa seus manômetros. Impulsionando-se avante, ele agarra Tammy pelo tornozelo, detendo-a e apontando para seu computador de mergulho, o qual, naquele momento, indica que eles estão embaixo d'água há 43 minutos. Tammy verifica seus manômetros e indica que ainda está sobrando mais da metade do suprimento de ar de ambos. Eles partem de novo, presumivelmente em seu curso original. Don nota, então, que o fundo tem um aclive pronunciado, levando-os para águas cada vez mais rasas, conforme avançam. Seu medidor de profundidade aponta acima de 3 metros e mais uma vez ele a detém, agora sinalizando para ela emergir.

Tammy e Don eram mergulhadores *open water* semiexperientes, de 20 e poucos anos. Eles eram saudáveis, atléticos e sentiam-se muito à vontade dentro d'água. Os dois haviam registrado cerca de vinte mergulhos, comprovando que, nos sete meses, mais ou menos, desde que foram certificados, vinham sendo mergulhadores bem ativos. Durante as férias de primavera, viajaram para um *resort* popular, com um grupo de quatorze pessoas da universidade, aproveitando para completar suas certificações de *Open Water* Avançado.

Vários mergulhadores do grupo estavam realizando seu primeiro mergulho noturno, incluindo Tammy e Don. O plano era simples: um mergulho de 45 minutos, numa profundidade máxima de 12 a 14 metros, em um recife de coral localizado em águas tropicais, a 27°C. O mergulho do pôr do sol até a noite começou sob condições ideais, em um início de noite atipicamente fria, sob um céu sem nuvens. As águas estavam quentes e límpidas; enquanto o barco entrava no canal, a superfície vítrea não revelava nem mesmo ondulações pequenas. O entusiasmo e o prenúncio da nova aventura eram óbvios nas conversas do grupo.

O barco chegou ao local cerca de 20 minutos antes do sol se pôr. Depois de atracar e desligar os motores, a tripulação distribuiu fatias de frutas frescas locais, enquanto os mergulhadores davam os toques finais em suas montagens do equipamento e preparavam-se para as instruções.

Posicionando-se na beirada do comando superior, ligeiramente acima das cabeças dos mergulhadores, o capitão Carl deu instruções de mergulho descontraídas, porém minuciosas e eficientes. Ele explicou que o barco achava-se na direção da ponta sudoeste da estrutura definida do recife. Descreveu o recife de coral de formato oval, que tinha algumas centenas de metros de comprimento e não mais de 200 metros de largura, em seu ponto mais amplo. O recife encontrava-se próximo a um arquipélago, portanto as correntes ao redor tinham bem pouco efeito em sua estrutura. Após um relato sobre a vida marinha, que os mergulhadores desejavam contemplar, e os pontos de referência que marcavam os lares das moreias locais, o capitão passou a dar algumas advertências. Infelizmente, alguns universitários inquietos, entre eles Tammy e Don, começaram a conversar entre si, prestando pouca atenção nas instruções. Se estivessem atentos, teriam ouvido o capitão explicar que o recife era cercado por areia estéril, sem nada para observar além de sua estrutura. No lado sul, a areia formava um declive que descia bem rápido, a mais de 30 metros. Perto da ponta oeste, havia um canal natural, o qual permitia que a água jorrasse para dentro de uma lagoa rasa e passasse entre duas ilhas vizinhas. Ele esclareceu também que sempre havia uma corrente natural nesse canal, que se movia com a maré; a lua quase cheia praticamente garantia que, esta noite, ela estaria mais pronunciada do que o normal. Alertou os mergulhadores a permanecerem na estrutura bem definida do recife e a tomarem cuidado quando nadassem para o interior da região a oeste da embarcação atracada. Passando o grupo um tanto indisciplinado para o instrutor e líder da equipe, o capitão preparou a escada de embarque e a plataforma para lançar os mergulhadores dentro da água.

O plano de mergulho era bem claro. Cada mergulhador teria um bastão de luz Cyalume preso à válvula de seu cilindro, para deixá-los visíveis tanto sob a água quanto na superfície, no caso de suas luzes noturnas falharem. Para cumprir as exigências de mergulho noturno, os mergulhadores submergiriam pelo menos 30 minutos depois do pôr do sol e completariam uma navegação ida e volta simples, ao longo do recife, usando tanto suas bússolas, quanto as características do terreno natural. O líder do grupo enfatizou mais uma vez as advertências do capitão, entretanto alguns mergulhadores estavam envolvidos demais em outras atividades para prestarem atenção. Após concluírem a avaliação de suas competências, os mergulhadores deveriam mover-se em grupo ao redor de toda a face externa do recife, com os dois instrutores atuando como *dive masters*. Com o plano elucidado, os mergulhadores submergiram e desceram rumo à borda arenosa, no lado norte do recife. Depois de completar a exigência de competência em navegação, o grupo partiu em busca das esquivas moreias.

Instruções de mergulho

As instruções são uma parte essencial de todo mergulho, ou pelo menos deveriam ser. Uma orientação correta contém informações vitais. No mínimo, deve incluir:

- procedimentos de entrada;
- profundidade máxima de operação;
- tempo máximo do mergulho;
- orientação geral sobre o local do mergulho;
- procedimentos de saída;
- advertência sobre qualquer perigo local que se conheça;
- procedimentos de emergência.

Normalmente, em uma operação de mergulho comercial, as instruções cabem ao profissional de mergulho. Os membros da equipe de mergulho são profissionais altamente qualificados e você está pagando, além da viagem de barco, a orientação desses instrutores. Quase sempre eles oferecem informações que parecem contrárias à intuição, mas esses profissionais detêm conhecimento local, então é tolice não acatar seus conselhos. Eles também podem mencionar pontos locais de interesse, que de outra forma você não conheceria.

Antes de entrar na água, parceiros de mergulho também deveriam debater seus objetivos e revisar os procedimentos de comunicação que usarão debaixo d'água. Se você e o seu parceiro optaram por agências de treinamento diferentes ou obtiveram a certificação em épocas diferentes, você pode descobrir que alguns sinais por meio das mãos que você aprendeu não são universais. Além disso, a fim de permanecerem juntos durante o mergulho, é importante que vocês tenham metas compatíveis e saibam como alcançá-las. Por exemplo, se seu parceiro vai caçar com arpão e você está tirando fotos submarinas, é melhor que, primeiro, ele o deixe fotografar.

Tammy e Don decidiram deslocar-se para a parte interna da estrutura do recife, num esforço para observar a vida marinha, a qual poderia se assustar com os mergulhadores movendo-se em massa. A princípio, eles permaneceram dentro do campo de visão do líder do grupo, enquanto a equipe nadava devagar, em conjunto. Foi quando Tammy fez uma descoberta emocionante: uma moreia nadava livremente, do lado de fora do recife, em vez de só inserir a cabeça fora de seu orifício. Ela agarrou Don pelo braço e o conduziu em uma veloz perseguição à criatura. A moreia logo os ultrapassou, desaparecendo na escuridão da água. Nesse momento, eles viraram-se, percebendo que o grupo estava completamente fora de vista. Verificando seus manômetros e percebendo que já estavam mergulhando havia 35 minutos, decidiram traçar o rumo por meio da bússola, retornando pelo recife, em uma tentativa de voltar ao barco. Tammy iria liderar e Don a seguiria. Os mergulhadores partiram em um ritmo veloz e logo deixaram a estrutura do recife para trás. Don reparou no fundo arenoso abaixo, recordando-se de algo dito sobre ele durante as instruções, porém não conseguia lembrar direito o quê. Ele continuou seguindo Tammy, acreditando que ela sabia onde estavam indo, mesmo quando começou a inquietar-se em relação ao mergulho. Finalmente, conforme se aproximavam da marca dos 45 minutos, eles emergiram em águas rasas, e a inquietação de Don justificou-se.

Enquanto isso, sob o barco fretado, o líder do grupo contava seus mergulhadores, conforme eles se aproximavam do bem iluminado ponto de emersão. Contando três vezes, ele ainda tinha dois mergulhadores a menos. Então, nadou até a *dive master* que o assessorava e traçou o sinal universal de mergulhadores desaparecidos. Levantou oito dedos e depois seis, indicando que não conseguia localizar dois deles. Ela respondeu dando de ombros, sinalizando que não fazia ideia de onde eles estavam. O líder do grupo instruiu a *dive master* a tomar conta do grupo, já na superfície, e embarcá-los, enquanto ele conduzia uma busca solo no recife de coral. Nadando perto da popa do barco, ele informou ao capitão e ao imediato que dois mergulhadores estavam desaparecidos.

Mergulhadores emergindo corrente abaixo, ao entardecer.

Enquanto o líder coordenava uma busca, Tammy e Don achavam-se na superfície, percebendo, pela primeira vez, que uma corrente muito rápida os apanhara. Olhando desesperados em volta, podiam avistar o contorno escuro da costa desabitada. Conforme nadavam na direção da passagem entre as duas ilhas, também podiam ver o barco de mergulho, a várias centenas de metros de distância, embora eles parecessem estar a quilômetros do cabo-guia laranja. Eles gritaram contra uma ligeira brisa marinha, mas o ruído dos mergulhadores embarcando e as conversas entusiasmadas pós-mergulho abafaram seus esforços. Inflando seus BCDs, os mergulhadores começaram a nadar contra a corrente, na direção do barco de mergulho. Mas esse esforço físico, logo após um longo mergulho, exauriu Tammy rapidamente, e a ansiedade de flutuar na água escura, sob um céu enluarado, começou a afetá-la.

O líder do grupo desceu a alguns metros acima do recife e nadou no sentido horário, em volta de todo o perímetro externo, passando sua luz de mergulho de alta potência — 50 watts — na areia e pela estrutura do recife, depois cobrindo com a mão sua lanterna, para tentar ver as luzes dos mergulhadores desaparecidos. Impulsionando-se com força pela água, cobriu rapidamente a circunferência do recife, retornando ao cabo de ancoragem sem avistar qualquer sinal da dupla. Como a visibilidade não lhe permitia ver de um lado para outro da estrutura, ele pegou sua bússola e a usou para nadar em zigue-zague pelo recife. Já com pouco ar, aproximando-se da exaustão, ele emergiu atrás do barco de mergulho.

Apanhado por uma corrente que lhe parecia mais forte do que realmente era, Don não parava de pensar nas instruções, desejando lembrar-se das advertências do capitão e do líder do grupo. Enquanto Tammy descansava, ele agarrou a válvula do cilindro dela e tentou puxá-la na direção do barco, mas só conseguiu retardar seu movimento, distanciando-se do barco. Ele sabia que Tammy se aproximava do pânico e ele também estava ficando com medo. Mil "e se" começaram a inundar sua mente: E se o barco não nos encontrar? E se eles não nos escutarem? E se formos arrastados para os corais afiados? E quanto aos tubarões que se alimentam à noite? Com todos esses pensamentos obstruindo sua mente, o treinamento de Don não entrou em ação. Ele jamais considerou a ideia de nadar através da corrente, para se livrar de sua força. A fim de liberar suas mãos, para arrastar Tammy pela água, ele prendeu sua luz no cinto de mergulho, em vez de usá-la para sinalizar na direção do barco. Tammy, então, estava histérica, gritando e tentando se agarrar a Don. Ele enfim teve a presença de espírito de descartar seus cintos de lastro, tornando sua flutuação mais positiva, nadando mais livremente na superfície. Infelizmente, à medida que seus cintos caíam no fundo, suas luzes de mergulho, presas a eles, seguiam o mesmo percurso. No entanto, por um golpe de sorte, quando o cinto de lastro bateu no fundo, uma das luzes apontou para cima, iluminando um ponto na superfície da água rasa. Algo chamou a atenção do capitão Carl — não se sabe se foram os gritos de Tammy ou a luz —; na mesma hora ele lançou o holofote do barco na direção dos mergulhadores.

O capitão percebeu, naquele instante, que a região onde os mergulhadores se encontravam era salpicada de recifes afiados que chegavam a centímetros da superfície. Ele sabia que qualquer tentativa de manobrar o barco, naquelas águas, iria quase certamente resultar em danos à embarcação. Aconselhando a tripulação a manter o holofote em cima dos mergulhadores em pânico, ele rumou para a plataforma de mergulho no momento em que o líder do grupo retornava de sua busca inútil. Notando que ele devia estar perto da exaustão, concluiu ser improvável que conseguisse resgatar sozinho os dois mergulhadores. O capitão instruiu o líder a tirar seu equipamento, enquanto vestia sua própria máscara, nadadeiras e *snorkel*, e os dois entraram na água rasa, nadando em direção às vítimas.

A essa altura, Tammy perdera a razão. Ela gritava e se agarrava a Don, enquanto ele só conseguia manter a cabeça à tona, impedindo-a de afogá-lo. Ela havia tirado sua máscara, e Don necessitou de muito esforço para mantê-la em seu colete de flutuação. Ela não fez nenhuma força para ajudá-lo a nadar de volta ao barco. Don percebeu que, a cada segundo, Tammy estava diminuindo suas chances de sobrevivência. Mantendo-a afastada, ele respirou fundo várias vezes, concentrando-se em manter o controle, lutando valentemente para evitar o pânico. Ele ainda não sabia que o socorro estava a caminho, apesar de parecer que uma luz do barco brilhava bem acima deles. Pensou em nadar para a costa, mas receava os perigos que poderiam encontrar até chegar à ilha. À medida que a passagem entre as duas ilhas se estreitou, a corrente acelerou e Don temeu que fossem arrastados para além da ilha, perdendo de vista o barco de mergulho.

Como a corrente empurrava-os na direção dos mergulhadores, os socorristas chegaram em questão de minutos. Cada um agarrou a válvula do cilindro de um dos mergulhadores, tranquilizou-os e tentou rebocá-los contra a corrente, até a embarcação que os aguardava. Infelizmente, Tammy tornara-se incoerente. Não só era incapaz de auxiliar seu próprio resgate, como realizava movimentos irracionais e erráticos, que dificultavam os esforços do capitão para conduzi-la na água. Depois de vários minutos se distanciando cada vez mais do barco, o capitão enfim a agarrou pelos ombros e a sacudiu violentamente, visando penetrar a névoa de seu pânico. Ele lhe assegurou que se não se acalmasse e tentasse nadar, ele a deixaria ali, sozinha. Depois de gritar com ela várias vezes, ele obteve, por fim, uma reação fraca, porém racional. Tammy serenou e permitiu que o capitão lutasse contra a corrente, rebocando-a na direção das luzes distantes do barco.

Após um nado exaustivo, os mergulhadores e seus socorristas chegaram, enfim, ao alcance de um cabo lançado do barco. A tripulação arrastou os quatro para a plataforma e os ajudou a subir a bordo. Apesar de muito abalados pela experiência, nenhum dos mergulhadores sofreu qualquer lesão significativa. Em dois dias, depois de analisar seus erros em um interrogatório detalhado, Don voltou à água para completar sua certificação avançada. Tammy, no entanto, decidiu nunca mais mergulhar.

As falhas cometidas por esses mergulhadores são óbvias, e é fácil evitá-las; porém, são frequentes demais. O primeiro erro foi separar-se do grupo num mergulho coletivo supervisionado. O plano era a equipe de mergulho permanecer em grupo. Todavia, intencionalmente ou não, Tammy e Don deixaram o grupo e encontraram-se, em seu primeiro mergulho noturno, desorientados e perdidos. Esse erro provavelmente seria insignificante se os mergulhadores tivessem acatado as advertências anteriores ao mergulho. Se tivessem permanecido na estrutura do recife, teriam emergido, na pior das hipóteses, a mais ou menos 75 metros acima do barco, ou não mais do que alguns metros corrente abaixo. Qualquer um desses contextos os deixaria com um nado simples. Por último, eles estavam confiantes demais em suas competências. Depois de se desorientarem, Tammy decidiu que sabia onde estava o barco. Então, achou que poderia usar sua bússola para nadar com precisão até a embarcação. Após seguir a indicação da bússola por vários minutos, ela não avistou o barco; entretanto, em vez de reavaliar a situação, continuou em seu curso original, desviando-se do barco e nadando rumo a águas perigosas. Don e Tammy foram treinados para usar as estruturas naturais como pontos de referência de navegação e aprenderam a combinar essa habilidade à navegação com bússola. No entanto, nenhum dos dois pensou em aplicar essas competências naquele mergulho.

Instrutor Chris Rufert rebocando um mergulhador exausto num mergulho noturno.

Tammy e Don agravaram seus problemas com mais uma série de erros. Quando os mergulhadores emergiram e reconheceram que estavam presos em uma corrente, a uma distância considerável de seu barco, eles deviam ter imediatamente inflado seus BCDs e descartado seus lastros, obtendo flutuação positiva. Apesar de serem essenciais para nadar sob a água, na superfície os lastros têm a tendência de puxar a parte inferior do mergulhador para baixo, enquanto o BCD força a região superior do corpo rumo à superfície. Isso obriga o mergulhador a nadar para a frente em uma posição ereta, o que aumenta o arrasto da água no corpo. Qualquer corrente terá um efeito maior no mergulhador; assim, ele encontrará maior resistência à medida que tenta nadar. Descartar o lastro permite que o mergulhador nade livremente na superfície, conservando energia.

Os mergulhadores também poderiam ter recorrido a equipamentos de sinalização sonora. Não só eles deixaram de usar suas luzes de mergulho para sinalizar ao barco, como também não usaram os apitos presos ao arnês, no ombro do BCD. No mar calmo, provavelmente a tripulação do barco os teria ouvido com facilidade. Uma sugestão ainda melhor para um mergulho noturno seria transportar uma buzina de ar comprimido, conectada ao inflador do BCD; ela emite um sinal que pode ser ouvido a mais de 3 quilômetros. Qualquer uma dessas sinalizações teria acelerado o socorro.

Enfim, os mergulhadores jamais deveriam tentar nadar contra a corrente, nem que ela fosse moderada. A água é cerca de oitocentas vezes mais densa do que o ar, e sua resistência ao corpo dificulta até um atleta com bom condicionamento fazer progresso contínuo contra a corrente. Quando um mergulhador se encontra em uma corrente, ele deve sinalizar para a embarcação e esperar ajuda ou, se seu suprimento de ar e o tempo embaixo d'água permitirem, submergir, visto que no fundo a corrente é menos pronunciada, e nadar de volta ao barco. Na situação de Don e Tammy, a corrente era apenas uma faixa estreita, onde a água passava ao lado de restrições de massas terrestres — diferente de uma correnteza produzida por bancos de areia, ao longo da praia. Nadando perpendicularmente à corrente, esses mergulhadores poderiam ter se libertado e voltado sozinhos para o barco.

Estratégias de sobrevivência

- ✓ **Sempre preste atenção às instruções.** Boas instruções de mergulho contêm informações que tornam seu mergulho mais eficiente e desfrutável. Mais importante ainda, frequentemente elas trazem dados de segurança vitais. Quando mergulha com um instrutor profissional, *dive master* ou capitão de um barco, você está pagando por conhecimento profissional. Use-o.
- ✓ **Nunca lute contra uma corrente.** Mesmo uma corrente moderada pode exauri-lo. Se for pego em uma faixa estreita, como a encontrada por Don e Tammy, nade perpendicularmente a ela, para chegar a uma área onde a corrente seja menos pronunciada ou inexistente.

- ✓ **Quando emergir à noite, mantenha o controle de sua luz de mergulho.** Você pode usá-la tanto como um dispositivo para sinalizar ao seu barco em uma emergência, quanto como um aviso para evitar que o tráfego de barcos o atinja, enquanto flutua na superfície. Sinais não luminosos oferecem poucas chances de atrair atenção, mesmo em uma noite enluarada.
- ✓ **Se você tem que nadar, descarte seu lastro.** Quando emergir corrente abaixo do barco, ou em qualquer situação que exija nado árduo, você deve imediatamente descartar seu lastro e inflar seu BCD, para preservar energia.
- ✓ **Sempre carregue um dispositivo de sinalização sonora.** Nesse caso, até um apito teria funcionado, apesar de uma buzina de ar comprimido ser um dispositivo barato e muito mais eficaz.

O técnico em equipamentos desenvolto

Agarrando-se, Ray tenta entender o que está acontecendo. Ele sente-se dormente, fora de controle. Parece estar vendo o mundo através de uma névoa. Mesmo nessa neblina, a dor em seu ouvido direito é intensa. Ray sabe que a parte de baixo é funda, muito profunda, bem acima dos 300 metros, mas não sabe a que profundidade está. Ele não parece ser capaz de subir. Não adiantou inflar seu BCD, mas Ray não entende por quê. Finalmente, ele insere um braço dentro de uma fenda na parede e pega seus medidores com a outra mão. Seu medidor de profundidade lhe diz que ele está a menos de 48 metros e seu manômetro já está caindo abaixo de 1000 psi. Ele começa a lutar para escalar o recife, procurando por apoios para as mãos e rastejando com uma mão por cima da outra, progredindo devagar na direção da superfície.

Ray era um jovem profissional de quase 30 anos, em excelentes condições físicas. Aprendera a mergulhar em um programa universitário, oito anos antes, mas ficara inativo até os últimos dois anos. Nessa época, Ray aceitou um emprego no sul da Califórnia, uma área com uma vasta comunidade de mergulho e muitos mergulhadores ativos. Nesses dois anos, Ray conseguiu realizar 75 mergulhos e completar um curso de *Open Water* Avançado na escola de mergulho local. Essa certificação lhe prometeu o fascínio de profundidades maiores e atividades de mergulho diversificadas, tudo que ele esperava encontrar em sua primeira viagem para os trópicos e nos primeiros mergulhos em águas quentes. Com uma viagem marcada com amigos para um *resort* popular de mergulho, ele estava ansioso para cumprir a programação anunciada: mergulhar, comer, mergulhar, mergulhar, comer, dormir e mergulhar. O destino era famoso por seu ecossistema marinho e por mergulhos em paredes espetaculares. Os primeiros dias das férias de Ray foram absolutamente perfeitos: mar calmo, brisas frescas, vida noturna animada, a companhia de seus amigos e, é claro, mergulhos maravilhosos. Mas ele ainda não praticara nenhum mergulho profundo. Então, com grande antecipação, ele inscreveu-se num mergulho guiado em uma parede profunda.

Ray e seus amigos tomaram café da manhã cedo, antes de apanharem seus equipamentos de mergulho e embarcarem, rumo à excursão do dia. Mais tarde, seus companheiros lembrariam que Ray havia passado alguns minutos a mais montando seu equipamento, devido a alguma peça que ele acreditou estar quebrada. Mas, em pouco tempo, ele já havia resolvido tudo e estava subindo a bordo, com os demais. Era mais um lindo dia tropical, com mares calmos, enquanto os mergulhadores navegavam até a popular área de mergulho em parede. Chegando ao local, o capitão amarrou o barco em uma atracação já existente, no topo de uma parede quase vertical que iniciava entre 15 e 24 metros e descia na direção de um grande abismo. Advertiram os mergulhadores de que o fundo ficava a bem mais de 300 metros e que a água, lá, podia às vezes criar correntes perigosas. O *dive master* descreveu o recife tropical exuberante que compunha a parede, assim como os grandes pelágicos, ou vida marinha de grandes profundidades, que nadavam ao longo dele. O grupo estava ansioso para ver arraias-jamantas, arraias-águias e talvez golfinhos; disseram-lhes que poderiam até ter um vislumbre de uma espécie esquiva de tubarão de grandes profundidades.

Depois o *dive master* passou para as instruções de mergulho. Seis mergulhadores integravam três equipes de duas pessoas cada, e o mergulho seria guiado por um dos *dive masters* mais experientes do *resort*. Suas instruções foram claras e concisas. Cada dupla de parceiros deveria entrar lado a lado na água, nadar até a proa do barco, depois apoiar-se no cabo de ancoragem, a 4,5 até 6 metros de profundidade. Após todo o grupo estar dentro da água e reunido no cabo de ancoragem, o *dive master* guiaria a equipe até a parede e desceria a uma profundidade máxima de cerca de 33 metros. O grupo deveria permanecer sempre acima do *dive master*. Os mergulhadores ficariam à distância de um braço da parede. Eles nadariam ao longo da parte profunda dela por aproximadamente 10 minutos, então emergiriam para o topo da borda e nadariam de volta ao barco, observando, pelo caminho, o recife de coral em águas mais rasas. O plano era simples, direto e fácil de seguir — até os mergulhadores entrarem na água.

O barco estava atracado acima da borda da parede. A água da superfície era calma e transparente, sem nenhuma corrente perceptível. No entanto, uma ligeira brisa girou o barco, de forma que sua popa ficou perto da beira do despenhadeiro. Portanto, pediram que cada mergulhador, ao entrar na água, colocasse uma pequena quantidade de ar em seu BCD e emergisse imediatamente, indicando estar bem. Ray e seu parceiro de mergulho foram os primeiros a entrar. Seu companheiro entrou na água um pouco antes. Nenhum dos dois sinalizou de volta para o barco, como combinado, mas um rastro de bolhas começou a se mover rumo à proa da embarcação. O resto do grupo ingressou na água sem incidentes e se reuniu na proa. No entanto, quando o *dive master* chegou, os seis mergulhadores avançados tinham se reduzido a cinco. Sinalizando manualmente para se reunirem em duplas, ele percebeu que Ray era o mergulhador desaparecido. Perguntando ao parceiro de Ray onde ele se encontrava, recebeu o dar de ombros universal que significava "eu não faço ideia". O *dive master* orientou o grupo a esperar, enquanto ele fazia um circuito rápido em volta da atracação, procurando Ray ou sinais de suas bolhas. O que ele encontrou foi muito alarmante. O fluxo de bolhas de Ray era visível, mas vinha de águas profundas, abaixo da borda, e Ray estava fundo demais para que o *dive master*, então a 24 metros, pudesse vê-lo, mesmo com a ótima visibilidade. Rápido, ele nadou de volta ao grupo e sinalizou que todos saíssem da água. Depois, emergiu e comunicou ao capitão que havia um possível problema, instruindo-o a trazer todos a bordo. Em seguida, o *dive master* localizou o rastro de bolhas de Ray, logo depois da popa do barco, e desceu, seguindo o fluxo. Mas, pouco depois de iniciar sua imersão, o fluxo de bolhas parou.

Como não havia corrente, o *dive master* raciocinou que, se descesse direto para baixo, o mais fundo que pudesse, ele poderia ser capaz de encontrar Ray. A estratégia funcionou. Ele localizou Ray a 45 metros, com o braço por cima de um afloramento de corais. O regulador ainda estava em sua boca, frouxo, mas Ray estava inerte e não respirava. O cilindro dele achava-se vazio e seu computador indicava que ele havia alcançado uma profundidade máxima de 51,5 metros — fundo demais para sua experiência e nível de competência. O BCD de Ray estava completamente desinflado e seu lastro permanecia no lugar, apesar de seu bolso estar um pouco fora do lugar. O *dive master* agarrou Ray, mas descobriu que não podia inflar o BCD dele, mesmo tentando fazê-lo com a boca. Então, decidiu descartar o lastro do mergulhador e levá-lo direto para a superfície. Apanhando Ray e mantendo o regulador em sua boca, com a cabeça inclinada para trás, para manter a via respiratória desobstruída, eles subiram velozmente para a superfície. Uma via respiratória livre é de importância vital porque, conforme o mergulhador emerge, qualquer ar preso nos pulmões se expandirá com a pressão reduzida da água, podendo provocar uma embolia ou outra lesão pulmonar catastrófica. O *dive master* fez uma subida de resgate exemplar, como mais tarde relatou. Rompendo a superfície com o mergulhador lesionado a reboque, bem perto da popa do barco, ele iniciou na mesma hora os esforços de ressuscitação. Dois membros do grupo de mergulho pularam dentro d'água, retiraram o BCD de Ray e ajudaram a embarcá-lo. Assim que Ray chegou ao convés, o capitão o colocou no oxigênio puro e orientou o grupo a soltar a atracação, para que pudessem voltar bem rápido para o cais.

A bordo, eles determinaram que Ray não tinha batimentos cardíacos, e o grupo continuou fazendo RCP até chegarem à terra. A equipe do *resort* ajudou a transferir Ray para a traseira de uma caminhonete, enquanto ele continuava a receber RCP e oxigênio. Eles disparavam por uma curta distância, até à única clínica médica na área. Ray continuava não reagindo e, poucos minutos depois de sua chegada à clínica, os médicos o declararam morto.

Mais tarde, diagnosticaram que Ray havia morrido de asfixia, aparentemente provocada porque ele consumiu todo o gás em seu cilindro. Devastados com a morte de Ray e diante de muitas perguntas sem resposta, o resto de seu grupo, a equipe de mergulho do *resort* e as autoridades locais voltaram sua atenção para o equipamento de Ray. Seu regulador estava conectado a um cilindro cheio, que funcionava adequadamente, sem vazamentos. Seu BCD não possuía nenhum furo nem estava rasgado, e o inflador também parecia estar operando de forma adequada. No entanto, o BCD não detinha o ar. Quando interrogaram o *dive master* do grupo, ele lembrou claramente de tentar inflar com a boca o BCD de Ray, nas profundezas, e de ser incapaz de fazê-lo. Descobriu-se que o ar que passava pelo mecanismo inflável de Ray não estava alcançando a parte inflável do BCD. Um dos técnicos do *resort* identificou o problema. O BCD de Ray era equipado com uma válvula de descarga e esse mecanismo não estava segurando a pressão do ar.

Mecanismos do inflador do BCD

Até recentemente, todos os BCDs utilizavam um mecanismo inflável simples, capaz de realizar inflação mecânica — inflar o BCD com ar vindo diretamente do cilindro de ar comprimido, posicionado nas costas do mergulhador — e inflação oral — o mergulhador infla o BCD usando a boca e os pulmões. Esse mecanismo também pode ser usado para descarregar o ar do BCD, apertando-se o botão de inflação oral e segurando a mangueira na direção da superfície. É necessário apoiar a mangueira acima da parte inflável do BCD, visando descomprimir o ar, pois as bolhas sob a água têm a tendência de subir; o ar não fluirá pela mangueira ao sair do BCD, a não ser que esteja sob uma compressão bem maior do que a pressão da água. Esse é o primeiro método para descomprimir o ar que todo mergulhador aprende, mas é um tanto inconveniente, já que é difícil descarregar o ar enquanto o mergulhador submerge numa posição normal, com o rosto para baixo. Um mergulhador que queira, nessa postura, descomprimir o ar, precisa ficar sob a água com a cabeça para cima, o que gera resistência, diminui seu impulso para a frente e tende a forçá-lo a subir. Uma outra opção é ele segurar a mangueira atrás da cabeça e girar um pouco o ombro esquerdo, rumo à superfície, o que é um tanto difícil quando se usa o equipamento completo de mergulho.

Assim, a maioria dos fabricantes de BCDs de ponta desenvolveu vários métodos que permitem a esse equipamento ventilar o ar, enquanto os mergulhadores continuam a nadar. O mais complexo deles é a válvula de extração ou válvula de descarga. Esse mecanismo localiza-se na ponta de cima da mangueira de inflação do BCD. A válvula de descarga, na verdade, cumpre dois propósitos. Ao inserir uma pequena válvula de êmbolo na conexão da mangueira com o BCD e conectá-la à outra ponta da mangueira, através de um fio de aço inoxidável, os fabricantes possibilitaram ao mergulhador desinflar seu BCD apenas puxando o sistema de inflação para baixo. Como essa mangueira inflável em geral é conectada ao BCD logo atrás do ombro esquerdo do mergulhador, ela já está perfeitamente posicionada para que o ar escape coluna de água acima. Como o mergulhador usa esse inflador ao longo de todo o mergulho, ele é bem fácil de encontrar e, por causa de sua posição, é sempre simples de operar. A válvula de descarga, posicionada nesse ponto, também oferece ampla segurança. Infladores de BCD podem se prender quando estão abertos, se não passarem por uma manutenção adequada ou se forem expostos a poeira ou detritos. Quando isso ocorre, o ar entra muito rápido no BCD até o mergulhador fechar o cilindro, ficando sem ar, ou desconectar a mangueira de pressão do mecanismo de inflação, realizando um engate de deslizamento. Esse engate permite uma conexão rápida e simples do inflador na mangueira de pressão quando o regulador e, portanto, a mangueira, não estiverem sob pressão. No entanto, quando o regulador está ligado a um cilindro e este está aberto, a pressão no engate é maior do que 135 psi, e a força dessa compressão contra o mecanismo de travamento torna bem mais difícil desconectar o encaixe. Quando o engate apresenta algum defeito, a maioria dos mergulhadores emerge antes de conseguir desconectá-lo.

Na tentativa de impedir uma subida desenfreada, os mergulhadores também podem tentar descarregar o ar empregando os vários mecanismos de descarga inseridos em um BCD. Entretanto, muitas dessas técnicas demandam que o ar passe pela parte inflável do BCD, ampliando a flutuação do mergulhador, antes de descarregar o ar dentro da água. A válvula de descarga enfrenta justamente esse problema. Se o mergulhador perceber que o inflador está travado, só precisa puxar a mangueira infladora para baixo, mantendo a válvula de descarga aberta. O gás do inflador sobe pela mangueira e é lançado no interior da água, jamais adentrando a parte inflável do BCD, permitindo, assim, que o mergulhador tenha controle total de seu ritmo de emersão, até que o problema seja resolvido. A válvula de êmbolo, na realidade, é um dispositivo simples, contém apenas duas partes móveis e um lacre. Na maioria dos designs, quando se desatarraxa a parte posterior da válvula, encontra-se uma vedação grossa de borracha ou um anel isolante, que se encaixa em volta da face interna do tubo de exaustão da válvula. Impulsionando esse anel isolante, há um êmbolo com um formato cônico ou achatado e, sob ele, há uma mola que preserva a vedação, quando a válvula está inativa. Passando pela mola e preso ao êmbolo em uma de suas pontas, há um cabo de aço inoxidável, o qual atravessa a mangueira inflável, conectando-se ao inflador na outra ponta. Quando se puxa o inflador, ele traz consigo o cabo; este, por sua vez, abre a válvula, puxando o êmbolo para trás e permitindo que o ar escape entre o pistão e a vedação.

Componentes da válvula de descarga, incluindo a vedação que "faltava" no BCD de Ray.

O parceiro de mergulho de Ray contaria, depois do acidente, que Ray encontrara peças de seu BCD no fundo do armário, naquela manhã, antes do mergulho. Como Ray havia usado seu BCD sem problemas nos três dias anteriores, presumimos que a válvula de descarga funcionara adequadamente na véspera, e que as peças que Ray encontrou eram dela. A parte de trás da válvula é uma tampa rosqueada simples, desatarraxada com muita facilidade, se não for instalada de forma apropriada e apertada com força suficiente. Se essa tampa for removida, o lacre sairá do tubo. No entanto, as outras peças mantêm-se no lugar certo e ligadas pelo cabo de aço inoxidável, preso ao inflador do BCD. Ray localizou a tampa que faltava, mas não percebeu que também havia uma vedação de borracha que precisava ficar sob a tampa. Em vez de verificar com um dos técnicos ou instrutores do *resort*, Ray aparentemente observou as peças, presumiu que entendia como funcionavam e montou a válvula de novo, sem substituir o lacre. Esse foi o primeiro erro de Ray.

O segundo erro foi usar lastro demais. Apesar de seu lastro ter sido descartado durante os esforços de resgate, e estar fundo demais para ser recuperado, o *dive master* recorda-se de puxar lastros pesados demais para a roupa fina de mergulho de Ray, de 3 milímetros. Quando nadava nas águas mais frias do Pacífico, perto de sua casa, Ray usava uma roupa de mergulho bem mais grossa; portanto, precisava de um lastro muito pesado, para compensar a flutuação da roupa. Ninguém da equipe do *resort*, nem nenhum de seus companheiros de mergulho lembrou-se de Ray ter checado sua flutuação, e de ajustar seu peso após chegar ao *resort*. Parece que ele colocara peso demais em si mesmo para aquelas condições de mergulho.

O terceiro erro foi, na verdade, coletivo. Quando Ray e seu parceiro de mergulho entraram na água, nenhum dos dois emergiu e sinalizou para o barco que estava bem. Eles também não se uniram após entrarem na água. Assim, o companheiro de Ray deslocou-se sozinho para a proa do barco, esperando o resto do grupo, como instruído. Apesar de saber que Ray não chegara à proa com ele, não sabia onde seu parceiro se encontrava, ou se ele estava com problemas. Além disso, esse comportamento de Ray e de seu parceiro resultou em um atraso de vários minutos antes do *dive master* se inteirar da situação de Ray. Como o parceiro havia perdido Ray de vista, o *dive master* gastou mais alguns minutos procurando em volta da âncora. Para essa dupla parece que o procedimento de entrar sozinho na água e se unir na linha de descida era comum. Os mergulhadores devem lembrar que é mais provável terem problemas graves no equipamento logo depois de entrarem na água, pois certas falhas não são evidentes, até que o equipamento seja submerso.

Aparentemente, quando Ray entrou na água, ele não conseguiu inflar seu BCD. Isso, somado ao seu sobrepeso, o fez afundar ao longo da parede. Nunca saberemos o que de fato aconteceu, mas é provável que Ray tenha tentado nadar para cima e continuado a desperdiçar ar, tentando inflar seu BCD enquanto afundava.

Ray tinha duas linhas de ação muito simples para seguir, as quais salvariam sua vida, mesmo depois de todos os erros que cometeu. Sua melhor atitude seria descartar seu lastro. Em algum momento, Ray tentou fazer isso, já que o *dive master* se lembrava de que um dos lastros de Ray estava desafivelado e o bolso, em seu interior, fora parcialmente removido. Mesmo com a roupa fina que Ray usava, ele teria flutuado o suficiente para emergir, se conseguisse realizá-lo. Ray deve ter esperado tempo demais e ficado sem ar, antes de poder jogar fora o lastro.

A segunda linha de ação seria nadar horizontalmente em relação à parede. Tanto o capitão quanto o *dive master*, baseando-se na posição da âncora ao longo da borda, acreditam ser impossível que Ray estivesse todo imerso em águas profundas, quando saiu do barco. É possível, no entanto, que ele estivesse muito perto do despenhadeiro. De qualquer modo, Ray deve ter visto a parede muito próxima e, em algum momento, deve ter percebido que precisava alcançá-la. Infelizmente, ele desceu a uma profundidade de quase 52 metros, antes de reconhecer essa necessidade. Talvez Ray tenha gasto tempo demais tentando analisar o problema com seu BCD, enquanto caía rumo ao fundo. Em vez disso, devia ter tomado uma atitude imediata para deter sua descida. Essa série de péssimas decisões e procedimentos deficientes custaram a Ray sua própria vida.

Estratégias de sobrevivência

- ✓ **Presumir habilidades técnicas que você não tem pode ser fatal.** Muitos mergulhadores acreditam, erroneamente, que entendem o funcionamento de seu equipamento de suporte vital e têm condições de consertá-lo. Não há curso de mergulho recreativo que o prepare para tais consertos. Se você tem problemas com seu equipamento, encaminhe sempre os reparos a um técnico qualificado em suporte vital.
- ✓ **Use a quantidade correta de lastro.** Você deve utilizar a quantidade de lastro necessária para manter uma flutuação ligeiramente negativa. Quando passar para um ambiente novo ou modificar seu equipamento, sobretudo as roupas de mergulho, você deve mudar a quantidade de lastro. Tire um tempo para avaliar e ajustar sua flutuação.
- ✓ **Fiquem juntos.** Se escolher mergulhar com um parceiro, permaneça junto a ele durante todo o mergulho, desde o momento em que submergirem. Lembre-se de que falhas no equipamento são mais prováveis no início do mergulho.
- ✓ **Suba antes de analisar.** Quando encontrar uma dificuldade nas profundezas, especialmente em um mergulho profundo, recupere logo o controle e suba. Então, na superfície, aproveite para analisar e resolver o problema.

Praticando o que você prega

> *Jill dispara para a superfície. Então, conduzida ao longo do paredão pela corrente veloz, ela luta para ficar à tona no mar revolto. Jill queria ainda estar de máscara, enquanto a água continua a passar sobre seu rosto. Ela cospe água uma última vez e sente que algo a puxa para as profundezas. Então, tudo escurece.*

Jill era uma instrutora de mergulho experiente, apesar de ser certificada havia apenas cinco anos. Ao longo desse período, ensinou dezenas de alunos e partilhou seu amor pelo mar com os mergulhadores iniciantes. Jill também construíra a reputação de ter plena consciência da segurança, sendo conhecida por expandir as instruções dos cursos Avançado e de Resgate bem além do básico. Na esfera pessoal, Jill e seu marido vinham, há algum tempo, tentando iniciar uma família. Então, ela ficou muito feliz quando enfim engravidou, mesmo tendo que parar de mergulhar por algum tempo. Afinal, ela só ficaria fora da água por nove ou dez meses.

Como se verificou posteriormente, Jill ficou sem mergulhar por muito mais tempo do que esperava. Passaram-se quase dois anos, antes de ela estar pronta para seu primeiro mergulho pós-parto. Ela encontrou-se com um pequeno grupo de ex-alunos na costa, em um ponto popular de mergulho. O local ficava a cerca de 60 metros do litoral, com aproximadamente 18 metros de profundidade, a 14°C, resumindo-se a uma série de saliências de pedra e a um campo de detritos; acreditava-se que era um naufrágio bem antigo e não identificado. Tanto o campo de detritos quanto as saliências constituíam um *habitat* perfeito para ocultar uma ampla gama de criaturas marinhas. Essa fauna abundante tornava o local de mergulho muito popular, apesar de ser próximo de um paredão artificial, um quebra-mar que, aliado ao movimento natural do oceano, criava algumas correntes imprevisíveis e, às vezes, furiosamente velozes. Elas costumavam arrastar mergulhadores incautos para o outro lado do quebra-mar, rumo ao mar aberto, obrigando-os a nadar por uma vasta extensão da superfície, no retorno à praia de onde partiram. Dada a experiência de Jill e a alta conta em que seus alunos a tinham, ninguém jamais questionou sua competência para mergulhar.

Mergulho e gravidez

Quando os mergulhadores submergem, ocorrem várias mudanças fisiológicas, afetando desde o ritmo cardíaco e respiratório até a forma como o sangue flui pelo corpo. Para mulheres grávidas, a questão física mais crítica é que os gases de seu cilindro vão se dissolver em seu sangue e em outros tecidos, quando elas os absorvem sob pressões hiperbáricas. Isso apresenta um risco potencial para o bebê, pois os gases inertes (sobretudo o nitrogênio) absorvidos pelo feto podem não ser eliminados ou expelidos durante a subida, provocando DD no feto. Infelizmente, há poucas pesquisas sobre esses efeitos e sobre outras ocorrências fisiológicos no feto. A maioria dos especialistas concorda, no entanto, que o potencial de riscos para o feto é alto demais para se permitir que mulheres grávidas continuem mergulhando.

Os mergulhadores planejavam submergir na maré alta, para minimizar a possibilidade de problemas com as correntes e as condições do mar. No entanto, acabaram entrando na água mais de meia hora após o planejado. Os mergulhadores dividiram-se em duplas e coube a Jill uma parceria com Amy, grande amiga e ex-aluna. Os dois únicos homens do grupo decidiram mergulhar juntos e se ofereceram para arrastar uma balsa pela arrebentação, ancorá-la em uma área proeminente e prender a ela uma bandeira de mergulho, visando advertir os barcos da presença de mergulhadores sob a água. Pouco depois de posicionarem a balsa, Jill e Amy começaram a nadar com alguma dificuldade pela superfície, até o ponto de mergulho. Elas haviam se deslocado por uma pequena distância, quando Amy começou a se preocupar com sua parceira. Ela fora bem treinada para prevenir problemas antes que eles ocorressem, hábito que ficara incutido em sua mente durante o curso de Mergulhador de Resgate com Jill. Na verdade, o foco da instrutora em prevenção tornara-se lendário entre seus ex-alunos, transformando-a em alvo de inúmeras provocações bem-humoradas. Mas, agora, Amy estava diante de um dilema. Nadava ao lado da pessoa que considerava ser a guru da prevenção de problemas, mas os instintos de Amy lhe diziam que Jill estava em apuros.

Jill estava mesmo enfrentando dificuldades. Cada braçada aparentava exigir um esforço enorme, seu nado parecia descoordenado e difícil. No entanto, era complicado se comunicar na arrebentação. Os mergulhadores só conseguiam ficar à tona nas ondas que se quebravam. Amy ficou um pouco atrás de Jill, para observá-la. Num ritmo extremamente lento, a dupla enfim chegou às ondas mais suaves. Jill sinalizou que desejava mergulhar, porém Amy pediu que ela esperasse. Amy nadou, então, até a bandeira flutuante e agarrou o tubo interno que lhe dava suporte. Com muito esforço, Jill também chegou à balsa, sem ar, visivelmente esgotada. Amy não queria envergonhar sua amiga e mentora de mergulho, portanto alegou precisar recuperar o fôlego por alguns instantes, antes de descer. Também comentou sobre a dificuldade de nadar na superfície e perguntou à Jill se ela estava bem ou se preferia voltar para a praia.

Egos ameaçados costumam provocar muitos acidentes de mergulho. Mergulhadores quase sempre entram em situações que não têm competência ou equipamento para enfrentar, a fim de evitarem possíveis constrangimentos ou provarem seu valor. Sugerir que um mergulhador está tendo dificuldades e deve encerrar o mergulho só agrava a situação, ameaçando ainda mais seu ego e forçando-o a completar o mergulho. Jill era uma instrutora excelente e havia treinado muito bem seus alunos. Amy estava esforçando-se para usar esse treinamento e tentar oferecer a Jill uma forma confortável de desistir do mergulho. Mas a reação de Jill não foi a que Amy esperava. Em vez de aceitar sua sugestão, Jill a encorajou, afirmando saber que Amy conseguiria e se sentiria melhor após chegarem ao fundo. Mais tarde, Amy admitiu que ficou sem saber como reagir. Então, as duas desceram pelo cabo.

A corrente aumentara consideravelmente, o que piorava as condições do mar. Mesmo a 18 metros, os mergulhadores podiam sentir uma ligeira vaga (movimento vertical da água abaixo da superfície), provocada pela ação das ondas logo acima. Uma onda intensa pode ser muito perigosa jogando os mergulhadores ao fundo várias vezes. Apesar de Jill e Amy encontrarem uma vaga mais amena, ela exigiu de ambas um alto dispêndio de energia na tentativa de se opor a ela e manter a posição próxima ao fundo. Amy achou o esforço extra demais para Jill, que já parecia exausta antes de submergir. Então, mais uma vez, sinalizou para Jill, perguntando se ela estava bem. Jill, no entanto, não respondeu. Amy ficou ainda mais preocupada, já que não era típico de Jill perder contato com seu entorno ou deixar de responder a uma comunicação.

Nesse momento, Amy decidiu encerrar o mergulho e começou a nadar na direção de Jill, para comunicar sua intenção. Infelizmente, antes que pudesse alcançá-la, o esgotamento dominou Jill e ela disparou para a superfície, em pânico.

Jill não se preparara adequadamente para esse mergulho. O esforço necessário para nadar até o local do mergulho fora maior do que ela esperava. Mas, apesar das dificuldades, ela manteve um controle razoável; e acreditava estar ainda dentro de sua zona de conforto. Enquanto submergia, a vaga exigiu dela um esforço contínuo, enquanto no fundo as mudanças em seu corpo tornaram-lhe mais difícil responder às exigências físicas. Isso gerou estresse adicional em seu organismo, elevando o nível de esgotamento, o que criou ainda mais estafa. Esse ciclo persistiu, até Jill entrar em pânico total.

O círculo do pânico

A expressão "círculo do pânico" é normalmente empregada para descrever a ansiedade crescente que leva os mergulhadores a agirem de forma irracional. Em geral ele inicia quando o mergulhador encontra algo estressante, real ou imaginário, que acelera o ritmo de sua respiração e de seu coração. Nas profundezas, a densidade do gás inalado pelo mergulhador é maior, reduzindo a eficiência da troca de gases do corpo e aumentando os níveis de dióxido de carbono no sangue. Grande quantidade de dióxido de carbono leva o corpo a respirar mais rápido, aumentando, por sua vez, os níveis de dióxido de carbono, acelerando ainda mais o ritmo respiratório do mergulhador. Conforme esse ciclo progride, ele logo sente falta de ar e fica "com fome de ar". Isso gera mais estresse e leva o mergulhador a um ataque de pânico.

No mergulho, "pânico" é frequentemente descrito como a perda total e absoluta da razão. Ele é desencadeado quando estímulos ou condições que afetam o mergulhador excedem sua habilidade de reagir com sensatez. As pessoas, em geral, operam ou atuam bem dentro de uma zona de conforto. Por exemplo, você pode se sentir confortável dirigindo um automóvel a uma determinada velocidade, baseando-se na sua experiência e nas condições para dirigir. Quanto mais rápido dirige, mais longe você fica da sua zona de conforto. Por outro lado, se a sua velocidade se mantiver constante, mas as condições externas mudarem muito — como chuva ou neve pesada —, você também vai se afastar da sua zona de conforto. No centro dessa área de conforto você se sente no controle e é capaz de reagir aos acontecimentos mais inesperados. Mas quanto mais perto da beira da zona você chega, menos no domínio se sente e mais facilmente é levado para fora da zona de conforto por circunstâncias fora do seu controle. Nesse ponto, praticamente qualquer estímulo pode desencadear o círculo do pânico, resultando em uma perda total do equilíbrio.

Mergulhadores experientes e professores de mergulho geralmente reconhecem as potenciais causas do círculo do pânico. Então, tomam atitudes para manter a si mesmos e aos outros bem no centro da zona de conforto, lidando com os problemas antes do mergulho ou até mesmo debaixo d'água. Consertar uma peça defeituosa ou simplesmente encerrar um mergulho pode dar um curto-circuito total num incidente em curso.

Chegando à superfície, depois de uma subida descontrolada, Jill estava à mercê do vento e das ondas. Ela lutou para ficar à tona no mar revolto, sacudindo os braços nas ondas e até no ar, em uma tentativa de manter a cabeça acima da água. Apesar de obter flutuação positiva, não foi suficiente para ficar confortável acima da superfície. Jill, com certeza, sabia que inflar mais seu BCD, descartar o cinto de lastro ou ambos melhoraria muitíssimo sua situação, porém ela encontrava-se além de qualquer pensamento racional. Em vez disso, arrancou a máscara e tirou seu regulador, o que só piorou as coisas. Cada onda, agora, impulsionava água para dentro de sua boca e de seu nariz e, dali, para o interior de seus pulmões.

Mergulhador emergindo em pânico total.

Amy disparou para a superfície atrás de Jill, desconsiderando sua própria segurança, para encontrá-la sendo arrastada pela corrente ao longo do paredão. Ela inflou seu BCD e nadou na direção de Jill. Enquanto isso, agarrou a mangueira de seu inflador, que possuía um alerta sônico movido a ar. Quando Amy enfim a alcançou, Jill havia parado de se debater. Amy agarrou o cilindro de Jill, puxou-a de costas e a virou. Ela descartou o lastro de Jill e, então, também o seu. Lutando contra a água revolta, Amy avaliou Jill rapidamente e concluiu que ela não estava respirando. Soltou cinco longas buzinadas, depois de tentar forçar ar para dentro de Jill, fazendo respiração boca a boca. Aí começou a nadar para a costa, rebocando Jill. Amy nadou apenas uma curta distância, antes que outro mergulhador de seu grupo se juntasse a ela. Robert arrancou a válvula do cilindro de Jill da mão de Amy, gritando para que ela continuasse o boca a boca, enquanto ele a rebocava. Naquele momento, a vida de Jill estava nas mãos dos alunos que ela treinara para uma eventualidade como aquela.

Antes dos mergulhadores chegarem à arrebentação, Jill estava respirando: ou começara a respirar sozinha ou Amy, no início, nas péssimas condições em que se encontravam, havia diagnosticado errado o seu *status*. Amy e Robert fizeram o que podiam para proteger Jill das ondas que quebravam, enquanto nadavam através da arrebentação. Jill chegou à praia muito abalada. Sua respiração era forçada, mas pelo menos ela estava respirando. A essa altura, os outros mergulhadores tinham chamado uma ambulância; além disso, tinham um *kit* de oxigênio preparado. Tiraram Jill de seu equipamento, a inseriram no oxigênio e a transportaram em uma maca improvisada rumo ao estacionamento. Quando a ambulância chegou, os ex-alunos de Jill já a tinham preparado para partir.

Mergulhadores socorrendo um mergulhador que parou de respirar, assim que ele voltou.

Manutenção de habilidades

Nadar carregando trinta quilos de equipamento requer um conjunto de habilidades que a maioria das pessoas não desenvolve. Algumas dessas competências envolvem resistência e outras, músculos normalmente não usados nas atividades em terra firme. Essa atividade também requer habilidades mentais que ajudam os mergulhadores a lidar com as exigências físicas.

Por exemplo, mergulhadores devem entender que o controle adequado da flutuação e a postura do nado (posição otimizada dentro d'água) vão reduzir bem o seu cansaço e, portanto, seus níveis de estresse. Mais importante, eles devem entender os princípios de peso e deslocamento que devem aplicar para obter o peso e a posição de nado adequados. No final, só há uma maneira de manter a resistência muscular, a acuidade mental e as habilidades aquáticas necessárias para ser um mergulhador seguro: nadar e mergulhar.

Para serem eficazes, as habilidades devem ser constantemente reforçadas. Uma das regras de mergulho mais ignorada é a exigência de experiência atualizada. A regra dos doze meses diz que qualquer mergulhador, independente da experiência ou do *background*, que não fez nenhum mergulho nos doze meses anteriores deve fazer um curso de atualização, com uma avaliação das habilidades na água, antes de participar de um mergulho. Criou-se essa regra para prevenir os mergulhadores de superestimarem suas competências e, assim, flagrarem-se em contingências perigosas.

Jill foi conduzida para o hospital local, onde determinaram que ela havia inalado água do mar. Internada, foi mantida sob observação e cuidados, para prevenir uma potencial pneumonia por aspiração. Após alguns dias de tratamento intensivo e um longo regime de antibióticos, Jill recuperou completamente a saúde.

O principal erro dela foi subestimar o mergulho ou, mais precisamente, superestimar a si mesma. Ela não reconheceu o quanto suas habilidades aquáticas básicas, condições físicas e resistência tinham se deteriorado durante sua longa ausência da água.

Antes de voltar à água de novo, Jill decidiu praticar o que havia pregado com tanta firmeza aos seus alunos, procurando um de seus colegas para um curso de atualização, bem como uma opinião objetiva de seu nível atual de competência. Também acrescentou ao seu estilo de vida, já ativo, voltas regulares na piscina. Algumas semanas depois, Jill voltou ao mesmo local, com Amy e o grupo de mergulhadores fiéis. Na nova tentativa, completou seu mergulho, com um resultado bem melhor. Algum tempo depois, Jill voltou a dar aulas e ainda partilha seu entusiasmo e o amor pelo mundo subaquático com novos mergulhadores.

Estratégias de sobrevivência

- ✓ **Mantenha suas competências atualizadas.** Habilidades aquáticas deterioram-se muito mais rápido do que você imagina. Mesmo que não possa mergulhar, você deve ir regularmente à piscina local, exercitar o nado livre e com *snorkel*, para atualizar suas habilidades.
- ✓ **Avaliações objetivas são fundamentais.** Se você ficar sem mergulhar por um longo período, é fundamental marcar uma sessão com um profissional de mergulho local para afinar suas habilidades e avaliar se elas são adequadas para um mergulho seguro.
- ✓ **Você deve ser capaz de resistir.** Não é preciso ser um nadador olímpico para ser um mergulhador seguro. No entanto, muitos acidentes acontecem quando as circunstâncias do mergulho prevalecem sobre as condições físicas do mergulhador, sobre sua capacidade de reagir. Conheça e aceite suas limitações físicas. Quando mergulhar em mar aberto, estabeleça uma ampla margem entre sua capacidade e as exigências do mergulho. Essa margem pode ser necessária, quando o mergulho não sair como planejado.
- ✓ **Seja sincero sobre suas habilidades e avalie-as com olhar crítico.** O ego certamente desempenhou algum papel no acidente de Jill. Entretanto, como ela compreendia os riscos e as consequências, é mais provável Jill ter acreditado que suas atividades diárias, incluindo correr atrás de um bebê e uma ida ocasional à academia, fossem suficientes para manter um nível adequado de condicionamento. Uma avaliação mais crítica de suas condições poderia ter prevenido aquele acidente.

A loucura da juventude

Em todos os seus anos de experiência, é a primeira vez que isso acontece com Kam. Ele nunca viu um mergulhador se afastar durante uma parada de segurança, ainda mais numa pedreira fria e escura como aquela. Kam dá uma volta em torno do grupo e ainda não vê sinais de Tim. Naturalmente, tinha que ser Tim. Kam pensa em quantos problemas Tim provocara desde o início do curso. Quem pensaria que seria tão difícil controlar um garoto de dezesseis anos? Kam nada de volta até o grupo. Os três minutos da parada de segurança já se encerraram. Ele sinaliza para todos emergirem. Talvez Tim, em sua infinita sabedoria, tenha decidido ignorar a parada. Chegando à superfície, Kam verifica sua contagem dos mergulhadores e olha para todos os lados, da praia à superfície da pedreira. Não há vestígios de Tim. Kam se alarma. Após conduzir os outros cinco alunos para a praia, ele nada de volta à plataforma, 30 metros sob a água fria e escura. Onde poderia estar Tim?

Tim tinha 16 anos de idade, saúde excelente e, pela maioria dos relatos, era um bom aluno. Estava participando de um curso de mergulho oferecido por sua escola, com duração de um semestre. Passara pela primeira fase com notas máximas e com orgulho conquistara sua carteira de *open water*, na viagem anual da turma ao norte da Flórida, cerca de um mês antes desse mergulho. Tim só tinha um problema — era temerário, sempre queria forçar os limites, tanto da segurança no mergulho quanto da paciência de seu instrutor. Mesmo na parte acadêmica, quando uma pergunta exigia um perfil seguro, Tim pressionava ao limite extremo. Felizmente, Tim tinha habilidades aquáticas excepcionais e encontrava-se em excelentes condições físicas. Sua resistência para nadar talvez se devesse, em grande parte, às voltas que ele dava na piscina depois da aula; à sua recusa de seguir instruções; à tendência de se adiantar à turma, visando aprender competências avançadas; e ao seu fracasso em seguir regras de segurança. Tim sempre queria se sair melhor. Tirar dez não era o suficiente, ele queria uma nota mais alta do que qualquer um de sua turma. Este espírito competitivo permeava tudo que Tim fazia. Eventos atléticos não eram exceção, e até o mergulho, com sua natureza não competitiva, tornou-se para ele uma competição.

Centenas de adolescentes concluem cursos de mergulho todos os anos, em completa segurança.

Tim apresentava a vantagem de ter frequentado um curso de *Open Water* bem mais prolongado do que a maioria dos outros alunos. Comparecer duas vezes por semana, durante mais de dois meses, permitia a Tim ter cerca de 50% mais tempo na piscina do que qualquer novo mergulhador, antes mesmo de submergir pela primeira vez em águas abertas. Também aprendera muito mais sobre a física e a fisiologia do mergulho, o ambiente e os ajustes e funcionamento de seu equipamento de mergulho. Infelizmente, mesmo com todo esse conhecimento, Tim ainda achava que as "regras" do mergulho não deviam se aplicar a ele, e sim a mergulhadores mais velhos, em condições físicas precárias.

Apesar da atitude de Tim levar seu instrutor a lhe dar advertências extras, enquanto mergulhava ele nunca se afastara muito do cabo, principalmente porque Kam avisara aos alunos que tal ação resultaria em expulsão do curso e nenhuma chance de obter a certificação.

A segunda metade do semestre se resumiria a um treinamento avançado do mergulhador e culminaria com a carteira de certificação de *Open Water* Avançado. Como parte dessa capacitação, os mergulhadores eram expostos a um ambiente totalmente diferente. Durante o curso de *Open Water*, a turma completara dois mergulhos em um popular sistema de nascentes de água doce, além de dois mergulhos nas águas quentes de Flórida Panhandle. O curso Avançado, no entanto, foi conduzido em águas escuras, bem frias, em uma pedreira inundada, perto de sua escola. Os alunos realizaram a breve caminhada até a pedreira em quatro finais de semana consecutivos, submergindo, a cada fim de semana, em águas a 6 °C.

    O quinto e último mergulho, o de formatura, seria o mergulho profundo, planejado para uma profundidade de 29 metros. Eles pretendiam descer até uma plataforma, em uma saliência talhada na parede da pedreira, quando ela era seca e ainda estava ativa. A plataforma manteria os mergulhadores bem acima dos sedimentos que, se remexidos, impossibilitariam visualizar mais que alguns centímetros. Entretanto, segundo Tim, isso o impedia de descer a 38 metros, a maior profundidade que alguém poderia alcançar na pedreira. Após as instruções da aula da semana anterior, Tim mencionara o quanto estava chateado por seu instrutor estar "enganando a turma", com o objetivo de impedir que os alunos, naquele mergulho, atingissem a maior profundidade possível. Ele sabia que a agência de treinamento recomendara uma profundidade máxima de 30 metros, mas também sabia que as tabelas de mergulho permitiam 39 metros e que seu computador lhe possibilitaria ir mais fundo, permanecendo ainda dentro dos limites de não descompressão. No entanto, de acordo com Tim, essa era uma discussão que ele estava fadado a perder, não por estar errado, mas porque "ele era só um garoto e os professores tinham todo o poder". Pelo menos foi isso que disse para John, seu colega de turma e parceiro de mergulho, enquanto formulavam seu próprio plano de mergulho.

    O dia estava frio, como era comum naquela região, no início de dezembro. Os mergulhadores encontraram-se na escola, onde receberam seus equipamentos e roupas de mergulho grossas, de 7 milímetros, incluindo toucas, luvas e coletes, para evitar a temperatura da água, de 4°C. Então, percorreram de carro os 30 minutos até a pedreira. Como sempre, eram os únicos insensatos o bastante para mergulharem ali, naquela época do ano; portanto, estacionaram perto da margem. Depois que todos estavam equipados, cada um puxou uma garrafa térmica com água quente e a despejou em suas roupas de proteção, na região do pescoço. Isso retardaria a capacidade da água fria de entrar nas vestes e, por consequência assim, as sequelas do resfriamento.

    O plano de mergulho era simples. Os mergulhadores fariam um breve nado na superfície, até uma boia flutuante, presa a um cabo de descida que levava direto à plataforma abaixo. Depois, dividiriam-se em duplas, reunindo-se em volta de Kam num círculo fechado. A seguir, fariam uma imersão livre, usando

Kam e o cabo apenas como referências visuais. O mergulho programado era de cerca de 15 minutos; nesse período cada aluno receberia uma habilidade manual ou um quebra-cabeças simples para resolver, enquanto o tempo era cronometrado. Os mergulhadores também foram instruídos a prestar atenção no consumo de ar, para estimativas de cálculo de gases, o que integraria uma aula futura. Na marca dos 15 minutos, Kam sinalizaria para encerrarem o mergulho, os alunos subiriam até 4,5 metros e flutuariam, imóveis, por 3 minutos, antes de emergirem e saírem da água. O grupo desceu como planejado e, 3 minutos após o início do mergulho, acomodaram-se confortavelmente na plataforma, esperando sua vez para solucionar os quebra-cabeças no teste de narcose.

Profundidades perigosas

Muitos acidentes ocorrem quando os mergulhadores procuram quebrar recordes pessoais de profundidade. Em alguns casos, querem bater um recorde verificável e, em outros, só desejam exceder seu melhor desempenho ou competir com um amigo. Entretanto, só há um motivo aceitável para ir mais fundo e uma forma plausível de chegar lá. Mergulho em profundidade é uma ferramenta que permite aos mergulhadores explorarem áreas como naufrágios em águas profundas e estruturas de recifes nas profundezas. O único modo de mergulhar nesses locais inspiradores, em segurança, é obter o treinamento e o equipamento adequados. Ir fundo apenas para obter números em um manômetro é uma boa receita de desastre.

Como já vimos, quando o nitrogênio se dissolve na corrente sanguínea, ele provoca um leve efeito narcótico no mergulhador. Os sintomas da narcose por nitrogênio são percepção focada, inibições reduzidas, pensamento racional lento e reações de reflexo. Para mergulhadores que absorvem o ar, uma ligeira debilitação tem início em profundidades rasas, de 15 metros. No entanto, quase todos os mergulhadores ficam perceptivelmente debilitados por volta dos 30 metros. Um dos perigos mortais da narcose é que a maioria dos mergulhadores não reconhece a debilitação, nem percebe sua extensão. Por isso, muitos instrutores utilizam métodos que visam demonstrar aos novos mergulhadores em profundidade quando estão de fato debilitados, incluindo técnicas que exigem dos mergulhadores tanto a racionalização de um problema, quanto o uso de habilidades manuais para resolver a dificuldade. A técnica preferida de Kam era criar quebra-cabeças simples, com canos de PVC, e cronometrar o tempo que os mergulhadores levavam para montá-los primeiro em águas rasas, o que eles haviam exercitado em um mergulho anterior, depois em águas profundas e frias. Os mergulhadores teriam, então, um registro documentado de alguma possível debilitação nas profundezas, pois seu tempo de montagem seria, invariavelmente, mais longo no mergulho em profundidade.

Como sempre, Kam havia planejado cada minuto do mergulho e o último aluno completou o teste quando restava pouco mais de 2 minutos do tempo planejado para o mergulho. Nesse instante, Kam sinalizou para os mergulhadores reunirem-se e nadarem algumas vezes em torno da plataforma, antes de iniciarem uma subida controlada, até 4,5 metros. O mergulho ainda estava sendo perfeito. Os mergulhadores chegaram a 4,5 metros e nivelaram-se, ajustando sua flutuação para uma pausa de 3 minutos. Cerca de 30 segundos depois, tudo começou a acontecer.

O parceiro de Tim, John, agarrou o braço de Kam e sinalizou que havia um problema, gesticulando na direção de seu cilindro. Kam verificou imediatamente o SPG de John, o qual indicava que ele tinha muito ar. Aí, ele nadou para trás de John, percebendo que a alça do cilindro dele, de alguma forma, havia se soltado e que o cilindro estava escorregando do arnês. Kam reposicionou o cilindro e a correia fechou-se de novo, restando um minuto na parada de segurança. Enquanto olhava em volta, após resolver o problema de John, percebeu pela primeira vez que faltava um mergulhador — Tim. Sinalizou para John, perguntando onde estava seu parceiro. Depois de breve hesitação, John encolheu os ombros, indicando que não fazia ideia. Ainda assim, Kam não se alarmou. A visibilidade era ruim e John devia ter se distraído com o incidente do cilindro, perdendo seu parceiro de vista. Kam puxou sua bússola e circundou devagar seu grupo de mergulho, presumindo que encontraria Tim um pouco além de seu alcance visual. Mas sua busca foi infrutífera. A parada de segurança acabara e Kam achou que Tim, ignorando as regras, pudesse ter desconsiderado a parada e emergido na frente do grupo. Nesse momento, sinalizou para o grupo emergir e, então, verificou a praia e a superfície da pedreira, sem encontrar sinais do mergulhador errante.

Depois, Kam vasculhou a superfície, atrás de bolhas, ficando aliviado ao vê-las romper a superfície, perto do cabo de descida. A esta altura, Kam retirou os outros alunos da água, dando-lhes instruções rígidas para permanecerem em terra firme. Em seguida, retornou ao cabo de descida, percebendo, apreensivo, que o rastro de bolhas havia cessado. Kam desceu rápido pelo cabo. Conforme se aproximava da plataforma, circulou em torno, até localizar Tim, bem do lado raso, imobilizado lá no fundo. Seu regulador estava fora da boca, sua máscara saíra do lugar, obviamente em um surto de pânico. O cilindro estava completamente vazio e ele não reagia.

Kam agarrou Tim, inserindo seu próprio segundo estágio extra na boca do mergulhador. Depois, manteve a via respiratória aberta, inclinando a cabeça de Tim para trás. Kam notou que ele provavelmente se afogara, mas também sabia que a água estava muito fria e apenas poucos minutos se passaram desde que Tim parara de respirar. Portanto, ainda havia esperança. Kam disparou para a superfície, levando consigo o mergulhador, ignorando qualquer preocupação com DD em si mesmo ou em Tim. Retirou a máscara de respiração de resgate do bolso de seu BCD e, assim que romperam a superfície, iniciou o processo de respiração boca a boca. Após insuflar o ar algumas vezes, Kam alertou os outros mergulhadores para que chamassem a emergência, pois Tim não estava respirando. Por um momento, os alunos ficaram chocados, em silêncio, até Kam gritar de novo. Isso fez com que um deles agisse, disparando com seu carro até uma loja de conveniências, onde encontrou o telefone mais próximo.

Kam nadou até a praia o mais rápido que pode, rebocando Tim, tentando fazer respiração de resgate a cada 5 segundos, mais ou menos. Ele reconhecia a importância de forçar respirações regulares em Tim e também de não haver atrasos no socorro. Portanto, enquanto nadava, lutou para remover o cilindro e o BCD de Tim. Quando chegaram à água rasa, os quatro mergulhadores restantes agarraram Tim e o arrastaram para a praia. Um deles assumiu imediatamente a respiração boca a boca, enquanto Kam usava uma faca de mergulho para cortar as camadas de neoprene que cobriam o tórax e o pescoço de Tim, para verificarem a pulsação. Tim parecia não ter batimentos cardíacos; assim, os mergulhadores iniciaram a RCP. Um dos membros do grupo pegou um cilindro de oxigênio do carro de Kam e o conectou a uma máscara de resgate, reforçando o ar que era impelido para dentro dos pulmões de Tim. Os mergulhadores continuaram a RCP por quase 30 minutos, até os paramédicos chegarem.

Os profissionais levaram Tim às pressas para um hospital próximo, mas o declararam morto apenas alguns minutos após sua chegada. Kam ficou tão arrasado quanto furioso. Ele nunca perdera um aluno antes, não podia imaginar por que Tim decidira retornar ao fundo. O equipamento e o computador de mergulho de Tim foram recuperados, enquanto Kam começava a preencher relatórios de incidentes e a fazer sua própria investigação sobre o acidente. Como ele resultou em uma fatalidade, Kam também entrou em contato com a entidade legal local, pedindo sua assistência na apuração. O *download* do computador de Tim revelou que o mergulhador, sem dúvida, atingira a parada, a 4,5 metros, permanecera lá por quase um minuto, antes de voltar rápido para o fundo. Ele fizera uma pausa breve, em algum ponto próximo à plataforma, antes de prosseguir em sua rápida imersão, aparentemente atingindo os sedimentos nas profundezas. Seu computador indicava uma profundidade máxima de 38 metros. Ele parou no fundo por um ou dois breves segundos, antes de emergir. Aos 24 metros, Tim pareceu encontrar algum problema que o fez estacar. Ele pausou por mais de um minuto, nessa profundidade, antes de descer de novo até uma profundidade de 31 metros. É provável que Tim tenha ficado sem ar aos 24 metros ou logo antes de atingir essa profundidade. Em sua luta para respirar, entrou em pânico e, nesse ponto, deve ter perdido contato com o cabo de subida. Seu BCD não estava inflado quando Kam recuperou seu corpo, e seu cinto de lastro permanecia no mesmo lugar. É provável que, quando Tim entrou em pânico, ele tenha caído rumo à plataforma abaixo. Ele acabou se chocando com ela e ali permaneceu por alguns instantes, antes de rolar para os sedimentos, na beirada da plataforma, onde Kam recuperou seu corpo.

A descoberta mais interessante, entretanto, ocorreu durante os interrogatórios com os mergulhadores sobreviventes, especialmente John, o parceiro de Tim. John revelou que Tim lhe perguntara que subterfúgio poderiam usar para distrair Kam; assim, Tim poderia se afastar do grupo tempo suficiente para descer até 38 metros. Alcançar essa profundidade lhe permitiria ganhar uma aposta com um de seus colegas de classe, de que ele realizaria o mergulho mais profundo do curso. Os dois mergulhadores tinham observado alguns de seus colegas perderem seus cilindros durante o treinamento na piscina, devido à montagem inadequada do equipamento. Portanto, sabiam que o instrutor teria que se concentrar para corrigir um problema como esse. Então, decidiram ser essa uma boa maneira de distrair Kam. Apesar de terem planejado tudo, enquanto estavam no fundo John ficou nervoso ante a ideia de "perder" seu cilindro a quase 30 metros abaixo da superfície, e sinalizou para Tim, recusando-se a ir em frente com o plano. Depois que chegaram à parada de segurança, Tim sinalizou para John de novo e, dessa vez, ele concordou. Posicionando-se pouco atrás de Kam, para desviar sua atenção do grupo, John permitiu que Tim soltasse sua correia. O plano dos mergulhadores funcionou. Kam distraiu-se o suficiente para que Tim realizasse sua rápida imersão. Infelizmente, Tim não tinha ar o bastante para completar o mergulho e se afogou, vítima de seu próprio desprezo pelo mergulho seguro.

Estratégias de sobrevivência

- ✓ **Não mergulhe buscando recordes de profundidade.** Apenas cerca de um em cada cinco mergulhadores sobrevive a mergulhos que visam bater um recorde. Você deve mergulhar porque deseja observar algo, como um recife intocado ou um naufrágio histórico. Mas mergulhar só porque quer ver quão fundo consegue ir não permite estabelecer no planejamento os limites necessários, nem garante que o mergulho não será letal.
- ✓ **Regras existem por algum motivo.** Profissionais ganham a vida (e permanecem vivos) tornando o mergulho tão acessível e seguro quanto possível. As regras existem para proteger os mergulhadores e baseiam-se em anos de experiência e na análise dos acidentes. Não cometa o erro de achar que sabe mais do que os profissionais.
- ✓ **Siga os profissionais.** Quando você se matricula em um curso ou se inscreve para um mergulho guiado, está pagando pelos conselhos de um profissional de mergulho. É uma tolice e uma fatalidade em potencial ignorar essas instruções, incluindo o plano de mergulho prescrito.
- ✓ **Mergulhar sob pressão dos colegas pode ser mortal.** Várias fatalidades resultaram de mergulhadores que tentaram transformar o mergulho com cilindro em um esporte competitivo. Não seja vítima dessa loucura. A única "competição" deve se ver quem consegue completar em segurança o maior número de mergulhos.

Não se pode comprar bom senso

Já faz horas que eles emergiram. Renee está tremendo incontrolavelmente. Ela está tão fraca que mal consegue manter a cabeça acima da superfície. O sol está se pondo e até o calor de sua lanterna diminuiu. Allen flutua por perto. Inacreditavelmente, mesmo após todo esse tempo dentro da água, ele ainda está zangado. Continua reclamando do roubo de seu barco e Renee está apavorada por ele não parecer se preocupar com sua sobrevivência nem com a gravidade da situação. Allen não tenta ajudá-la, mesmo enquanto ela se segura em sua preciosa rede repleta de lagostas, nem tenta se manter ao lado dela. Ela mal consegue acreditar em sua falta de consideração. No fundo, ela sabe que não sobreviverá àquela noite.

Allen era um profissional de 40 e poucos anos que havia se dado bem havia pouco tempo. Uma combinação de estar no lugar certo, na hora certa, e de ter o tino para capitalizar os negócios o deixara mais seguro financeiramente do que ele jamais imaginara. Allen era, há muitos anos, um ávido fã de esportes aquáticos. Quando era adolescente, já praticara esqui aquático e mergulho. Mas seu regime de trabalho e a busca pelo sucesso tornaram suas excursões de mergulho raras e espaçadas, até alguns anos antes. Desde então, ele havia tirado um tempo para aproveitar mais a vida, realizando mergulhos frequentes perto de sua casa, nos finais de semana, e algumas breves viagens até as ilhas. Ultimamente, vinha esbanjando em equipamentos de mergulho novos — nada sofisticado demais, sem acessórios desnecessários, porém de boas marcas. De repente, surpreendendo até a si mesmo, ele comprou um equipamento para sua namorada, Renee, com quem estava saindo havia apenas alguns meses.

Renee era cerca de dez anos mais jovem do que Allen e considerava-se afortunada por estar namorando um homem tão inteligente e bem-sucedido. Ela começara a mergulhar há pouco mais de um ano, diante do estímulo de alguns amigos do novo emprego, que a trouxera para o sul da Flórida. Gostava do esporte, apesar de não ter a mesma obsessão que alguns de seus companheiros de mergulho. Ainda assim, ela os acompanhava em jornadas de mergulho com a agência local, cinco ou seis vezes por ano, assim como acompanhou Allen em uma excursão nas Bahamas.

Conforme Allen começava a aproveitar seu sucesso, decidiu realizar o sonho de sua vida. Após meses de pesquisa, comprou um barco. O iate era um pouco menor do que ele gostaria, mas 44 pés era o suficiente e financeiramente mais prático do que um barco maior. Renee foi com ele apanhar a embarcação e ficou impressionada com seu perfil luxuoso. Não havia dúvidas de que, a partir de então, ela e Allen iriam mergulhar com estilo. O vendedor repassou com cuidado todos os sistemas do barco e até fizeram um breve teste pelo mar. Entretanto, Allen insistiu que, na primeira vez em mar aberto, o vendedor os conduzisse. Percebendo a falta de experiência de Allen e sua pouca confiança para dirigir o barco, o negociante ofereceu-se para arranjar um curso de Operação de Embarcações para os dois. Ao saber que o curso custaria centenas de dólares e consumiria pelo menos alguns finais de semana, Allen decidiu que suas habilidades eram adequadas e que o restante poderia aprender no timão.

A embarcação comercial de mergulho Deep Dreams deixando o cais.

Os mergulhadores logo estrearam o barco novo, realizando viagens de dois dias pela costa do sul da Flórida logo na primeira semana, mergulhando, relaxando no convés e aproveitando o mar com acomodações de primeira classe. Essas primeiras incursões transcorreram com probleminhas sem importância — uma escora arranhou o barco com um pouco mais de força quando saíam do cais e alguns barqueiros lançaram advertências grosseiras, enquanto Allen aprendia "as regras da estrada" usadas em vias fluviais navegáveis. Renee entusiasmou-se, mas ficou um pouco apreensiva quando Allen sugeriu que eles tirassem alguns dias de folga e levassem o barco até as Keys, para o início da temporada de lagostas.

A viagem em direção ao sul ocorreu sem maiores incidentes, com mar calmo e céu limpo. Os mergulhadores ancoraram em uma marina local, onde obtiveram uma licença para pescar lagostas e alguns conselhos locais para os mergulhos que planejavam empreender. O primeiro dia de mergulho foi perfeito. O lado atlântico das ilhas encontrava-se totalmente calmo, com apenas algumas nuvens ralas no céu, enquanto Allen guiava a embarcação rumo a uma área a sudoeste de uma reserva marinha protegida. Ignorando as atracações posicionadas estrategicamente para proteger o recife próximo, Allen decidiu soltar a âncora no que esperava ser uma parte arenosa do fundo do mar. Quando ela se acomodou, ficou evidente a ausência de correntes; eles poderiam realizar mergulhos fantásticos, ao longo de saliências de corais intocadas e de uma parede inclinada rasa.

Allen e Renee vestiram suas roupas de banho e o novo equipamento de mergulho, levando também bolsas de rede que esperavam preencher com lagostas da Flórida. Descendo até cerca de 15 metros, os mergulhadores verificaram a âncora e anotaram sua localização, antes de seguirem para o recife e chegarem à mina. Essa área estava cheia de "bichos", termo local para lagostas. Os mergulhadores logo desenvolveram um sistema: Allen remexia o recife, retirando lagostas de fendas e fissuras, e as passava para Renee. Renee checava as lagostas com um medidor, assegurando-se de que estavam dentro da lei, ou seja, não portavam ovos, antes de colocá-las dentro da sacola. O mergulho progrediu bem; em menos de 30 minutos eles se aproximavam de seu limite diário. Então, emergiram para passar algumas horas ao sol e almoçar.

Conforme caía a tarde, Allen e Renee, já recuperados do frio do mergulho, empreendido sem roupas de proteção, decidiram apanhar suas últimas lagostas. Entraram de novo na água e desceram para o mesmo recife, mas descobriram que a sorte havia acabado. O sol não penetrava a água tão bem quanto no mergulho anterior e era difícil visualizar as lagostas. Uma corrente suave varria o recife, tornando o nado e as manobras um pouco mais difíceis. Seguindo as orientações aprendidas no treinamento, no início do mergulho eles nadaram adiante, dentro da corrente. Os dois procuraram as lagostas em todas as fendas e fissuras do recife, enquanto nadavam. Quarenta minutos depois, só tinham visto duas: uma jovem e pequena demais, e outra fêmea carregando ovos, ambas bem escondidas. Renee estava surpresa com o frio que sentia, mesmo numa água a 29 °C, mas Allen ainda achava-se concentrado, então ela o seguiu obediente, arrastando a rede atrás de si. Uma hora depois, os mergulhadores haviam chegado a águas muito mais rasas e ainda tinham quase metade de seu suprimento de gás. Renee estava com muito frio. Além disso, a visibilidade estava diminuindo drasticamente e ela temia que o pôr do sol chegasse antes do que eles esperavam. Ela sinalizou para Allen que deviam retornar para o barco.

De má vontade, Allen concordou, mas ainda depositava a maior parte de suas energias em procurar mais lagostas. Renee estava congelando, sua paciência se esgotava. Ela agarrou Allen, sacudiu seu ombro, pretendendo sinalizar que estava com frio e tinha que emergir. Allen virou-se, segurando a maior lagosta do dia na mão. Ela tomou a lagosta de Allen, enquanto ele voltava para o recife, antes que ela pudesse fazer qualquer sinal. Depois de checar a lagosta e colocá-la na sacola, percebeu que Allen estava atrás de mais e decidiu ser paciente por mais alguns instantes. Quando ele se voltou, com sua segunda presa, ela sinalizou que estava com muito frio e precisava emergir. Allen verificou seu SPG, indicou que ainda tinha mais ar e lhe pediu para esperar. Renee pensou em deixar Allen e nadar de volta para o barco, mas raciocinou que ele estava com algumas centenas de litros de ar a menos e, de qualquer modo, o mergulho teria que terminar em breve. Decidiu ficar. Encontrando a terceira lagosta, Allen enfim alcançou o limite da pesca. Deixando nas mãos de Renee a sacola de lagostas, Allen desceu o recife na direção do barco. Logo retornou à área arenosa onde a âncora estivera, mas assustou-se quando não conseguiu encontrá-la. Os mergulhadores enfrentaram um ou dois instantes de indecisão. Não queriam emergir e descobrir que estavam corrente abaixo do barco, uma vez que a corrente na superfície seria provavelmente forte demais para nadarem contra ela. Renee, no entanto, determinou sua linha de conduta, apontando para seu SPG, que estava no vermelho. Então, emergiram e ficaram surpresos ao não encontrarem sinal algum de seu barco, em nenhuma direção.

Em uma fração de segundo, Allen ficou furioso, convencido de que alguém roubara seu lindo iate novo, enquanto eles estavam mergulhando. Renee, por outro lado, estava perturbada ao extremo. Ela tentou explicar a Allen que estava congelando e perguntou o que deviam fazer. Allen literalmente a empurrou para longe, batendo na superfície da água e proferindo uma série de palavrões contra os ladrões do barco. Depois de esperar que ele se acalmasse, Renee mais uma vez tentou conversar com ele. Allen, naquele momento, lançou toda sua raiva contra ela, furioso, perguntando se ela era incapaz de perceber o quanto essa perda iria lhe custar. Estava escurecendo. Renee estava exausta e congelava. Pediu a Allen que apanhasse a sacola de lagostas, para que ela pudesse descartar seu lastro. Ele gritou de novo, ela estava sendo ridícula, se descartasse seu cinto, podia ter certeza de que ele não ia lhe comprar outro. Resignando-se, Renee deitou-se na água, aguardando o que viria a seguir.

> **Barcos sem supervisão**
>
> Mergulhadores nunca devem submergir usando uma embarcação sem supervisão. As condições do mar mudam em um piscar de olhos. No vento ou no mar revolto, as correntes cambiantes podem levar a âncora a se desprender; nesse caso, a embarcação pode ficar à deriva. Além disso, correntes fortes podem arrastar os mergulhadores para longe da embarcação e tornar impossível seu retorno. Em qualquer desses contextos, os mergulhadores estarão sozinhos no mar, sem ninguém a bordo para conduzir o barco até eles. Também é possível que uma embarcação ancorada, sem supervisão, seja alvo de ladrões, mas isso é bem menos provável do que alguns proprietários presumem.

Enquanto isso, em um cais local, um grupo de mergulhadores embarcava em um barco fretado, para um mergulho do crepúsculo até a noite. Com todos a bordo e as instruções concluídas, os mergulhadores dirigiram-se rumo a uma descida rasa aos corais, esperando realizar a "mudança de turno", quando os ocupantes diurnos do recife se recolhiam e os noturnos os substituíam. Enquanto o capitão manobrava sua embarcação, através do canal estreito do recife, o instrutor do grupo, também comandante de um navio, subia ao comando superior para discutir os planos do mergulho com o capitão. Como é hábito entre operadores de barco e marinheiros experientes, eles continuaram a observar o horizonte, enquanto combinavam o planejamento. A essa altura, Renee perdera qualquer esperança de receber ajuda de Allen e estava tentando pensar, através da névoa da hipotermia, para formular algum plano de sobrevivência. Lembrou-se do dia na loja de mergulho, quando os vendedores tentaram convencê-los a comprar boias-torpedos e uma buzina de ar para o inflador de seu BCD, e como Allen decidira que eram despesas ridículas. Se pelo menos ela tivesse essas peças agora, ou até sua própria luz de mergulho, guardada em segurança em sua bolsa de equipamentos, no barco, onde quer que ele estivesse. De repente, Renee ouviu um zumbido surdo — seria um avião? Ela observou o céu, mas não viu nada além de um firmamento cada vez mais escuro. Baixando os olhos na direção do horizonte, avistou as luzes móveis de um barco, ao longe, o sol poente brilhando contra suas balaustradas de metal e seu casco branco. Ela gritou e agitou os braços, mas quem estava a bordo não podia vê-la. Allen a ignorava, sem fazer nenhum esforço para contatar o barco. Ela supôs que ele ainda estava emburrado. Se pelo menos ela tivesse algum modo de sinalizar. Então, teve uma ideia. Esticou a mão para baixo, tirou a nadadeira e sacudiu a lâmina amarela brilhante no ar, o mais alto que podia, gritando o máximo possível, tanto quanto suas forças, cada vez menores, lhe permitiam.

Naquele momento, o líder do grupo, no comando superior, olhava rumo a estibordo, quando um movimento chamou sua atenção. Ele vislumbrou um lampejo amarelo, apesar de ser difícil visualizar, pois estava de frente para o sol poente. Pegando emprestados os binóculos da embarcação, vasculhou o horizonte e verificou que um mergulhador parecia sinalizar para o barco. Outra pessoa flutuava por perto. O líder percebeu que não havia outras embarcações nas proximidades. Apontando-os para o capitão, o líder sugeriu que verificassem a situação. O comandante concordou e virou o barco, mas a rota passava por cima de um recife raso, não por um canal determinado, então ele foi forçado a ir devagar, para garantir que não encalharia sua embarcação. Observando atentamente o sonar de profundidade, com o imediato observando da proa, o capitão manobrou a embarcação por cerca de um quilômetro e meio de recife, em águas rasas, para chegar aos mergulhadores em dificuldades.

Quando o barco alcançou Renee, o capitão pediu que ela nadasse até a plataforma. Enquanto isso, o imediato sinalizou para Allen, um pouco mais afastado, perguntando se ele estava bem. O líder vestiu seu equipamento de *snorkel* para ajudar Renee a subir na plataforma, já que era evidente que ela não conseguia mais nadar. Quando chegaram à escada de embarque, Allen nadou até lá e empurrou Renee para fora do caminho, tentando subir a bordo primeiro. O capitão ficou furioso e empurrou Allen para o lado, advertindo-o que ele podia esperar até a mergulhadora, claramente debilitada, ser socorrida. Ao mesmo tempo, o líder do grupo descartou o cinto de lastro de Renee e a valiosa sacola de lagostas, o que o levou a receber uma enxurrada de impropérios da parte de Allen. Tiraram o equipamento de mergulho de Renee e a puxaram para o convés. Sua pele estava azul, ela tremia incontrolavelmente e era incapaz de se comunicar com clareza ou se mover sem ajuda. A tripulação a envolveu em toalhas e em casacos, para aquecê-la. Allen, ainda gritando obscenidades, rastejou para dentro do barco e tirou seu equipamento, enquanto seguia em direção à proa. Sem permissão ou discussão, ele subiu para o comando superior, pegou o rádio e chamou a Guarda Costeira dos Estados Unidos, na frequência de emergência. Alcançando o operador da Guarda Costeira, exigiu que procurassem seu barco roubado, mesmo enquanto o operador tentava convencê-lo a mudar para um canal que não fosse de emergência. Allen recusou-se a obedecer; o capitão e o imediato foram obrigados a removê-lo do comando superior. O capitão, então, entrou em contato com a Guarda Costeira, mudou para outro canal e explicou a situação.

Devido à preocupação com a saúde de Renee, decidiram que o grupo iria adiar seu primeiro mergulho, tempo suficiente para uma viagem rápida até o cais mais próximo. O capitão passou uma mensagem de rádio, informando seu destino para a Guarda Costeira e pedindo uma ambulância. Ao chegarem ao cais, Renee foi conduzida ao hospital local, apesar de se sentir bem melhor. Ficou em observação por algumas horas, na sala de emergência, depois recebeu alta. O comitê de recepção de Allen não foi tão amigável. A Patrulha Marítima o recebeu, explicando que sua embarcação fora recuperada pela Guarda Costeira, à deriva, nas águas profundas de uma rota de navios, área reservada ao tráfego de barcos comerciais. Ele foi indiciado por uma série de violações marítimas e detido até a chegada das autoridades da Guarda Costeira. Essa entidade, subsequentemente, indiciou Allen pelo mau uso do rádio VHF, por colocar em perigo um passageiro a bordo de sua embarcação e apresentar perigo à navegação, ao deixar sua embarcação sem rumo em uma rota de navios comerciais.

A embarcação de Allen não tinha sido roubada, afinal de contas. Os ventos que vinham do oeste aumentaram, enquanto Allen e Renee estavam mergulhando. Essa força, somada a uma leve corrente da maré, mudara a posição da embarcação e levantara a âncora, se é que ela fora atracada da forma correta. O iate foi encontrado à deriva, cerca de 60 metros de profundidade, a âncora e seu cabo ainda intactos, pendurados aproximadamente 15 metros abaixo da superfície. O barco não sofrera danos, apesar de estar sem rumo, em uma área de tráfego substancial e de representar um perigo significativo à navegação. De acordo com Allen e Renee, a embarcação fora ancorada em 12 a 14 metros de água, indicando que Allen não usara cabo de ancoragem suficiente para permitir que a âncora se acomodasse adequadamente. O iate de Allen era equipado com uma âncora projetada para se fixar ao fundo arenoso, fincando-se cada vez mais fundo, conforme a embarcação retesava o cabo. Mesmo em águas relativamente calmas, como as encontradas pela dupla de mergulhadores, essas âncoras demandam um cabo extenso, pelo menos três vezes a profundidade da água, para funcionarem da forma adequada. Visando segurança máxima, principalmente na ausência de um vigia a bordo, Allen teria sido inteligente se tivesse usado um cabo com o comprimento de cinco vezes a profundidade da água, ou pelo menos 60 metros. Se ele tivesse soltado a extensão certa do cabo na água e permitido que a âncora se acomodasse no fundo, depois desse a ré no motor do barco e prendesse a âncora na areia, o barco provavelmente não teria ficado à deriva. Além disso, depois de gastar centenas de milhares de dólares em um barco, Allen deveria ter despendido algumas centenas de dólares em um curso de Operador de Embarcações. Um investimento módico de tempo e dinheiro teria livrado ele e Renee dessa terrível experiência.

Renee também cometeu vários erros gritantes de julgamento, que contribuíram para esse acidente. Depois de sentir frio no mergulho da manhã, Renee deveria ter reconhecido a necessidade de usar a roupa de mergulho fina para a excursão da tarde. Mesmo após cometer esse erro, quando ficou óbvio que estava ficando com frio no segundo mergulho, ela devia ter insistido veementemente que Allen encerrasse o mergulho. Além disso, tanto ela quanto Allen permitiram que a preocupação dele com seu saldo bancário os impedisse de gastar cerca de US$ 30 por cabeça em equipamentos de sinalização, que a loja de mergulho local recomendara para um mergulho com um barco particular.

Mergulhadores sinalizando para um barco com boias-torpedos.

Foi pura sorte que alguém em um barco, a mais de um quilômetro e meio, tenha sido capaz de ver a nadadeira de Renee. Se ela não tivesse ouvido o barco ou removido sua nadadeira a tempo, é improvável que tivesse sobrevivido àquela noite. Uma boia-torpedo de cor chamativa ou uma de marcação de superfície, com uma luz piscante, seria avistada mais facilmente. Um *dive alert* ou um dispositivo similar de sinalização, conectado à mangueira inflável de baixa pressão, teria dado a Renee e Allen a oportunidade de usar um sinal audível a até três quilômetros de distância, aumentando suas chances de serem vistos por pessoas a bordo de qualquer barco que passasse. Nem Renee nem Allen carregavam uma alternativa de qualidade inferior e preço baixo, ou seja, um apito, o que os obrigou a depender de gritos. Finalmente, Renee selecionou mal seu parceiro de mergulho. Os mergulhadores são, por natureza, aventureiros; na verdade, há muitos mergulhadores seguros que submergem bem além dos limites aceitáveis. No entanto, eles diferem dos tolos. Estes se arriscam sem antes entenderem os riscos e sem saberem lidar com esses perigos de forma segura, quando necessário. A atitude de Allen em relação ao treinamento adequado para operar embarcações e para lidar com outras questões de segurança o identificava como uma pessoa que assume riscos desnecessários e idiotas. Você nunca deve confiar em alguém assim para ser seu parceiro de mergulho, sobretudo quando não estiver mergulhando com um grupo organizado, porque pode se ver totalmente sozinho no vasto oceano, contando apenas com essa pessoa.

Estratégias de sobrevivência

- ✓ **Nunca tente operar embarcações**, a não ser que você tenha treinamento adequado. Mesmo depois de receber esse treinamento, aumente sua experiência pouco a pouco, para não entrar em uma situação na qual as exigências superam suas habilidades.
- ✓ **Sempre leve um equipamento de sinalização.** Se você se aventurar em águas abertas, deve conduzir tanto um dispositivo visual, quanto um dispositivo audível de ar comprimido, como um *dive alert*. Apitos não são substitutos adequados, porque seu som não é alto o suficiente para ser ouvido a grandes distâncias.
- ✓ **Nunca mergulhe de um barco desacompanhado.** Sempre deixe alguém a bordo que possa operar o navio e o rádio, podendo responder a qualquer situação inesperada.

- ✓ **Tenha bom senso quando selecionar um parceiro de mergulho.** Isso é ainda mais verdadeiro se você vai realizar mergulhos muito arriscados, como os de perfis muito profundos ou longos, de penetração ou em mar aberto, sem o benefício de um grupo organizado.
- ✓ **Conheça as regras básicas de operação segura de barcos.** Como operador de um barco, você deve estar bem familiarizado com essas regras e ser capaz de cumpri-las. Enquanto mergulhador, deve pelo menos conhecer os termos náuticos e os procedimentos-chave, para garantir sua segurança em qualquer embarcação.

Os "maiorais"

> *Walt deita-se na superfície do oceano. Ele está exausto. Parece ver o mundo através de uma névoa e seu corpo está dormente. Luta apenas para manter a cabeça à tona. A névoa parece ficar mais espessa, turvando todo o senso de realidade. Agora, Walt pode ver o barco aproximando-se ou pelo menos acha que pode. Ele avista nadadores de segurança na água. Eles o apanham. Walt tenta ajudar, mas suas pernas não se movem.*

Elias era um instrutor de *trimix* certificado. Tinha 40 e poucos anos, ótima saúde e, graças ao seu trabalho de meio período na indústria do mergulho, estava quase sempre dentro d'água. Há algum tempo, ele tentava organizar um mergulho num naufrágio em águas profundas, mas a profundidade de 60 metros e as condições em alto mar lhe dificultavam encontrar um parceiro experiente e, assim, organizar a viagem.

Mergulhar a uma profundidade dessas exigia muito treinamento e aparato especial. O processo de capacitação é bem rigoroso e o equipamento pode ser muito caro. Assim, poucos mergulhadores são capazes de realizar tais mergulhos, que exigem o uso de uma mistura especial de gases conhecida como *trimix*.

O treinamento com *trimix* só é acessível a mergulhadores muito experientes, que já obtiveram várias certificações secundárias e registraram bem mais de cem mergulhos seguros. Pela complexidade desses mergulhos, é comum que mergulhadores com *trimix* se recusem a submergir com aqueles que não conhecem pessoalmente, apesar de terem permissão para fazê-lo. Parceiros de mergulho, com frequência, submergem várias vezes em águas relativamente rasas, antes de tentarem algo "extremo".

Walt era mergulhador da loja na qual Elias trabalhava. Elias animou-se quando descobriu que Walt acabara de obter sua certificação de *trimix*. Finalmente encontrara um parceiro qualificado! Os mergulhadores deram alguns telefonemas e localizaram um barco de frete que iria até o naufrágio. Apesar de já ter um pequeno grupo a bordo, ainda tinha lugar para mais dois. Elias acrescentou seus nomes à lista e eles começaram a se preparar para o mergulho; porém, por algum motivo, Elias e Walt não tinham empreendido nenhum mergulho preliminar.

Um mergulhador com *trimix* espia o interior de um naufrágio profundo, no sul da Flórida.

Para aquele mergulho, Elias decidiu que deviam usar *trimix* 15/50, ou seja, o gás conteria 15% de oxigênio, 50% de hélio e 35% de nitrogênio. Essa mistura manteria o oxigênio dentro dos limites razoáveis e daria aos mergulhadores um efeito de narcose equivalente a mergulhar com ar a apenas 36 metros. Ele também escolheu uma mistura de 32% de *nitrox* para a imersão — contendo 32% de oxigênio.

O dia estava lindo, em condições perfeitas, quando Elias e Walt chegaram ao barco. Como é típico de mergulhadores com *trimix*, eles passaram um tempo considerável montando e verificando cada peça do equipamento, antes da embarcação deixar o cais. Apesar de não estarem familiarizados nem com o barco nem com a tripulação, ficaram impressionados ante a competência da equipe e por terem a bordo dois imediatos, os quais atuariam também como mergulhadores de segurança. Devido às complexas e obrigatórias trocas de gases, embarcações fretadas que transportam mergulhadores com *trimix* têm quase sempre mergulhadores de segurança a bordo. Eles são qualificados além dos limites recreativos, para poderem descer até um mergulhador em descompressão e oferecer gases de apoio ou outra ajuda, se necessário. Nesse caso, o barco levava dois instrutores de *trimix* como mergulhadores de segurança. Com o equipamento verificado duas vezes, o barco partiu, enfrentando uma viagem de uma hora e meia até o naufrágio profundo. A superfície da água parecia de vidro. A visibilidade era excelente e, algo incomum naquele local, a corrente era mínima. Quando chegaram ao local do naufrágio, o capitão deu instruções breves aos mergulhadores experientes, concentrando-se nos detalhes da região e em como resgatariam os mergulhadores, ao final do mergulho.

Mergulhos com *trimix*

Em mergulhos mais profundos, como os de 70 metros, os mergulhadores são incapazes de utilizar o ar. Isso porque seu conteúdo normal de oxigênio (21%) excederia os limites máximos de segurança, se o mergulhador fosse exposto a esse gás quando chegasse ao fundo. Nesse caso, ele correria um risco substancial de intoxicação por oxigênio ou de hiperoxia. Já falei sobre toxidade do oxigênio no boxe das páginas 127-31; no entanto, muitos mergulhadores não percebem que isso também se aplica quando se está absorvendo ar. Alcança-se o limite máximo de exposição ao oxigênio pouco acima dos 20 pés (6 metros), quando se respira oxigênio puro. Porém, no momento em que o mergulhador respira apenas 21% de oxigênio (a porcentagem contida no ar), obtém-se a mesma pressão de oxigênio a uma profundidade de 218 pés (66 metros). Essa dose de oxigênio tem o mesmo efeito, independente de sua porcentagem inicial na mistura de gases. Portanto, mergulhos além de 67 metros, com o emprego do ar, podem resultar nos mesmos sintomas de toxidade que ocorrem em profundidades menores, com porcentagens maiores de oxigênio. Os sintomas da hiperoxia incluem convulsões e perda de consciência, o que pode provocar afogamento. Outro problema decorrente do uso de ar nessa profundidade é a narcose. A apenas 30 metros, quase todos os mergulhadores se prejudicam de alguma forma ao absorver o ar. A mais de 60 metros, a maioria será muito prejudicada, podendo transformar qualquer crise simples numa potencial ameaça à vida.

Por fim, o ar respirado por um mergulhador, a 70 metros, seria oito vezes mais denso do que o consumido na superfície. Essa densidade adicional aumentaria significativamente o esforço para respirar e poderia, na verdade, transcender a capacidade do regulador de fornecer um suprimento adequado a cada respiração. Por isso, aqueles que mergulham nessas profundidades usam misturas gasosas personalizadas, nas quais uma parte do nitrogênio e do oxigênio é substituída por hélio. Nessas profundezas, o hélio não apresenta efeito narcótico, pois é um gás mais leve, o que o torna mais fácil de ser bombeado para dentro e para fora dos pulmões. Assim, ele pode substituir uma parcela do oxigênio, para que se possa controlar a toxidade desse gás, sem os efeitos negativos que ocorreriam ao se optar pelo nitrogênio. Para controlar os fatores de risco, os mergulhadores preparam cilindros com misturas personalizadas, com uma porcentagem de oxigênio menor do que a encontrada no ar, uma fração reduzida de nitrogênio e hélio — daí ser conhecida como "*trimix*".

Naturalmente, essa tecnologia também possui suas desvantagens. Apesar do hélio ter muitos atributos positivos, ele também apresenta alguns fatores negativos. Como é um gás mais leve, que se dissolve no interior dos tecidos e evapora deles mais rápido do que o nitrogênio, ele complica as paradas de descompressão. Portanto, o mergulhador com *trimix* é obrigado a fazer paradas de descompressão mais frequentes e a iniciá-las bem mais fundo do que os outros mergulhadores.

Mergulhadores com *trimix* têm que conduzir diversas misturas gasosas. Em um mergulho normal com essa mistura, o mergulhador transporta um cilindro separado, com um sistema completo de regulador para uma mistura de percurso, normalmente o *nitrox* (mescla de nitrogênio e oxigênio, contendo mais oxigênio do que o ar). Essa combinação de gases é usada na superfície e na descida. A uma profundidade entre 30 e 40 metros, o mergulhador troca os cilindros presos às costas, os quais contêm o *trimix* (gás do fundo), completa o mergulho no fundo e troca de novo, substituindo por uma mistura de percurso, enquanto sobe para 30 metros.

Buscando diminuir os tempos de descompressão, que podem se alongar por horas se o mergulhador usar uma mistura com base de hélio, os mergulhadores com *trimix*, em geral, usam uma terceira mistura gasosa, contendo uma porcentagem muito alta de oxigênio ou até oxigênio puro. Essa técnica explora o processo de difusão, no qual as substâncias químicas dissolvidas numa solução ou em um contêiner de gás tendem a se espalhar. Se uma área do soluto possui uma concentração baixa da substância química, esta migrará para dentro daquela área, até que a concentração em toda a solução esteja equilibrada. Se um mergulhador em descompressão respirar oxigênio puro, ele ficará com um déficit de nitrogênio e hélio nos pulmões. Os gases dissolvidos em sua corrente sanguínea passam pelos vasos capilares de seus pulmões; daí eles se difundem para o interior dos pulmões, para igualar a concentração de gases, depois são eliminados pela respiração normal. Assim, o mergulhador, ao respirar o oxigênio, terá um tempo de descompressão bem mais curto do que os que utilizam outros gases. No entanto, como observado anteriormente, o oxigênio também tem suas desvantagens e, no estado puro, não pode ser absorvido em profundidades maiores que 6 metros, sem o risco significativo de hiperoxia. Portanto, geralmente mergulhadores com *trimix* usam seu gás de percurso para todas as paradas de descompressão, até chegarem a 6 metros; nesse patamar, trocam para 100% de oxigênio. Obviamente, carregar tantas misturas gasosas — quatro cilindros completos com sistemas de regulador — exige uma configuração de equipamento complexa e sofisticada.

Os cilindros gêmeos, ou duplos, nas costas de um mergulhador com *trimix* são conectados por um *manifold* com registro isolador que contém duas saídas para que dois reguladores separados possam ser supridos pelo sistema. Como acabamos de ver, esses cilindros são respirados na profundidade máxima do mergulho. Como, nessas profundezas, o mergulhador não pode emergir muito rápido, as válvulas de isolamento, ou *manifold*, permitem que ele solucione a maioria dos problemas que podem ocorrer sob a água. Se um regulador falhar e começar a vazar gás, o mergulhador pode simplesmente fechar essa válvula, eliminando o regulador defeituoso e substituindo por outro cilindro. Dessa forma, ele preserva seu suprimento de gás. Se a própria válvula falhar, provocando vazamento direto do gás no cilindro, o mergulhador pode fechar a válvula de isolamento, mantendo o gás no cilindro que opera normalmente, podendo, assim, emergir de forma segura.

Manifold de isolamento de cilindros duplos preferida pela maioria dos mergulhadores.

Cada um dos dois cilindros gêmeos é habitualmente maior do que os cilindros usados por mergulhadores recreativos. Seus tamanhos variam entre 2,69 e 3,40 metros cúbicos por cilindro. Naturalmente, sua montagem é tão pesada quanto incômoda. Então, em vez de usar um BCD tradicional, a maioria dos mergulhadores com *trimix* emprega uma placa traseira de aço inoxidável, com alças simples de lona. Os cilindros gêmeos são aparafusados nessa placa e em uma bolsa inflável bem ampla, a qual substitui o BCD. Então, as alças são usadas para carregar a placa traseira, como uma mochila, oferecendo ao mergulhador uma plataforma rígida para apoiar seu equipamento. As alças são quase sempre ajustadas por meio de vários anéis de aço inoxidável. Anéis similares, em cobre ou aço inoxidável, são presos aos cilindros de percurso e de oxigênio, para que encaixes de parafusos de cobre possam ser usados para prender os anéis dos cilindros aos da placa traseira. Com esse sistema, o mergulhador técnico pendura um cilindro sob o braço esquerdo e outro sob o braço direito. De preferência, toda equipe de mergulho deve usar um posicionamento idêntico dos cilindros, com o de oxigênio sempre debaixo do braço direito, por exemplo. Isso é importante porque, se um mergulhador substituir por uma mistura gasosa errada, enquanto estiver fundo demais para alguma combinação de gases, os resultados podem ser fatais. Um sistema uniforme torna mais fácil para os mergulhadores checarem seus parceiros, a cada troca de gás.

O mergulhador técnico Robin Bashor em uma parada de descompressão, após mergulho com *trimix*, a 190 fsw.

Além dos quatro cilindros e da placa traseira, o mergulhador tem que lidar com quatro reguladores separados e várias peças adicionais, como carretilhas de linha, uma boia de marcação de superfície, uma lanterna de mergulho intensa, estilo cartucho, para compensar a perda de luz em profundidades extremas, e, é claro, todo seu equipamento normal de mergulho (máscara, nadadeiras, *snorkel*, roupa de mergulho, entre outros).

Além disso, o mergulhador precisa manter a configuração de seu equipamento limpa e acessível, para poder localizar bem rápido e sem qualquer confusão um regulador específico ou outra peça do equipamento. O mergulhador deve ser capaz de remover e substituir a maior parte de seu equipamento sob a água, se necessário. Por exemplo, se ficar emaranhado em linha monofilamento num naufrágio, ele pode precisar remover uma garrafa de estágio para se soltar, depois recolocar a garrafa, quando estiver livre. Entender e configurar todo esse equipamento ocupa uma boa parte do treinamento do mergulhador com *trimix*. Também é essencial compreender as complexidades da fisiologia dos gases e aprender a calcular perfis de mergulho.

Os quatro mergulhadores entraram na água primeiro, depois Elias e Walt começaram a vestir seus equipamentos. O capitão preocupou-se logo com o equipamento de Elias. Ele achou estranho seu imediato ter que ajudar Elias a inserir seu cilindro de estágio em seu equipamento — os acoplamentos eram tão apertados que Elias não podia manuseá-los sozinho. Alguém da tripulação também percebeu que Walt não levava uma luz de reserva, geralmente exigida para mergulhos naquela profundidade, devido à quantidade limitada de luz solar que se infiltra em locais tão profundos. No entanto, mergulhadores com *trimix* são considerados os "maiorais" do mergulho, então a tripulação limitou-se a oferecer ajuda a Elias, ajustando os cilindros de estágio do equipamento. Elias recusou a oferta, comentando que a configuração era "apenas meio recente", mas ficaria melhor depois que ele estivesse na água.

Elias e Walt entraram na água e, sem perceber nenhuma corrente, decidiram fazer uma descida livre simples, mantendo o cabo de ancoragem à vista, em vez de nadarem até ele. Quando chegaram a 15 metros, avistaram todo o contorno do navio naufragado, logo abaixo. A visão inspiradora foi o último evento positivo daquele mergulho.

Por volta dos 18 metros, a luz de mergulho principal de Walt inundou-se e desligou. Ele não tinha uma reserva, mas como a visibilidade era excelente, os mergulhadores decidiram seguir em frente. Aos 30 metros, fizeram uma pausa, substituindo o gás pelo do fundo; foi então que Elias percebeu, pela primeira vez, sinais de ansiedade em Walt. Diminuindo um pouco o ritmo, perguntou duas vezes ao parceiro se ele estava bem para mergulhar, recebendo sempre uma resposta afirmativa. Ignorando sua preocupação, Elias guiou a dupla até o naufrágio. Conforme Walt descia, sua ansiedade só aumentava, enquanto o ritmo de sua respiração acelerava. Quando ultrapassaram os 60 metros, Walt percebeu que o naufrágio parecia escuro e envolto em sombras, por conta da quantidade limitada de luz solar; isso elevou ainda mais sua agitação. Seja por sua ansiedade ou pela incapacidade de enxergar, quando Walt ultrapassou os 64 metros e se aproximou do convés principal do naufrágio, nadou direto para o interior de uma massa de linha monofilamento bastante visível, mesmo com a pouca luz, graças aos inúmeros detritos que ali se acumularam ao longo do tempo. Ele lutou para se soltar, mas em menos de um minuto, quando Elias o alcançou, ele já prendera na linha seus dois cilindros de estágio e a perna direita. Elias foi obrigado a cortar a linha para soltá-lo.

Um redemoinho de linhas e detritos presos no naufrágio do Hydro Atlantic, em Fort Lauderdale.

Quando, enfim, chegaram ao convés do naufrágio, Elias surpreendeu-se ao reparar que os cilindros primários de Walt estavam com apenas 500 psi, o que exigia encerramento imediato do mergulho. Elias sabia que não tinham tempo para localizar o cabo de ancoragem, então recuperou sua boia de marcação de superfície e sua carretilha principal, para realizarem uma subida livre.

Infelizmente, enquanto Elias desenrolava sua linha, ela travou e a carretilha ficou presa em seu equipamento. A bolsa o puxou em direção à superfície, até ele conseguir cortar a linha, descartando a bolsa, porém salvando-se de uma subida descontrolada e um ataque certo de DD. Elias retornou ao navio naufragado, parando perto de onde soltara a bolsa. Entretanto, não viu Walt em lugar algum. Preocupado, Elias vasculhou a área por vários minutos, antes de determinar que o mergulho se tornara perigosamente longo; ele tinha que subir. Elias nadou na direção do cabo de ancoragem e começou a emergir, fazendo várias paradas de descompressão.

Não ficou claro como Walt chegou à superfície. O *download* de seu computador indicava que ele conseguiu sair do naufrágio e descer a 70 metros, bem mais fundo do que a profundidade inicial planejada, de 64 metros, até o convés principal do navio, antes de subir. Walt completou uma parte de sua descompressão, com tempos erráticos de parada e manutenção de profundidade. Mas emergiu sem cumprir uma descompressão de 39 minutos, apesar de ter gás sobrando, tanto em seu cilindro de descida, quanto no de descompressão. Quando os mergulhadores de segurança finalmente o alcançaram, suas pernas estavam dormentes e seus esforços para ajudar foram ineficazes e, às vezes, contraproducentes. Com alguma dificuldade, Walt foi conduzido ao barco e seu equipamento pesado removido, para que ele fosse colocado a bordo. Assim que ele chegou ao convés, o capitão o inseriu no oxigênio e designou um dos membros da tripulação para monitorá-lo. Um exame no equipamento de Walt revelou que seus cilindros principais estavam vazios, mas que ele tinha mais de 500 psi de gás em seu cilindro de descida e mais de 1200 psi no de oxigênio.

Lift bags

Mergulhadores que necessitam de um tempo maior para emergir ou mergulham em condições nas quais as correntes vão provavelmente arrastá-los para longe do local do mergulho em geral transportam uma bolsa conhecida como *lift bag*, de cor chamativa, bastante visível na superfície. Essas bolsas podem ser usadas de várias maneiras. Uma delas é possibilitar que os mergulhadores realizem uma subida livre. Eles usam, então, uma carretilha contendo mais ou menos 60 metros de linha, que prendem à bolsa, antes de enchê-la de gás. Ela torna-se bem flutuante e sobe rápido; assim, os mergulhadores só têm que rebobinar a linha, enquanto emergem. Essa manobra sinaliza a localização dos mergulhadores, para que a tripulação do barco possa apanhá-los, assim que concluírem sua descompressão. A bolsa, com sua linha ascendente, também dá aos mergulhadores uma referência visual e algum apoio de flutuação, para evitar vertigens e estabilizar suas paradas de descompressão.

O primeiro grupo de mergulho estava a bordo, após completar um mergulho perfeito. O capitão estava preocupado com Elias, que ainda não havia emergido. Felizmente, o mar permanecia calmo e as bolhas de Elias foram logo avistadas à frente do barco. Um mergulhador de segurança vestiu um equipamento de mergulho e entrou na água, levando uma garrafa de descompressão extra, no caso de Elias precisar de gás adicional. Walt encontrava-se confuso, incapaz de fornecer qualquer informação coerente sobre o que acontecera durante o mergulho. Conforme transcorreram alguns minutos, ele tornou-se combativo, insistindo que sua máscara de oxigênio fosse removida, que a tripulação estava tentando machucá-lo. O capitão reconheceu esses sinais como indicações de DD grave. Não podia se arriscar a trazer Elias para cima sem permitir que ele completasse a descompressão, então usou o rádio para pedir ajuda de um barco fretado que passava por perto. O mergulhador de segurança e Elias permaneceram na água, enquanto o capitão desamarrava seu cabo de ancoragem, prendia-o a uma boia redonda e se dirigia ao cais mais próximo, onde havia uma ambulância de prontidão. A outra embarcação fretada esperou até Elias completar sua descompressão e emergir, ainda sem saber o que acontecera com Walt. O barco apanhou Elias e o outro mergulhador, levando-os para o cais.

Os sintomas de Walt só pioravam. Estava totalmente paralisado da cintura para baixo, sentia dormência no braço esquerdo e tinha dificuldades para respirar. Continuava confuso ao extremo. Transportaram Walt para a câmara de recompressão mais próxima, onde passou por longas sessões de oxigenoterapia hiperbárica, durante vários dias. No entanto, seus sintomas jamais foram completamente eliminados. Provavelmente Walt não vai recuperar a mobilidade completa de sua perna direita e tem várias outras sequelas orgânicas graves.

Elias e Walt violaram várias regras cruciais do mergulho técnico. A primeira e mais importante é que qualquer mergulhador pode encerrar um mergulho, seja qual for o motivo. Houve vários momentos nos quais o mergulho poderia e deveria ter sido interrompido. O óbvio desconforto e a ansiedade crescente de Walt deviam ter convencido Elias, um instrutor certificado de *trimix*, de que o mergulho estava tomando rumos que implicariam em riscos desnecessários. Ele deveria ter interrompido o mergulho quando reconheceu que Walt estava em dificuldades, apesar dele sinalizar que estava bem.

Mas, na verdade, os problemas começaram mesmo antes dos mergulhadores entrarem na água, com o próprio equipamento. Mergulhadores técnicos aprendem que um mergulho nunca fica melhor depois que estão submersos.

Os dois deviam ter percebido que a dificuldade de Elias para montar seu equipamento e a falta de uma luz reserva de Walt eram razões suficientes para adiar o mergulho, até os problemas serem resolvidos. A inabilidade de Elias para retirar sozinho seus cilindros de estágio talvez não tenha contribuído para esse acidente, mas mesmo assim ele não devia ter mergulhado se havia esse problema. Por conta da configuração de seu equipamento, ele não poderia reagir a qualquer situação que exigisse a remoção de seus estágios. Por exemplo, ele poderia ter enfrentado uma perda de gás que o obrigasse a passar um cilindro para Walt. Quanto ao segundo problema, mergulhos técnicos desse tipo exigem que cada mergulhador tenha pelo menos duas fontes de luz. Mesmo quando os mergulhadores têm luzes reservas, devem encerrar o mergulho se a principal falhar. A luz principal de Walt apagou a apenas 18 metros e ainda assim eles prosseguiram. É quase certo que o nível de ansiedade de Walt e seu eventual emaranhamento foram provocados, em parte, pela perda de sua luz de mergulho e pela ausência de luminosidade natural no local do naufrágio.

Concluindo, mergulhadores técnicos também precisam seguir a lei inviolável de gerenciamento de gás, a regra do terço. Tanto Elias quanto Walt deveriam ter tomado consciência do nível de gás de Walt e encerrado o mergulho bem antes de ele chegar a 500 psi. Mais tarde, uma análise do perfil do mergulho e do consumo de gás de Walt revelaria que os cilindros dele eram pequenos demais para que ele tivesse a mínima chance de completar o plano de mergulho. Elias, um instrutor experiente, não comparou seus perfis de mergulho com os de Walt; portanto, deixou de observar o erro nos cálculos de Walt. Quando questionado sobre o gerenciamento de gás, Walt respondeu que era um dia calmo e frequentemente ele consumia metade ou pouco mais de seus cilindros, em condições ideais. Os mergulhadores também deveriam ter refletido melhor sobre esse procedimento arriscado, e o rejeitado, antes do mergulho.

Omitir a descompressão foi o principal fator das lesões de Walt. Como ele emergiu com os reguladores funcionando, em cilindros contendo gás suficiente, provavelmente nunca saberemos por que ele não completou sua descompressão. Só podemos presumir que o pânico superou a razão, levando-o a disparar para a superfície.

Estratégias de sobrevivência

- ✓ **Siga as regras.** O mergulho técnico, como qualquer outra modalidade, só é relativamente seguro se você seguir as regras.
- ✓ **Não se certifique apenas, qualifique-se.** Nesse nível, os mergulhadores têm um nível maior de responsabilidade. Os atos de Elias e Walt revelam que eles não eram qualificados para esse mergulho, apesar de serem certificados. Eles assumiram atitudes arriscadas nos procedimentos de mergulho e demonstram total falta de respeito pelas regras, indicando que nenhum dos dois era realmente qualificado para as carteiras de certificação que detinham.
- ✓ **Obedeça a lei do terço.** Em qualquer mergulho avançado, a regra do terço tem que ser usada no gerenciamento de gás.
- ✓ **Falha é igual a encerramento.** Quando uma peça importante do equipamento falha, em um mergulho avançado, você deve encerrar o mergulho.
- ✓ **Nunca fica melhor.** É extremamente improvável que configurações de equipamento ou procedimentos que não funcionam na superfície melhorem debaixo d'água. Resolva os problemas antes de mergulhar.
- ✓ **Responsabilize-se por sua própria segurança.** Walt, mais tarde, insinuou que confiou na avaliação de Elias nos vários momentos em que o mergulho deveria ter sido interrompido. Apesar de Walt certamente poder alegar que Elias deveria ter reconhecido os problemas e interrompido o mergulho, ele partiu do princípio de que Elias podia ler sua mente. Mas só Walt era responsável por si mesmo. Ele deveria ter encerrado o mergulho.
- ✓ **Descomprima o máximo de tempo possível.** Se você não tem gás suficiente para a descompressão e não se planejou para uma possível contingência, descomprima com o gás disponível, pelo máximo de tempo possível, deixando gás suficiente em seus cilindros para emergir lentamente, visando uma troca de gás ou atingir a superfície.
- ✓ **Tenha suprimentos disponíveis para uma possível perda de gás.** Em qualquer mergulho de descompressão, o gás de contingência deve estar sempre disponível, como naquele mergulho. No entanto, os mergulhadores não traçaram um plano adequado para alcançar esses gases ou Walt não seguiu o planejamento.

Sobre o autor

O capitão Michael R. Ange exerce muitas funções na indústria do mergulho, incluindo as de diretor-geral da Divisão Americana da Associação Internacional de Mergulho Profissional, escritor contribuinte e editor técnico da revista *Scuba Diving*. Escritor, fotojornalista e palestrante internacionalmente conhecido, Mike tem um treinamento pessoal tão variado quanto sua lista de alunos, incluindo treino militar, legal, técnico e recreativo. Certificado em várias agências, é treinador de instrutores, e também formado nos cursos de *Trimix* Avançado, *Rebreather* de Circuito Fechado e Semifechado, Naufrágio e Caverna Técnico. Além disso, é certificado como médico mergulhador avançado (IBUM) e mestre licenciado da Guarda Costeira dos Estados Unidos, com aval para reboque de embarcações a motor, vela e comerciais. Mike publicou padrões de treinamento, cinco livros e mais de cem artigos para jornais e revistas sobre segurança e treinamento de mergulhadores recreativos, capacitação técnica e treinamento para mergulhadores de emergência. Ele já fez demonstrações para equipes de emergências médicas, equipes militares de operações especiais e profissionais de mergulho avançados, de resgate e de agências legais do mundo inteiro, incluindo apresentações em Portugal, na Tailândia e em Cingapura.

Durante sua carreira, Ange treinou com segurança mais de três mil mergulhadores, certificou centenas de instrutores e dezenas de treinadores de instrutores, registrou bem mais de cinco mil mergulhos seguros, incluindo mais de trezentos em profundidades maiores do que 60 metros, e atuou como mergulhador em várias expedições, duas delas ao USS Monitor. Ele criou e liderou o projeto Experiência de Sobrevivente Subaquático – 2002, da revista *Skin Diver*, que se tornou um evento anual, assessorado por um grupo de médicos. Serviu várias vezes como membro docente adjunto em seis faculdades e universidades; atuou como docente visitante do Programa Cientistas no Mar VI, conduzido pela Florida State University e a Marinha dos Estados Unidos. Mike foi um dos membros docentes fundadores do curso para médicos Avaliação Médica de Condições Físicas para Mergulho, patrocinado pela Sociedade Médica Submarina e Hiperbárica.

É diretor-geral da Waterproof Gear, a divisão norte-americana da Waterproof AB na Suécia. Seu currículo inclui também os cargos de gerente de *marketing* internacional e da unidade de negócios da Divisão Americana de Mergulho da Dräger Safety, em 2000-2002; fundador da SEAduction Dive Services, bem-sucedido negócio de vendas e treinamento no centro da Carolina do Norte; consultor independente para fabricantes de equipamentos de mergulho; testemunha especializada; e consultor de treinamento de mergulhadores e responsabilidade legal de equipamentos. Mike trabalhou também na equipe de treinamento técnico sênior e foi membro do conselho de treinamento da Scuba Diving Internacional e do Mergulho Técnico Internacional, de 2001 a 2004, e exerceu a função de diretor internacional de treinamento da Mergulho de Resposta de Emergência Internacional, de 1999 a 2004. Em 2000, sua abordagem inovadora na indústria foi reconhecida internacionalmente, quando o selecionaram para o "Quem é Quem dos Empreendedores Internacionais".

Mike formou-se com honras na Appalachian State University, foi selecionado para o "Quem é Quem dos Estudantes de Direito Americano" em 1994 e 1995, cursou o mestrado em Direito Marítimo, e é defensor ativo dos veteranos das Forças Armadas Americanas. Sempre que possível, ele mergulha — preferencialmente em naufrágios profundos de significância histórica.

Mike pode ser encontrado em: mike@seaduction.com.